·教育部人文社科青年基金项目"犯罪归因的心理学视角：基于实证主义的理论与概念体系重构"(13YJC820115)项目成果

·中南财经政法大学2018中央高校教育教学改革项目"法学专业智慧课堂教学法的应用与评估研究"(31410010704)项目成果

SHEKE
JIJIN
XILIE

社科基金系列

周凌 著

理论犯罪学：
犯罪归因之心理学视角

厦门大学出版社　国家一级出版社
XIAMEN UNIVERSITY PRESS　全国百佳图书出版单位

图书在版编目(CIP)数据

理论犯罪学:犯罪归因之心理学视角/周凌著. —厦门:厦门大学出版社,2019.8
ISBN 978-7-5615-7436-2

Ⅰ.①理… Ⅱ.①周… Ⅲ.①犯罪心理学－研究 Ⅳ.①D917.2

中国版本图书馆 CIP 数据核字(2019)第 096419 号

出 版 人	郑文礼
责任编辑	甘世恒
封面设计	李嘉彬
技术编辑	许克华

出版发行	厦门大学出版社
社　　址	厦门市软件园二期望海路 39 号
邮政编码	361008
总　　机	0592-2181111　0592-2181406(传真)
营销中心	0592-2184458　0592-2181365
网　　址	http://www.xmupress.com
邮　　箱	xmup@xmupress.com
印　　刷	厦门市金凯龙印刷有限公司

开本	720 mm×1 000 mm　1/16
印张	15.25
插页	2
字数	278 千字
版次	2019 年 8 月第 1 版
印次	2019 年 8 月第 1 次印刷
定价	62.00 元

本书如有印装质量问题请直接寄承印厂调换

厦门大学出版社
微信二维码

厦门大学出版社
微博二维码

目 录

第一章　导论：中国犯罪心理学的发展困境及理论重构 / 1

　　第一节　当下犯罪心理学研究发展之域内外比较观察 / 1
　　第二节　对我国犯罪心理学发展所面临困境的分析与思考 / 5
　　第三节　我国犯罪心理学理论体系重构的多重步骤构想 / 8
　　第四节　以犯罪归因理论发展为引领的学科优化路径之思考 / 14

第二章　犯罪心理学研究的内涵、特征与基本原则 / 18

　　第一节　犯罪心理学研究的社会科学内涵 / 18
　　第二节　犯罪心理学研究的目的 / 20
　　第三节　犯罪心理学作为社会科学的基本特征 / 26
　　第四节　犯罪心理学研究的基本原则 / 30

第三章　犯罪归因方法论概述 / 40

　　第一节　犯罪归因方法论之历史沿革 / 40
　　第二节　社会科学研究方法体系的基本理念及操作原则 / 42
　　第三节　犯罪学实证研究的不同操作性设计 / 53

第四章　实证主义犯罪学发展概述 / 62

　　第一节　经典犯罪学及其批判 / 63
　　第二节　实证主义犯罪学之兴起 / 72
　　第三节　现代实证主义犯罪学理论发展 / 78

第五章　心理学异常行为归因理论之发展沿革 / 82

　　第一节　心理学理论对行为归因之基本主张 / 82
　　第二节　心灵学派的主要行为归因理论 / 88
　　第三节　行为学派的主要行为归因理论 / 97

第六章　心理学犯罪归因之视角1：犯罪人格及精神障碍 / 100

　　第一节　关于犯罪人格是否存在之争议 / 100
　　第二节　反社会人格障碍概念的发展 / 111

第七章　心理学犯罪归因之视角2：学习理论 / 121

　　第一节　二十世纪以来行为主义心理学的发展及理论建构 / 122
　　第二节　班杜拉的社会学习理论 / 124
　　第三节　萨瑟兰的差异接触理论 / 132
　　第四节　中和技巧理论 / 137
　　第五节　解读社会学习理论宏观归因逻辑结构 / 141

第八章　心理学犯罪归因之视角3：控制理论 / 143

　　第一节　控制理论的革命性视角 / 143
　　第二节　社会控制理论 / 145
　　第三节　自我控制理论 / 151

第九章　犯罪归因之社会心理学视角1：标签理论 / 163

　　第一节　标签理论之核心观点 / 164
　　第二节　标签理论的社会心理学解读 / 170
　　第三节　标签理论对欧美刑事司法制度的冲击及其反思 / 183

第十章　犯罪归因之社会心理学视角2：群体犯罪心理 / 185

　　第一节　群体犯罪的立法概念 / 185
　　第二节　群体犯罪心理的概念 / 186

第三节 群体犯罪心理现象论 / 193
第四节 群体犯罪心理原因论 / 199
第五节 群体犯罪的类型化心理归因考察 / 202

第十一章 心理学犯罪归因的一般理论模型 / 214

第一节 心理学视角犯罪归因研究的核心问题：犯罪性之归因 / 214
第二节 犯罪归因视角之比较分析 / 216
第三节 犯罪性作为一种心理学要素的基本内容 / 227
第四节 社会化缺陷概念之因子分析 / 233
第五节 自我控制缺陷之因子分析 / 236

第一章　导论：中国犯罪心理学的发展困境及理论重构[①]

第一节　当下犯罪心理学研究发展之域内外比较观察

一、近30年来我国犯罪心理学研究的发展状况

国内具有现代意义的犯罪心理学研究肇始于20世纪二三十年代对国外相关著作的引入，[②] 然而，由于历史原因，国内犯罪心理学的发展出现了一个较长时期的断层。在经历"文革"时期的停滞之后，从70年代末期开始国内犯罪心理学有所发展，自80年代、90年代起呈现出高速发展的繁荣局面。这主要体现在一个相对独立而完整的学科体系的建构，一系列重要理论问题的提出与学术争鸣，具有独创性的犯罪归因学说的提出，以及理论研究方法的不断改进上。

首先，在学科体系建构方面，在大法学学科体系下，以法律心理学为总纲，形成了以犯罪心理学为核心，辅以司法心理学、被害人心理学、犯罪心理画像学、司法心理测试学等专门研究方向的完整体系，至少在学科设置上基本满足了刑事司法体系在犯罪预防、侦缉、追诉以及矫治各个功能领域应用心理学研究成果的实践需要。

其次，在重要理论问题的相关讨论方面，自80年代以来，在犯罪心理学界展开了针对犯罪心理学研究对象、犯罪心理概念、犯罪人格概念、犯罪心理结构概念、犯罪动机概念、犯罪行为机制概念的理论研究与学术争鸣，并且在90年代以公安部课题的形式开展了针对多种不同犯罪类型的犯罪心理与对策研究。在对这些理论问题展开讨论并形成阶段性研究成果的基础上，我国犯罪心理学研究的整体理论框架基本成型。相应地，目前国内大多数犯罪心理学教材的体例结构也据此固定下来，突出表现为以上述

[①] 本章作为先期研究成果撰写于本书构思立项阶段，其独立论文版本作为阶段性研究成果发表于《法商研究》2016年第2期。作为本书导论，基本保留原文内容及结论，略有修改。

[②] 曾有国内学者将我国犯罪心理学思想一直追溯到殷周等时期，然而，从严格意义上而言，古代典籍中所体现出的所谓"犯罪心理学"思想仅仅是从政治学、社会学等视角出发的片断式的、非体系性的经验观察，并非现代意义上的犯罪心理科学。

理论问题作为章节要点串联全书。

再次,在具有独创性的犯罪归因学说方面,提出了一个独创的学术概念,即犯罪心理结构的概念,并以此为基础发展出一系列关于犯罪心理结构成因的归因学说。① 其中集大成者是罗大华教授提出的犯罪综合动因论。② 这一理论体系提出至今,在中国犯罪心理学界受到了广泛关注并以此为焦点展开了激烈的学术争鸣。最为著名的即是综合动因论与聚合效应论的理论之争。③ 也有论者另外提出机制论的罪因观,即双因双化统一论。④

最后,在犯罪心理学研究方法上,形成哲学方法论占据主导地位,实验研究、量性研究(或称为定量研究)缓慢推进的局面。我国在20世纪末期曾对在犯罪心理学研究中广泛推行西方心理学中自然科学实验的研究方法提出质疑,认为犯罪心理具有隐蔽性、社会危害性以及不可重复或难以重复性,因而难以通过实验的方法加以研究。进而主张犯罪心理学要运用以非实验研究为主的研究方法,包括调查研究的方法、演绎的方法、科学假设的方法等。此种研究路径的提出对国内后来的犯罪心理学主流研究方法产生了很大的影响,哲学方法论一直都是主导国内犯罪心理学研究的方法论。近些年来,随着现代科学技术的不断发展以及国外研究方法的引入,虽然对数据的可靠性以及实证研究方法仍存有一定的疑虑,但是量化与数理统计方法逐渐获得学者们的支持。

二、域外犯罪心理学的学科发展

在国外,犯罪心理学的发展走过了一条与我国截然不同的轨迹。首先,由心理学学术传统主导的犯罪心理学的理论基础框架,在学科20世纪上半叶的蓬勃发展的同时经历了深刻的变革,居于这一变革核心的就是行为主义心理学对现代犯罪心理学发展产生的巨大影响。一方面,之前对刑事政策有着统治性影响力的精神分析学派随着本身在心理学内部的逐渐式微和行为主义学派的逐渐兴起而在犯罪心理学领域日渐边缘化。另一方面,大约同一历史时期,由美国芝加哥学派主导的犯罪社会学领域产生

---

① 罗大华等:《犯罪心理学》,群众出版社1983年版,第67页。
② 罗大华等:《犯罪心理学》(修订本),群众出版社1986年版,第53页。
③ 许维安:《犯罪心理综合动因论的哲学解构》,载《政法学刊》2003年第1期;乐国安:《法律心理学》,华东师范大学出版社2003年版,第132~135页;乐国安:《中国社会心理学研究进展》,天津人民出版社2004年版,第327~329页。
④ 于真:《机制论的罪因观——双因双化统一论》,载《中南民族学院学报(哲学社会科学版)》1995年第6期。

了以一代理论巨匠萨瑟兰为代表的社会过程理论思潮,聚焦在宏观社会结构背景之下的个体差异化犯罪归因,而在其理论体系中对源自心理学的社会学习理论的广泛应用使得心理学从另一个角度回到了犯罪学理论的中心舞台。之后出现的控制理论、标签理论等重要犯罪学理论,都在不同程度上借鉴并发挥了心理学以及社会心理学的一些前沿学术思想。因此虽然在宏观理论表述上犯罪心理学不再是犯罪学的主流学术思潮,但是在底层基础概念体系上,目前很多基于个体差异性与社会过程论的犯罪归因理论都体现出行为主义以及认知心理学的深刻影响。

其次,在研究方法上,与精神分析学派的分道扬镳及行为主义学派的兴起也导致犯罪心理学在研究范式上向实证主义科学研究方法[①]的全面转向。不论是在学术著作撰写体例上还是学术观点理论价值评判标准上,当代犯罪心理学都将概念及理论的可证伪性、可测性及观测结果可信性置于极其重要的位置。[②] 在很多心理学学者看来,这是现代心理学(当然也包括犯罪心理学)得以摆脱"伪科学"恶名的关键因素,也是该学科未来生存发展的核心竞争力所在。

再次,在学科设置问题上,域外的犯罪心理学并没有真正形成一个完全独立的学科,而是发展出一个围绕犯罪现象个体化、差异性研究的跨学科研究领域。以有影响力的犯罪心理学研究成果的产出为标准,这一领域的最有学术活力的研究人员主要有两个来源:一是从事心理学研究的学者,他们因个人兴趣及学术相关性而投入对越轨行为或犯罪矫治的研究,进而在其心理学学术背景下发展出关于犯罪行为的描述体系及归因理论[③];二是传统上出身社会学背景的犯罪学学者,在其理论建构中大量借鉴

---

① 实证主义犯罪学(positivist criminology)与现代犯罪学中的实证研究(empirical research)应予以区分。实证主义犯罪学之时指涉的是19世纪以龙布罗梭为开端的生物实证主义(biological positivism)以及以凯特勒和迪尔凯姆为代表的社会实证主义(social positivism)。而现代犯罪学中的实证研究方法是遵循社会科学范式的,以现代科学技术作为工具的科学研究方法。实证研究方法经过数百年的发展之后,指出并论证了早期实证主义犯罪学所主张的一些观点以及所采用的方法中的错误,并发展出多种不同的学说,不断完善其研究方法。然而,在论及相关问题之时,国内尚有一些学者并未对早期实证主义犯罪学与现代犯罪学中的实证研究进行严格区分,甚至张冠李戴,将实证主义犯罪学的理论缺陷作为其批判实证主义研究方法的论据。

② [英]卡尔·波普尔:《猜想与反驳——科学知识的增长》,傅季重等译,上海译文出版社1986年版,第52页。

③ 例如,Ted Palmer, Don Andrews, James Bonta, Paul Gendreau, Scott Henggeler, Mark W. Lipsey, Doris L. MacKenzie, David Wilson, Philip George Zimbardo, Albert Bandura, Clive R. Hollin, Donald G. Dutton, Martin Daly, Margo Wilson 等学者本身都是从事心理学研究的学者。

心理学研究成果，进而发展出一种具有强烈心理学色彩的犯罪学理论[①]。当然，这两条学术轨迹的发展并非完全平行各自独立，而是互相影响，交错融合或分化对立的局面间错出现。

通过对欧洲国家主要高等学府在犯罪学（犯罪心理学）学科编制的深入研究，不难发现其在犯罪学学科设置方面也并未有完全成熟的分划模式，而犯罪心理学作为子学科，定位就更加模糊了。比如，有学者对法国犯罪学学科建设进行观察后发现，"法国犯罪学的地位呈现出自相矛盾的状态。一方面，在学术领域和社会中客观存在，关于犯罪现象的研究成果和知识技能一直在正常产出，但是，法国的犯罪学只能是附带地偷偷地存在，其研究活动是在其他学科的旗帜下得以实施，常常作为附属于社会学、法学甚至是心理学的'专门知识'而不是作为一门学科来教授"[②]。这一现象显然并非为法国所独有。笔者通过对荷兰、[③]英国、[④]意大利、瑞士、比利时、西班牙[⑤]等欧洲国家大学院系设置进行考察，发现其犯罪学学科设置往往在法学院、社会学院或者独立研究机构之间游移不定。相对比较特殊

[①] 例如，提出自我控制理论的 Michael R. Gottfredson 以及 Travis Hirschi（1968 年从加州大学伯克利分校获得社会学博士学位）；提出相互作用理论的 Terence Patrick Theornberry（1971 年从宾夕法尼亚大学获得社会学博士学位）；提出一般压力理论的 Robert Agnew（1980 年从北卡罗来纳大学获得社会学博士学位）；在批判犯罪学（Critical Criminology）领域开展深入研究的 Ian Taylor，Paul Walton，Jock Young，Martin Schwartz（1985 年从肯塔基大学获得社会学博士学位），Walter S. DeKeseredy（1988 年从纽约大学获得哲学博士学位）；在女性犯罪问题上开展相关研究的 Janet T. Davidson 以及 Meda Chesney-Lind（二人均从夏威夷大学获得社会学博士学位）；在针对儿童的性犯罪研究方面进行深入探索的 Poco D. Kernsmith（Kernsmith 于 2002 年从加利福尼亚大学洛杉矶分校获得社会学博士学位，同时，其在加利福尼亚大学圣塔芭芭拉分校获得学士学位时攻读的是心理学与妇女研究专业）等学者都具有社会学背景。

[②] 王娜：《法国犯罪学学科独立之争》，载《法学评论》2013 年第 4 期。

[③] 笔者抽取荷兰 14 所有犯罪学学科设置或有学者对犯罪学进行研究的大学作为样本进行观察，发现在这 14 所大学中，大部分将犯罪学这一学科置于其法学院内，有的学校单独设置犯罪学研究所，有的学校法学院教师的研究领域涵盖刑法学与犯罪学，而乌特勒支大学、鹿特丹伊拉斯姆斯大学、蒂尔堡大学、阿姆斯特丹自由大学 4 所大学在法学院以及社会学院皆开展犯罪学相关研究。

[④] 笔者抽取英国 32 所有犯罪学学科设置或有学者对犯罪学进行研究的大学作为样本进行观察，发现在这 31 所大学中，犯罪学基本上被设置在法学院/刑事司法学院或者社会科学学院内部，在法学院内部设置犯罪学研究分支或有学者从事犯罪学研究的有 13 所，在社会学院开展犯罪学研究的有 7 所，在法学院以及社会科学学院皆开展犯罪学研究的有 9 所，少数几所大学（例如剑桥大学、伦敦政治经济学院、莱斯特大学）因其犯罪学研究享有较高地位，实力较强而设置了独立的犯罪学研究机构。

[⑤] 例如，在意大利罗马大学、意大利米兰大学、瑞士洛桑大学、瑞典马尔默大学、比利时列日大学、西班牙庞贝布拉大学中，开展犯罪学研究的一般是法学院教师，但同时，在瑞典马尔默大学等高等学府中，犯罪学是社会学系开设的课程。

的是德国与美国。在德国大多数大学中,犯罪学课程由法学院教师教授[①],这与我国的情况相类似。而美国则体现出另一个极端,其多数大学法学院内一般不存在犯罪学的成建制教研机构,犯罪学(犯罪心理学)的主要学术力量来自各大学的社会学院系[②]以及70年代以来如雨后春笋般涌现的大批刑事司法学院。这种学科分布特征与美国的犯罪学研究最初以社会学为导向有很大的关系。

不过,在各国对于犯罪学(犯罪心理学)学科定位的纷乱表象下,还是可以找到一些具有共通性的特点的:其一,强调将犯罪学作为刑法学的辅助学科,而非附属学科配置。两者的区别在于,辅助学科通过其学科发展成果为主导学科提供理论发展的基础性知识,但同时保持相对独立的学科特性、研究范式与人才培养模式。而附属学科则基本上被看作主导学科的分支,仅在关注领域上体现其特点,而不具有独立的学科内质。其二,强调犯罪学的多学科融合特性。不论是否被放在法学院,各大学的犯罪学学术力量都非常强调与社会科学各学科,包括人类学、社会学、心理学以及经济学的广泛交融与合作。其三,以行为科学的研究范式为其绝对主流研究范式。这些学科点在开展犯罪学(犯罪心理学)研究时,绝大多数都是以实证研究方法为主导的,而较少采用如经典犯罪学那样的纯哲学思辨方法。

第二节 对我国犯罪心理学发展所面临困境的分析与思考

一、我国犯罪心理学发展面临的三重困境

通过对国内以及国外的犯罪心理学发展轨迹进行两相对比,不难看出,国内犯罪心理学目前面临理论体系建构、研究方法以及学科定位的多重困境。

第一,就理论体系构建而言,本土化理论研究与国际学术界主流脱节,也与心理学母学科发展脱节。通过对国内学术文献的梳理可以看出,目前比较成形的本土犯罪心理学理论在形式和内容上多数深受早期心灵学派

[①] 例如,在慕尼黑大学、柏林自由大学、弗莱堡大学、哥廷根大学、康斯坦茨大学、图宾根大学、科隆大学、法兰克福-歌德大学、曼海姆大学、波鸿大学等知名德国学府中,犯罪学往往由法学院教师教授,其中许多教师的研究领域同时包括刑法。

[②] Marvin E. Volfgang, Criminology and the Criminologist, *Journal of Criminal Law, Criminology and Police Science*, Vol. 54, Issue 2, 1963.

心理学（mentalism）影响，大量借鉴结构主义、人格理论以及精神分析学派思想，部分甚至仍然没有摆脱心理哲学的影子。而对20世纪以来兴起的以行为主义为基础的诸多重要理论缺乏深入考察，具体表现为涉及宏观体系的理论著作往往只是在特定章节对上述理论予以浅尝辄止的集中介绍，而少有在涉及核心理论建构的章节中出现这些理论的基本概念要素的应用。而对于心理学领域行为学派在二次世界大战后以认知心理学为纽带与心灵学派出现融合的这种理论发展趋势则缺乏反应。这种脱节的一个侧面表现就是国际学术交流上的"单向反射"：虽然国内本土理论发展已出现诸多"流派"争鸣的热闹局面，但是在国际主流犯罪学与行为学的学术交流中却几乎无法听到中国理论界的声音。对这种现象并不能理解为中国学界在与世隔绝的情况下自主发展出一个独立并平行于西方的理论体系，因为如前所述，在本土理论里处处可见域外早期理论的影子，只是由于没有站在当今国际主流理论发展的前沿而无法作出可以得到国际认可的创新性贡献。

第二，现有的犯罪心理学研究范式也制约了本土化研究的突围。我国犯罪心理学在研究方法上深受刑法学、哲学学术传统的影响，重思辨与质性分析，轻实证与量化测量，缺乏对实证研究方法的深刻理解与广泛应用，导致一些本土学说的基本概念没有符合量化实证研究要求的测量操作化定义（operational definition），难以通过实证研究检验其效度与致罪因子系数。通过对国内一些知名学者所提出的，且受到广泛关注的犯罪心理学理论进行的初步概念化评估，可以发现这些理论往往具备一个相对完整的抽象概念体系，但是其体系内的各个核心概念定义模糊，缺乏可供量化评测的基本要件，且各概念之间的因果关系界定也不符合实证研究的基本原则。这就导致对这些理论无法进行实证性因果关系的量化验证，既无法证其真，也无法证其伪。国内学者对各派本土学说的批判也绝大多数是思辨式述评而鲜有量化证据分析。虽然有的理论的支持者或反对者宣称在一些对犯罪个体的调查研究中可以找到支持其观点的证据，但是所列举的数据往往不具有满足实证研究基本要求的因果证明力。造成这一情况的原因，笔者认为，乃是国内大量从事犯罪心理学研究的学者本身接受的是法哲学研究方法的训练，对于实证研究方法缺乏认识，没有熟练运用社会科学研究手段从事具有一定复杂度的实证研究的能力。

第三，学科定位边缘化且不符合国际主流做法。首先，在学科建设重视程度上，国内的犯罪心理学研究长期以来并未获得如犯罪社会学一样厚重稳固的学科地位①。其次，虽然在国内犯罪心理学的研究途径上曾出现过"心理学的犯罪心理学"与"犯罪学的犯罪心理学"的分野，②但是目前犯罪心理学被放在大法学专业框架下，作为法律心理学的一个分支学科，其学科发展客观上主要依附于社会学、刑法学的理论研究以及公安专业应用型人才培养体系。这与国际犯罪心理学学科前沿发展主要依托临床心理学与实验心理学，同时与社会学建立广泛联系的主流做法迥异。这一学科定位的客观效果就是使犯罪心理学置身于一个与其主流认识论哲学与研究范式格格不入的学术大环境之下。这一边缘化定位不仅在宏观上限制了其理论发展的空间，同时也导致学科人才培养体系得不到足够的具备心理学专业素质和实证研究技能的后备人才补充，客观上必然对学科的长期发展产生影响。

二、以研究范式变革为支点的理论体系重构

纵观西方近代以来实证主义社会科学发展的历史，犯罪学的研究走过了一条从单一归因论，到简单多因子论，再到整合归因理论的发展轨迹。而这一发展轨迹的始终不变的大背景就是对科学实证研究方法的不懈追求与不断完善。但是，在社会科学与经典法哲学研究传统逐渐脱离的独立发展过程中，很多西方犯罪学研究者走向了另一个极端，过度关注数据的归纳与分析③，而较为忽视对理论内在逻辑结构的思辨与演绎性考察。这一倾向性导致很多谨守实证研究传统的研究者在犯罪学、犯罪心理学理论于20世纪末向整合理论方向推进的过程中无所适从。在社会学数据采集规模有限的客观条件限制下，整合理论经常要求对多因子逻辑结构进行超出统计学因子分析可控信度范围以外的理论推演，而在对经典学派超越客观证据的演绎法研究范式保持根深蒂固的怀疑态度的学术氛围中成长起来的很多欧美心理学研究者在这一领域往往感到束手束脚，反倒是一些从哲学、人文学方向转入社会科学研究的学者在犯罪学领域取得了更重要的突破。

---

① 除了国内传统上一直非常重视犯罪社会学研究，犯罪心理学的母学科心理学在国内的发展时间不长等原因之外，犯罪心理学未获重视并长足发展的原因还在于，有的学者认为犯罪心理学不能独立而完整地说明犯罪原因以及犯罪现象与社会的关联性，而犯罪社会学则能够较为全面地阐明上述问题。

② 邵道生、吴宗宪：《犯罪心理学在我国的发展》，载《心理学动态》1989年第2期。

③ 有学者对美国犯罪学核心期刊《犯罪学》（*Criminology*）在1968年至2005年期间刊发的论文所使用的研究方法进行了整理分析，最后的结论是，其中有15.8%（207篇）的论文使用了多变量模型，有19.8%（259篇）的论文使用的是量性分析（quantitative analysis）方法，显示出量性研究在犯罪学研究中的重要性。

反观中国的情况，由于我们在学科设置上尚未完全摆脱法哲学传统的影响，也更谈不上什么浓厚的实证研究学术氛围，反倒使我国学者作为一个整体对整合理论潮流没有太多的排斥。自80年代犯罪学（包括犯罪心理学）的发展重新走上正轨之后，在很短的时间里就完成了由简单多因子论提出，到综合多因子论的提出，再到多个具有明显整合理论特点的学说占据学科研究主流地位的演化。当然，由于我国犯罪心理学研究历史性的滞后以及在实证研究上的先天不足，这些理论往往由于底层基础理论的过时或缺乏实证数据的支持而难以得到国际主流学术界的承认，遑论在短期内产生任何实质性的影响。但是与其另起炉灶地重新追赶，我们不如充分利用我国理论界深厚的哲学思辨研究传统优势，结合对主流实证研究方法的学习，将我国犯罪心理学界长期以来的整合理论建构努力与欧美社会与行为科学实证研究范式相结合，探索一条中国本土学术研究融入并推动国际理论主流发展的道路，并在新一轮世界犯罪学理论发展转型的历史时刻抓住机遇，站在理论的制高点，实现跨越式的发展。

当然，如欲实现整合理论建构传统与实证研究范式的结合，必须针对上述三大困境实现学科定位的国际对接，进行建设性的而非评价式的概念梳理以及理论整合，在研究方法上进一步向社会科学靠拢。

第三节 我国犯罪心理学理论体系重构的多重步骤构想

一、犯罪心理学学科定位之语言学重构

关于犯罪心理学学科定位及未来发展方向问题，学者们近几年来进行了大量的讨论与辩争，但似乎并未得出一个具有结论性的答案。在论争中，作为潜台词出现的"关于犯罪心理的学说"与"关于犯罪的心理科学"这两种不同语言学建构对犯罪心理学学科定位具有深刻的影响。有学者认为，犯罪心理学是刑事科学体系中一门不可或缺的具有独特价值和作用的独立的分支学科，同时又是介于刑事科学和心理科学之间的一门边缘交叉学科。[1] 有学者认为，犯罪心理学是运用心理学的基本原理和方法来研究犯罪现象及其规律的一门科学，是心理学与法学相交叉形成的一门综合

---

[1] 孙秋杰：《对我国犯罪心理学研究中若干问题的思考》，载《甘肃政法学院学报》2007年第6期；范刚：《刑事一体化与犯罪心理学的研究》，载《兰州大学学报（社会科学版）》2006年第3期。

学科。① 有学者对将犯罪心理学作为犯罪学的一个分支提出质疑，认为犯罪心理学与犯罪学应是同属刑事科学的密切相关的临近学科。②

在不重复前人论述的前提下，笔者认为，对这一问题的回答不外乎两个基本层面的追问：在哲学层面需要追问的是，犯罪心理学研究作为一种认识手段，其认识对象到底是什么？而对于这一认识对象的内在性质与外在表现的深刻了解对于我们改造世界的实践助益何在？而在实践层面需要追问的是，当前站在犯罪心理学研究最前沿，取得最为丰硕的研究成果的那些学者所采用的研究范式是什么？其研究范式从学科划分的角度讲应该属于哪一个学科门类？对于哲学层面问题的追问以演绎法的方式展开，是参与讨论的学者们辩争的焦点；而对于操作层面问题的追问采归纳法，是一个基于现实很容易回答的问题，却往往被忽视了。

首先，在哲学层面，基于上述域外犯罪心理学发展历程的考察，我们可以较为容易地得出如下两个基本结论：

第一，犯罪心理学的独特之处在于其视角，而非对象。不论在术语体系上如何排列组合，犯罪心理学与犯罪学的认识对象均无本质性区别，均是作为一种客观存在的犯罪现象，包括作为一种行为学对象的越轨（deviance）以及作为其社会化后果的越轨行为社会反应（social reaction to deviance）。犯罪现象的基于心理学视角的考察无疑为犯罪学的内在逻辑体系所必然地涵盖③。从这个意义上，犯罪心理学研究是犯罪学学科体系中的一个有机组成部分，将犯罪心理学从犯罪学中割裂出来，甚至将其与犯罪学对立起来的做法都是毫无意义的，最终将令犯罪心理学迷失方向。

第二，犯罪心理学研究必须向其母学科心理学寻求知识来源。国内有些学者在进行犯罪心理学理论体系建构的过程中所采取的做法是，从其所继受的哲学思辨理念出发尝试搭建有关"犯罪心理"学说的框架，继而在其框架之内进行内容的填充。然而，在心理学母学科本身的发展历程中，

---

① 郑友军：《犯罪心理学研究危机解读》，载《政法学刊》2005年第1期。
② 邱国梁：《刑事一体化与犯罪心理学的发展》，载《政法学刊》2004年第5期。
③ 犯罪学家伊恩·泰勒（Ian Taylor）、保罗·沃尔顿（Paul Walton）和乔克·杨（Jock Young）在其划时代的犯罪学纲领性著作《新时代犯罪学》（The New Criminology）中对犯罪学的研究视野作出了5个层次的概括，主张以心理学为工具的考察是其中多个层次的有机组成部分。他们认为，在以越轨行为为中心进行归因性考察的过程中，考察行为的直接根源（immediate origins）的考察工具乃是"犯罪的社会心理学"（social psychology of crime）。应注意的是，泰勒等人在此使用的"社会心理学"术语并非基于其传统的学科定义，而实际上是指代行为学研究中的一个重要理论传统：社会过程论。社会过程论强调对个人行为成因中的个性化、差异化内涵，即不同个体在面对同样的结构性需求时所作出的不同解读与反应的考察。以心理学之分析工具解决犯罪学之研究问题是其题中之意。

采取这一研究范式的结构主义心理学早就为心理学研究主流所抛弃,我们依然执着于以研究有关"犯罪心理"学说为核心的探索路径结果只能是偏居一隅,甚至画地为牢。在国外学者的著述中,"犯罪心理学"通常的翻译是"Criminal Psychology"或者"Psychology for Criminal Behavior",从"心理学"一词在"犯罪心理学"这一语言学结构中的关系性定位可以看出,犯罪心理学是以"心理学"为其基本分析工具的,而非全然以"犯罪心理"为关照对象。从这个意义上讲,所谓犯罪心理学,就是所有应用心理学研究成果对犯罪现象的不同方面进行分析、解释和问题干涉实践指导的科学活动的综合。犯罪心理学不应是心理学与法学交叉的产物,而是心理学与犯罪学交叉的产物。

二、实证主义科学研究范式之再提倡

如前所述,国内学者对于犯罪心理学学科定位的争论多集中在哲学层面,而在实践层面鲜有实质性开掘[①]。我们完全可以通过一个实践导向的观察视角将学科定位这一复杂问题简单化。纵观学科发展史,一个不容忽视的客观事实是,自20世纪初期美国芝加哥学派兴起以来,国际犯罪学研究的中心已从欧洲转移到美国。而在美国犯罪学、犯罪心理学领域取得的各项重要理论成果中,极少有来自栖身法学院的学者的贡献[②]。在这一领域最为活跃的学者群体主要来自各大学的社会学院系、心理学院系、刑事司法学院系,以及依托监狱犯罪改造部门的各研究机构。该学者群体以实证研究方法为其基本学术工具,所开展的各类研究活动虽然与刑法学有着千丝万缕的联系,但是两者之间更多是保持一种伙伴关系,犯罪学作为一个具有相对独立性的学科[③]并不为刑法学科发展的步调所左右。这一观察可以带给我们一个有益的启示:当思考一个学科的未来发展路径时,如果在思辨层面尚无法理出一个清楚的脉络,从实际的学术研究创造力热点分布来寻找线索不失为一个好方法——既然现代犯罪学理论发展最具可见性的创造力都来自遵循实证主义社会科学研究范式,且与刑法学学科保持相对

[①] 国内大部分关于国外犯罪心理学发展史的介绍基本上仅局限于各大流派的核心理论观点,对于国外犯罪学家如何利用其理论范式对具体问题展开相关研究则甚少涉猎。同时,遗憾的是,即使是学说史的梳理,也基本上止步于20世纪后期。

[②] 一个例外就是以回归经典犯罪学为其核心主张的"正义模式"学说,其背后的推动者主要是出身法学背景的一批法官与律师。但是,该学说对犯罪学理论发展的影响远远小于其对刑罚论与刑事程序法研究的贡献。

[③] 早已有美国学者主张犯罪学是一门独立自主的学科门类,因为犯罪学使用科学的研究方法对统计数据进行系统的整理,且积累起了自有的一套理论概念体系。

独立的学者群体，那么这至少在经验上应该被认定为学科当前的最佳发展方向。

随着越来越多的学者加入专业犯罪学研究者的阵营，国内学界对域外犯罪学的观察也愈来愈深入，对犯罪学研究范式的探讨也成为该领域的一个核心议题。诚然，当前国内社会科学理论界对于实证研究范式的局限性有大量的反思和批判，很多学者也以此为论据反对实证研究在犯罪学/犯罪心理学中的广泛应用。但是应当看到，犯罪学是经验性、思辨性研究的综合。[①] 并且，虽然西方犯罪学家对立足统计数据的实证研究发现对现实犯罪现象所作出解释的准确性表示怀疑，[②] 但是随着科学技术的飞速发展推动实证研究方法不断改进，实证研究在西方国家犯罪学研究中占据主流地位已成既定事实。国外学者对实证主义研究范式的批判之语境基础是这一研究方法一百年来的充分而成熟的应用，是站在实证研究范式发展制高点上的高屋建瓴之洞见。同时，国外学者所质疑的并非是实证研究本身，而通常是担忧实证研究是否因其基底过于庞大而遮蔽了哲学思辨研究产出的成果，无法与哲学思辨方法取得平衡并互相促进发展。进而，国外学者对实证研究的态度并非否定甚至摒弃，而是试图改进实证研究方法使得实证研究成果获得更强的说服力以及效用，试图通过善用实证研究以验证、完善通过哲学思辨方法所归纳演绎的理论假设[③]。与之相比较，以中国犯罪学/犯罪心理学研究当前发展基础所能提供的视野来说，我们对于实证主义研究方法的认识尚处在一个相对较低的水平，在论及犯罪学研究中的实证研究方法之时却往往对国内尚处于萌芽阶段的实证研究方法过早地表现出失望、怀疑甚至是否定，这实际上会给我们对国际理论研究发展主流的追赶带来不必要的阻滞。

在笔者看来，正确的态度应该是，首先通过鼓励并培养国内犯罪学界运用实证研究方法的品性，同时对西方实证研究方法的同态发展保持高度的灵敏度，在往复观察之中，推动国内实证研究从萌芽到长足发展，并进而使其与国内深厚的哲学思辨传统紧密结合，在此基础上发展出有强烈哲学思辨色彩，并有充分实证研究成果支撑的犯罪心理学理论。

---

① 张小虎：《犯罪学的研究范式》，载《法学研究》2001年第5期。
② Gresham M. Sykes, The Rise of Critical Criminology, *Journal of Criminal Law and Criminology*, Vol. 65, No. 2, 1974.
③ 例如，许多重要的实证研究强化了犯罪以及违法行为是个体参与进拥有犯罪亚文化和传统的社会组织中的结果这一社会学结论。除了在犯罪学研究中强调实证研究的重要意义之外，也有学者倡导在犯罪学教学中引导学生运用实证研究对理论概念予以精雕细琢、完善、重塑甚至在必要时予以摒弃，以避免过于理论主义。

当前犯罪心理学学科发展的当务之急,非但不是质疑或否定实证主义研究范式,反而需要大力倡导实证研究,强化对实证主义研究方法的学习、探索与革新,并有意识地重视对学术人才梯队中有实证科研能力者的系统化培育。纵观国际学科发展史,不论是犯罪学还是心理学在某一地区或国家的迅猛发展,总是与在当时当地出现的站在学科发展前沿的高水平学者梯队群体有着密切的关系。同理,只有当我们拥有了一支可以与国际犯罪心理学一流研究水平比肩,兼具哲学思辨与实证科学研究能力的高水平梯队化学者群体时,我们的本土理论发展才会有与国际潮流接轨,甚至引领学术发展趋势的潜在可能。

三、以操作性概念体系为核心的理论平台重构

理论体系的构建必然依赖于一整套概念体系。我国的犯罪学研究由于长期依托刑法学研究的影响,在概念体系的建立上具有浓厚的哲学思辨色彩,强调概念范畴的抽象界定和辨析,却非常不重视实证观测的操作性设定。一方面,国内目前提出的绝大多数犯罪心理学理论都没有经过基于实证主义方法的广泛证伪,而且其现有概念体系往往也不符合实证研究设计的要求。显然,我们是无法在大而化之的、毫无操作性的概念(例如过于简单抽象的"社会原因、家庭原因、学校原因、个人原因"等概念)之上从事任何真正具有科学性的犯罪归因研究的。另一方面,国外犯罪学历经长时间所发展而得出的诸多理论在被引入我国并进行本土化的过程中,却会因对国外相关理论的核心概念把握不充分或者操作失误而失却其理论精髓,无法实现与国外犯罪心理学界的充分对话。这一缺陷成为国内犯罪心理学理论既无法在国际学术平台上展开互动交流,又无法在实证研究进路上获得充分发展的阻滞因素。有鉴于此,作为以本土化为立足点的系统性梳理,一种操作性概念化定义系统(Operational Conceptual Definition System)的构建显得十分必要和迫切。

出于未来研究成果的高度应用性的预设,此种概念化定义系统的建立须以犯罪归因为宗旨,以心理学基本原则与概念为基础,以国内外犯罪心理学主流理论为表达框架,将现有各理论的核心要素加以逻辑性解构、重构与整合,使其形成一个具有内在逻辑统一性的概念体系。首先,一种域外考察的努力须聚焦于当代犯罪学主流中深具影响力且经受住了实证研究证伪检验的那些理论,如社会学习理论、控制理论及标签理论等等,并将注意力集中在其概念体系中涉及个体差异化心理过程的层面,力图分解出一系列兼具合理性与普遍指导意义的成分,给予其明确的概念化定义,并

试图在这些定义之间建立普遍性的逻辑关系。其次，鉴于现代意义的国内犯罪心理学的发展在相当程度上是对西方相关理论的借鉴，同时又衍生出别具本土特色的理论学说，因此，在对国内诸学说进行梳理的过程中，须着力辨析这些理论的核心要素与西方诸心理学流派之间的继承性关系并对其中的独创性内容加以甄别。对甄别出的理论要素应像对西方诸理论所涉及的概念那样给予其明确的概念化定义。如此一来，最终的成果是一个以一系列未被实证数据证伪检验所否定的（包括那些已经接受并通过证伪检验的和那些尚未接受证伪检验的），具有潜在犯罪归因解释效力的，并且互相之间逻辑关系清楚，排除自相矛盾的概念化定义所组成的一般性概念体系。此种一般性概念体系最大的优势在于，通过对国内传统理论精髓进行要素提炼，进而承担起一种国内犯罪心理学理论体系与国际话语平台之间的高效"转接器"的作用。

四、本土化变量指标为基础的研究方法改进

确立了一个定义清晰、因果关系推论明确的操作化概念体系之后，可对一个理论体系展开具有实质意义的实证检验研究工作。由此出发，我国的本土犯罪心理学研究将与国际犯罪学界拥有学术上的共同语言，我国的本土理论发展也就有了融入国际学术主流的切入点。但在实证主义方法论指导下的理论发展必须得到本土化数据的坚强支撑。这就需要一个将上述体系中的诸概念转化为在我国文化背景下可从本土人群中采集数据的测量指标体系。

以操作性为导向的研究方法应该注意借鉴与原创之间的辩证关系，与一些学者热衷于提出所谓"本土原创学说"的做法保持距离。灵光一现式的原创新概念根基不足，且具有很大的理论风险，故而，如欲构建可行性较佳、实用性较强的量化指标体系，较为稳妥的方案依旧须依托有国外大量的量化研究作为借鉴的成熟的犯罪学和心理学的概念。当然，有时甚至可以直接将一些经验证的测量工具部分或全部引入此种量化指标体系。同时，如果希望未来的实证研究适应中国国情，就必须对一些测量指标进行针对中国社会与文化传统的本土化调整，以保证测量的准确性。在这方面，国内可以借鉴的经验是有限的。另外，我们必须注意到，对本土犯罪心理学理论的解读也可能会识别出一些原创性的概念，这些概念基本上不会有任何现成可用的测量手段，因此也必须投入精力与时间，严格按照实证研究方法的要求，按部就班地创制具有效度与信度的测量工具。

此种可测量的操作化定义系统及其测量指标的提出须历经两个必要

阶段：第一阶段，对一般性概念化定义系统中的各个概念化定义进行逐一考察，并进一步提出与之相应的操作化定义。操作性定义要求在准确把握概念化定义相对精简的诸语言要素的深刻含义的基础上细化对其各个要件的具体描述。这一工作要求对概念化定义的内在逻辑结构、外部识别特征以及具体应用语境进行尽可能无歧义的界定，以实现观念的表达者与接受者在认知上的高度一致，消除对特定概念千人千义的潜在可能，为进一步的量化验证打下基础。第二阶段，在操作化定义的基础上，为每一个概念元素设计量化指标方案，形成一套针对本概念体系的测量工具集，使其可以在现实环境中通过特定数据采集手段被测量。这些量化指标方案的提出须广泛吸纳国内外知名的心理学测量工具中的可用成分，同时也将充分借鉴国外著名量化研究方案中已被验证具有效度与信度的指标。进一步地，还须对测量工具中的核心部分进行预试研究（Pilot Study）以验证并强化其指标体系的信度（Reliability）与效度（Validity）。

笔者认为，我国当前犯罪心理学领域所开展的实证主义研究所面临的困境和批评在很大程度上均源自研究方法的滞后，而研究方法滞后的重要表现就是具有本土化信度与普遍性效度的测量指标体系的缺乏。所以在这一领域的很多基础性工作是我国犯罪心理学发展必须补上的一门功课。

第四节　以犯罪归因理论发展为引领的学科优化路径之思考

鉴于犯罪学的理论来源上具有复杂性，该领域内诸学说流派所立基的理论背景并不相同，这就造成基于学科宏观视角所见，各学说对于犯罪现象之分析与解读的狭隘性与片面性，每个单一学说均只看到问题之局部，却难以准确概括其全貌。因此，国外历经纷繁复杂的犯罪学理论学说争议之后发觉学说分立、缺乏统一的概念体系已成为犯罪学理论发展的缺陷，理论整合逐渐成为对未来发展趋势的共识，诸多学者也为此作出了不懈的努力。[1]

这一趋势在国际犯罪心理学领域亦有所体现，但鲜有获得公认的成果[2]。国内有学者提出犯罪学理论的"多层面理论整合模型"，试图通过变

---

[1] Frank S. Pearson & Neil Alan Weiner, Toward an Integration of Criminological Theories, *Journal of Criminal Law and Criminology*, Vol. 76, Issue 1, 1985。

[2] 西方犯罪心理学学者在学说整合方面努力的少数可见的例子之一是理查德·沃特里所著《犯罪心理学：整合理论视角》。但该书虽冠以"整合途径"之标题，却将较多的精力放在对不同理论的罗列与评述上，在提出超越个别学说视野的统合犯罪心理学理论方面并无实质性建树。

量整合、概念整合、命题整合以及理论扩展以实现理论优化。① 但尚无学者提出关于犯罪心理学理论整合的系统思路。国内犯罪心理学领域中犯罪心理结构与犯罪心理特征之争、犯罪综合动因与聚合效应之争并未带来理论的整合与相融。②

理论整合进展缓慢,原因是多方面的。一方面,从目标设定来说,整合不应该也不可能是将从各个学说中提取的多个因子改头换面之后的简单堆砌。首先,各个学说虽然各自有其对犯罪原因的不同理解,但是其逻辑体系中彼此必然会有某些概念重叠。其次,即使是相同的概念,在不同的学说中也可能被赋予不同的功能,甚至可能由于不同学说的理解差异而被赋予具有逻辑冲突的功能。那么在将这些概念加入一个整合性结构中时就必须对这些功能上的差异与冲突有所交代,或者通过分支概念的定义予以调和,或者根据逻辑体系的整体性要求加以取舍。要达到上述要求,尤其是在对犯罪之实证研究尚属稚嫩的我国,其难度是可想而知的。

但另一方面,这种整合努力的踟蹰不前也反映了心理学母学科的当前发展现状。作为一门独立学科,20世纪中期之后,心理学进入一个所谓"后体系"时代,即早期心理学发展所确立的,带有整合色彩的宏观体系纷纷崩溃或被边缘化③,心理学正朝着更加多样化而不是一个一致的统一体发展。④ 这种发展在心理学内部又似乎为两种不同的理论倾向所主导:主张实证主义方法的主流学者因为强调资料收集和追寻心理的经验根基而不断引入全新的研究领域,进一步强化了心理学的分化与专业化趋势;而来自心理学早期体系化的一些概念框架则为那些不同程度强调心理学中存在一种或更多体系的潜在哲学基础的心理学家所表述,⑤ 但这些表述在心理学日益强盛的实证背景下影响力有限。

作为心理学机能化分支之一的犯罪心理学,显然不能不对心理学领域的这一潮流有所认知。应该看到,心理学的去体系化并非对整合理论体系之必要性或合理性的全面否定,而只是客观地认识到人类在这一特定领域知识积累存在的巨大缺陷,因此在完成基本的资料收集工作之前,有意识

---

① 李波:《论多层面犯罪理论整合模型——以科学发展观为视角》,载《犯罪研究》2011年第4期。
② 郑友军:《犯罪心理学研究危机解读》,载《政法学刊》2005年第1期。
③ 这里最明显的两个例子就是现代心理学创始人冯特所创立的构造心理学理论框架被否定,以及弗洛伊德所创立的精神分析/心理动力理论框架的边缘化。
④ [美]戴维·霍瑟萨尔、郭本禹:《心理学史》,郭本禹等译,人民邮电出版社2011年第4版,第5页。
⑤ [美]詹姆斯·布伦南:《心理学的历史与体系》,郭本禹等译,上海教育出版社2011年第6版,第271页。

地避免在不全面、不成熟的知识基础上的泛体系化。这是作为一门实证科学的心理学的学科特点所决定的。

反观我国犯罪心理学学者当前所作出的理论体系化努力，更多体现的是以哲学思辨方法思考犯罪心理学的典型特征，即追求先验的完整的概念范畴之确立，然后以这一概念范畴指导下一步的逻辑推演，进而完成理论体系建构。在这个意义上，我们其实不过是在走冯特当年的老路。考虑到冯特理论框架的结局以及我国学科发展的现实水平，笔者不认为这应是我国犯罪心理学当前发展的主攻方向。同时，现代心理学研究高度重视理论建构之外的机能性目的，即以心理学研究应用于特定问题，推动个体与社会的改进。在这一点上，犯罪心理学完全符合当代心理学发展之主流路径。在认识犯罪现象的过程中，宏观的理论建构和具体的问题解决同样重要，且具体的问题解决可以催生更全面深入的认识积累，为理论建构创造条件、奠定基础。

因此，笔者认为，当前我国犯罪心理学研究之焦点，应在于将心理学发展之丰硕成果广泛地应用到对犯罪之个体化、差异化认知以及相应的具体犯罪问题之解决上来。理论整合作为学科发展的长期追求，不可放弃，但应该慎重而缓行。

历经破局之后的我国犯罪心理学理论体系，应当是结构体例上摆脱传统上深受刑法学犯罪定义和犯罪分类影响，更加贴近国际犯罪学和心理学领域研究前沿与主流发展方向，在特定理论问题的探讨上强调符合实证主义行为科学的基本哲学原则与研究方法，同时将理论的可操作性与概念的可测量性作为理论的主要追求的具有更新面貌且拥有较强发展潜力的理论体系。

实现成功转身之后的我国犯罪心理学理论体系最重要的任务应当是犯罪归因研究。我国以往的犯罪心理学研究更多的是停留在"现象论"层面的描述性研究，而非归因性研究，即有关"原因论"的研究。描述性研究与归因性研究的区别在于，前者的研究成果主要体现在提出特定概念、分类或对特定"现象"的性质、特点作出概括性表述；而后者的研究成果则体现在提出或者验证特定"理论"。笔者同意20世纪下半叶很多犯罪社会学家所持的反多因素学说立场。犯罪学的归因研究应该关注因果关系而非统计学相关性。因此，一个好的犯罪归因学说应该是以相对数量较少的一系列关键性因子为支撑的一般性学说，而不是罗列了所有与犯罪存在统计学相关性的因子的描述性清单。而考虑到犯罪归因研究必须以有效的犯罪矫治为其终极应用归宿，一个好而实用的犯罪归因学说更应当重点关注在现有客观条件下可以实施有效干预与控制那些致罪性因子。因此,在建立一个具有实践指导意义的犯罪归因逻辑结构时,就必须有所取舍,准确把握(应纳入逻辑结构的)致罪因子与(不应纳入逻辑结构的)关联因子之间的界限。进而,笔者的设想是,以上述操作化定义与测量指标体系为平台,提出若干犯罪归因理论假设,并有针对性地开展实证数据的收集与分析,实现对理论假说的有意义的证伪及优化。通过不断的验证与筛选,最终留存的被证成的犯罪归因理论假设即成为可进行测量分析、符合实践需求并可不断获得发展完善的理论模型。

第二章　犯罪心理学研究的内涵、特征与基本原则

作为犯罪学的一个分支研究领域，犯罪心理学与犯罪学的研究范式是一脉相承的。而当代犯罪学领域的绝对主流研究范式毫无疑问是社会科学研究范式。在这一研究范式之下，涌现出了意大利学派、芝加哥学派等极具影响力的学术流派，同时犯罪学领域几乎所有的具备高认可度的主流理论也都是源自这一研究范式。有鉴于此，作为研习犯罪心理学的学者，必须对社会科学研究范式有深刻的理解和熟练的掌握。

第一节　犯罪心理学研究的社会科学内涵

一、唯物主义本体论

唯物主义本体论在对世界的根本认知上坚持物质第一性意识第二性，认为物质世界是客观实在，强调认识是人对客观实在的反映，并申明世界是可以认识的。[①]

唯物主义在自然科学界的地位自近代以来早早确立，并在此之后绝少面对挑战。其中的原因很简单：自然科学的研究对象是完全独立于人类意识的事物与现象，其客观性不言自明。所以在排除了早期神秘主义干扰并初步证明了科学观测手段的有效性之后，唯心主义就再难对自然科学的唯物性提出有力的质疑了。

与之相对的，在人文领域，由于作为其研究对象的人类思维、情感、行为以及在此基础之上的互动都充满了主观色彩，因此唯心主义与唯物主义认识论的对峙却旷日持久。实际上，现代西方哲学在对待思维和存在、行为与动机的关系上，也往往倾向于唯心主义的基本原则。

站在犯罪学与犯罪心理学的基本范畴来说，其研究的对象是人类思维、情感、行为以及在此基础上的社会化互动。这些对象都是独立于认识主体的客观的存在，第一是可认识的，第二其认识路径同样应是从物质到

---

① 马克思、恩格斯：《马克思恩格斯全集》(第20卷)，人民出版社1971年版，第598页。

意识的。因此唯物主义本体论应是犯罪心理学研究的基本属性。

二、实证主义认识论

实证主义是一种认为社会生活可以通过应用类似于自然科学的研究方法加以客观而科学地研究的理论思潮。这一思潮首先于19世纪早期以社会学实证主义的形式兴起，其肇始者是法国学者圣西蒙（Comte de Saint-Simon）和孔德（Auguste Comte）。前者被认为是实证主义(Positivism)一词的发明者，后者则被认为发明了社会学(sociology)一词。孔德将社会学描述为对社会的科学研究，其最终任务是发现那些对人类社会的性质起主导作用的社会规律与法则。[①] 从启蒙运动时期开始的现代实证主义研究则深深植根于那种认为社会生活可以通过应用严谨的科学研究手段加以理解并进而加以控制的观念。

三、科学方法论体系

在早期犯罪学以及其他社会科学、行为科学研究中存在一个错误的认识，就是只要坚持唯物主义，以经验性的实证观察作为理论建构的基础，就可以取得符合科学标准的研究成果。这一观点的谬误之处在于将人类的观察所得与世界的客观存在无根据地等同，而没有看到人类认识手段在各种主客观条件限制下对客观世界发生观察误差的现实危险。这一错误认识所导致的直接后果就是在早期实证主义社会科学，包括实证主义犯罪学研究中出现的各种来自经验性观察，却随后被证明为错误的理论观点，比如龙伯罗梭基于对犯罪人的生理学及病理学实证研究所提出的"返祖论"学说，在后续的研究中就被证明是完全错误的。

在实证主义哲学指导下的认识世界的努力由于上述被证伪的情况的反复出现，甚至引发了更深层次的危机：在反唯物论者看来，实证主义的整个认识论基础乃是建立在对于客观世界可知性的信心之上的，而实证主义研究的反复被证伪却严重撼动了这一信心。针对实证主义的这一挑战，在社会科学领域所积聚的声势尤甚于在自然科学领域。究其原因，无非是因为作为社会科学观察研究对象的人类思维、行为及社会化互动相较于自然现象复杂程度更高，观测难度更大，误差趋势更强，从而更容易被证伪。

要回应反唯物论者的这一挑战，显然直接否定实证主义社会科学研究

[①] John Tierney, *Key Perspectives in Criminology*, Berkshire, GBR: Open University Press, 2009, p113.

的可证伪性是行不通的①。因为我们必须承认，人类对于客观世界的认识是不可能绝对排除观察误差因素的影响的。但是，通过研究者系统的努力，对观察方法进行改良，从而不断地减小误差却是实际可期的。在此基础上，正是通过对基于实证观察的理论的可证伪性的关注，社会科学研究者确立了一系列的对客观世界进行实证观察时应遵循的，旨在减少观测误差，提高理论相对准确度的操作性原则，这一套原则就是通常意义上的科学方法论。

由此可以断言，所谓"科学"与"非科学"之分野，其实质界限并非立足于知识的绝对正确性的评判②，而是在于其研究方法论上是否遵循特定的规则并在这一规则体系内可以经受住一个相对的证伪的考验。从历史的角度来看，这也符合人类对客观世界认识发展的基本规律。不论是自然科学还是社会科学，任何一个理论得到广泛接受都不意味着其绝对真理性的确立。不论是理论的提出者还是拥护者都不否认其未来被证伪的现实可能性。理论的科学性之确立其实源自另外两个逻辑上互为依存的考量：第一，这一理论的提出遵循了科学方法论的观察推演路径从而其观察结论具有可信性（信度）；第二，在这一可信性的基础上，这一理论对其所观照的现象具有不低于其他理论的解释力（效度）。

第二节　犯罪心理学研究的目的

有学者在讨论科学之界定时极具洞见地指出，科学的关注焦点仅在于"可解决的问题"③。这句话的意思是，科学研究的对象仅限于那些概念体系具有逻辑上的合理可解性，同时其概念诸要素可以通过现有技术手段加以观测验证的命题。而对于那些无法进行实证观察与验证的命题，科学就不对其投入精力④。

以上表达在总体上对科学研究的目的进行了限定。那么，在所谓"可解决的问题"这一范畴之内，我们从事科学研究要追求的是怎样的目标？具体到社会科学领域之下的犯罪心理学研究中，我们所要追求的目标又是

---

① 实际上，在近现代社会科学发展历程中几乎所有试图在逻辑上关闭证伪可能性的理论尝试都无一例外地遭到实证主义学者的群起反对。
② 因为这在人类认识能力的客观限制下是没有可能作出判断的。
③ 斯坦诺维奇：《对"伪心理学"说不》，人民邮电出版社2011年版，第14页。
④ 例如类似"善与恶的本质属性是什么"这样的问题，由于不具有可以进行实证观测的指标体系，也没有一个在逻辑上可解的概念体系，就不是科学研究的范畴，而属于哲学、伦理学等非实证性学科的观照对象。

什么呢？有学者对此进行了精当的总结，认为，不论自然科学研究还是社会科学研究，所追求的都是一个由四个阶段性目标组成的递进性的目标体系，其具体表述如下：

一、探索未知领域（Exploration）

人类对世界的认识是一个从无到有，逐步积累的过程。那么从抽象的概念意义上讲，如果人类认识世界的科学性努力有一个绝对的起点的话，这个起点应该是一种对客观世界完全无知的"零认知"状态。当然，鉴于人类认识世界的努力要远远早于科学概念的明确提出，这一"零认知"状态的存在早已湮没于历史长河之中而不可循，但毫无疑问人类认识世界的努力始于对未知领域的探索。同时，科学的发展也在不断开拓新的认知领域，在每一个新认知领域的科学研究，也可以被认为是始于在其学科范畴之内的"零认知"状态的。因此，在对新学科领域的早期研究中，往往是会出现这样一种研究体验，即研究者对于观测所可能得到的结果几乎毫无预见，而实际观测到的客观存在往往超出了现有概念体系与理论体系的涵盖能力，以至于在一开始对于观察到的现象不能提出有说服力的归因性解读，而在这一阶段的科学研究其标志性成果往往仅限于对现象的客观存在的确认以及命名。比如近现代物理学研究中的电磁学研究肇始于电和磁这两种物理现象的发现，在最初这一领域所进行的研究，有很大部分精力放在了对电和磁存在的证明，而电磁现象中的不同概念则以发现并确证其存在的主要科学家命名，如电压单位以伏特命名，电流单位以安培命名。而磁与电的运作机制的全面理论解释则是在其发现多年以后才逐步确立的。

在社会科学领域，其研究对象（人类行为）作为数千年来学者们理性观照的重点，似乎已无所谓"未经探索的未知领域"。但事实是，我们对于人类行为模式的了解，直到近代尚存在诸多盲点。而正有赖于无数社会科学学者的敏锐洞察，这些尚不为人所知的现象才得以确认其存在并得到有针对性的研究。这里最著名的例子包括以弗洛伊德为代表的现代心理学者对于人类意识中潜意识的探索性研究，以及法国著名社会学者勒庞对于群体心理这一迥异于个体心理的人类行为现象的探索性研究。

探索性研究作为人类科学研究的一个特定阶段，其特点是在观察实践中往往重发现，浅描述，轻解释（或者不解释）。这是由于研究对象属于现有学科范畴不认同甚至是强力否认其客观存在的现象，在有些情况下，这些现象的存在还可能是对现有知识体系的颠覆，所以探索性研究往往是在缺乏对所研究的现象的系统全面的理论认识的情况下展开的，甚至现有的，基于旧的认识体系的科学观测手段都无法对其进行有效而准确的观察。这一阶段研究的任务重点自然而然地被放在了证明其研究对象的客观存在，并努力总结令该现象可被观测到的条件与手段的描述上。而对于这一现象的全面系统描述，甚至归因性理论体系的建立，则是超越了这一阶段研究客观条件的一个要求，即使勉力而为，也往往难如人意。比如弗洛伊德等早期精神分析学派心理学家在发现并确认了人类意识中潜意识的存在及其重要性之后，对于潜意识的形成与作用机制的分析却被之后的很多学者证明为错误的。

二、描述客观现实（Description）

科学研究的一个重要任务就是对所观察到的客观世界进行全面而客观的描述。如前所述，科学研究的哲学基础是实证主义认识论，通过各种感官渠道对认识对象进行经验性的观察是实证主义认识世界的基本手段。来自感官的经验性认识本身的生产并不依赖于科学方法，因为任何人只要运用其自然的感受能力就可以实现对客观世界的观察。但是这些观察结果并不自动转化为我们对世界的科学认知，因为它们本身是零散的和不系统的，其认知意义的生成高度依赖于孤立的个体，缺乏超越直接经验的普遍描述性。这些支离破碎的认识就是在认识论中所说的"感性认识"。科学方法论并不否认感性认识的客观性。所谓"眼见为实"，在同等观测条件下，非科学的经验性观察和科学研究观察具有基本相同的直接反映客观存在的能力。但是感性认识缺乏超越个体经验之外的普遍指导意义，从而无法为人类全面认识世界提供有力的支持。换句话说，感性认识存在着"一叶障目"的问题，而与之相对的，科学研究在其特定研究方法的支持下，却可以对感性认识进行系统化组织以及概念化表达，使其上升为"理性认识"，为我们认识世界的努力提供"窥一斑而知全豹"的能力。

作为科学研究的一个重要任务，将感性认识抽象化、概念化、系统化进而上升为理性认识的这一过程的主要组成部分就是描述性研究。当然，描述性是科学研究作为一个整体一以贯之的一种性质，但是在此，我们用"描述性研究"特指在其中一个具有基础性意义的研究阶段。这一阶段一般与前文所讨论的探索性研究相衔接，在对某一个特定对象或特定领域的探索性研究基本完成之后，通过进一步的观测与分析，完成以下三个任务：（1）为研究对象确立一个相对固定和完整的概念体系，在研究对象与其他类型的对象之间划定内涵与外延的界限；（2）在研究对象内部进行必要的分类与分级；（3）为研究对象建立一个操作性的测量指标体系，并以此指标体系为基准对研究对象进行质化与量化的现象性描述。

如果说上一阶段探索性研究回答的问题是"客观世界有什么",那么这一阶段描述性研究回答的问题就是"客观世界是怎样的"。在实践中,描述性研究在科学研究中占据相当大的比重,在行为科学研究领域更是如此。一个典型的例子就是美国心理学学会(APA)从1952年就开始出版的《精神病统计学诊断手册》(Diagnostic and Statistical Manual of Mental Disorders,简称DSM)。该手册以系统的临床精神病学观察数据为基础,对精神病和心理障碍进行了全面的定义,详细地列举了各类精神病与心理疾患的具体症状和临床诊断指标,并以这些症状之间的相互联系与区别为依据对精神病与心理疾病进行了详尽的分类与分级。这一手册随着心理学和精神病学研究的不断深入,也进行了不断的修正与完善,对既有门类不断细分与扩充,同时对很多心理疾患的概念与描述也随着临床实践的发展不断调整。《精神病统计学诊断手册》目前已经历经5次改版,每一次改版,都代表了心理学与精神病学在人类心理健康领域认识的一次飞跃。[①]

三、解释因果机制(Explanation)

如果从广义上定义"描述性研究",则以对研究对象因果机制进行解释为任务的归因性研究也应被包括在内,因为所谓归因研究,就是在被观察对象与其内在诱因之间建立一种具有理论信度的联系的尝试。首先,所谓被观察对象的"内在诱因",其实就是独立于对象之外的另一个客观实在现象,其本质上也是一个被观察对象。而所谓"建立联系的尝试"就是对这两个(在多因子研究中,也可以是两个以上)观察对象的现象性变化(发生、发展与消亡)之间的相关性联系的性质进行一个具有普遍性和系统性的描述,其工作的基本内容仍然是描述性的。

但是,将归因性研究从描述性研究中区别开来也是有其理由的。归因性研究主要在以下两个方面区别于一般的描述性研究:

第一,从单个观测单元的信息容量来说,一般的描述性研究属于单因子观测(univariate)结构,即一次完整的观测在最简化时只需要对对象概念体系中的一个因子进行测量。比如犯罪学中对青少年犯罪的描述性实证研究,虽然实践中往往会实地采集多个有关数据,但是在一个最简单的研究设计中,即使只采集一个数据,比如青少年犯罪的发案数,也可以完成对青少年犯罪现象的某个特定方面进行描述的任务。从这个意义上讲,一

---

① James Morrison, *DSM-5 Made Easy: The Clinician's Guide to Diagnosis*, New York: Guilford Publications, 2017, p.7.

些同时采集多项数据的研究，如果其目的仅仅是对研究的对象进行质化与量化描述的话，这样的研究无非就是数个单因子描述性研究的简单堆砌，并不会因数据容量的增加而使研究发生质的变化。

而对于归因性研究来说，单因子观测是无法达成其研究目的的。即使最简单的归因研究设计单元也必须是由对一因一果两个因子的测量构成的双因子观测（bivariate），同时在观测中还必须加入对于两个因子指标变化相关性（covariance）的观测。以上述青少年犯罪研究为例，若意图对青少年犯罪现象进行归因研究，则除了青少年犯罪发案率这一因子之外，还必须对研究者假设的"致罪因子"进行观察。比如，可以假设父母离异是导致青少年走上违法犯罪道路的重要原因，则在此就要对研究对象（青少年群体）的父母离婚率进行测量，并且要对单个观察对象是否违法犯罪的因子变化与其家庭中父母是否离异的因子变化之间的相关性作出观察。在此，青少年犯罪发案率与家庭婚姻状况各自可以成为描述性研究的单因子观察的对象，但只有结合在一起组成一个双因子相关性观察，才有可能支撑起对青少年犯罪的归因研究设计。

第二，描述性研究在研究类型划分上一般被称为"现象论"的研究，而归因性研究一般被称为"原因论"的研究。在直观上讲，如果一个研究的成果主要体现在提出特定概念、分类或对特定"现象"的性质、特点作出概括性表述，那么这一研究就是一个一般意义上的现象论研究。而如果一个研究的成果体现在提出或者验证特定"理论"，那么这一研究就应属于原因论的范畴。因为所谓"理论"在科学研究方法体系中的定义就是对特定现象所作出的关于其因果机制的具有普遍意义的逻辑表述[①]。提出或验证具有因果性表述的理论是归因研究的基本要求，也是使其区别于描述性研究的本质特征。现象论研究满足了我们认识世界"知其然"的要求，但是这种认识不论在抽象性和普遍性上达到怎样的高度，都始终无法超越表面现象的层次，而原因论研究则意在进一步满足我们认识世界"知其所以然"的要求，从而使人类对客观世界的认识进入了内在规律的境界[②]。

---

① 这里应该注意的是，本书在科学研究语境中使用的"理论"一词的定义与我国法哲学语境中对于"理论"定义存在着显著的差异。在法哲学语境中，"理论"及其缩用法"论"，是一个可以与"学说"或"说"基本同义的概念，用来指代某些具有特定结构的逻辑分析进路，而往往不必然要求是对特定因果关系规律的表述。比如刑法理论中的"客观归责理论"，其实是一种应然的逻辑分析进路表达，而没有任何关于现象与其内在诱因之间实然因果律的表述。

② 另外应该注意的是，归因性研究在研究目的上的更进一步并不必然意味着其在研究设计的复杂性上超越描述性研究。很多以描述为目的的科学研究由于数据收集的范围广大而具有极高的复杂性，比如上文提到的APA以DSM为体现的精神病与心理疾患描述性研究体系就极为庞杂。而在一些以一因一果结构验证既有理论为目的的归因研究中，相对简单的研究设计也可以提供合乎要求的研究成果。

显然，现象论研究的重要性不容置疑，但是人类了解客观世界的目的并不是为了满足好奇心，而是希望洞悉客观世界的内在规律，并以这些内在规律为指导来实现其改造世界的目的，仅仅"知其然而不知其所以然"是不够的。换句话说，人类作为实践主体的主观能动性，仅仅通过描述性研究是无法完全体现的，必须依赖归因性研究。从这个意义上说，以理论提出与证明为其基本任务的归因性研究才是人类认识世界努力的实质性部分。这也是科学研究作为人类创造性活动体现其实用性价值的基本立足点。

四、理论指导实践（Application）

从纯概念上的划分来讲，科学研究在完成归因性研究的任务后，其认识世界的使命就已达成。此后的理论指导实践乃是人类利用既有知识改造世界的努力的一部分，而不再起到科学研究那样增进人类对客观世界认识的作用，因此本不应将其作为科学研究概念的有机组成部分。但是在实践中，由于不存在所谓"完美"的知识，任何基于归因研究的理论在应用于实践时都无法排除因理论本身的误差而导致达不到预期效果的情况。这就需要将实践当作是认识世界努力的自然延伸，通过实践发现理论的错误，进而对理论作出修正与完善，使其可以在未来更好地指导实践。

在此基础上，就产生了"应用科学研究"的概念，即将归因研究的成果直接应用于改造世界的实践，但同时对于这一实践的发展过程也适用基于归因性研究的观测设计，即以有目的的实践性活动为原因因子，以实践对象的状态变化为结果因子，将之前归因研究对这两个因子间变化相关性的推测同实际测量到的变化相关性进行比较，并试图对比较中得出的推测与实际之间的落差进行进一步的归因分析（可以想见，这两者之间必然是会出现落差的），并用新一轮归因分析的结论来补充和完善之前的归因理论。

一般来说，犯罪学与犯罪心理学由于其极强的实践性学科特性往往被归入"应用型学科"一类，这就决定了这一学科的发展的主流模式必然是"应用理论指导实践，总结实践反哺理论"。确实，在犯罪心理学理论发展中，很多著名理论的发展过程都有着浓重的实践色彩。一个典型的例子就是著名犯罪学家赫希对其控制理论的扬弃与发展。赫希最初根据人之普遍犯罪性的命题提出了"社会控制理论"。在应用该理论解释犯罪以及指导犯罪预防实践的过程中，他又观察到社会控制机制与个人犯罪行为之间的实际因果关系并不完全符合"社会控制理论"的预测。在深入考察其理论的缺陷之后，他又提出了"自我控制理论"，对个人犯罪倾向中无法用社会控制理论加以有效解释的部分作出了进一步的分析。[①]"自我控制理论"被认为是现代犯罪学发展出的所有理论中具有最广泛说服力的理论之一，这与其在概念体系上高度贴近实践，吸引了大批学者对其开展验证研究并因而获得充分的实证数据支持不无关系。这一理论发展进路充分体现了科学研究中实践性研究的特点。

第三节　犯罪心理学作为社会科学的基本特征

在此讨论的犯罪心理学，特指以犯罪现象为认知对象的，基于心理学视角的科学研究，并不包括在犯罪学纳入社会科学体系之前学者所从事的那些本质上属于哲学范畴的论证与分析。在现代犯罪学研究中，有的学者也曾尝试以科学的标准来对经典犯罪学理论中的一些论断进行评价，结果不言而喻：这些论断往往都无法经受科学实证主义标准的检验。同时，正如前所述，当代犯罪学与犯罪心理学研究的绝对主流范式乃是社会科学研究范式，这也是整个犯罪学学术视野中最具活力与创造力的研究范式。因此，在此只讨论那些基于社会科学范式的犯罪学心理研究的基本特征，而这些基本特征从某种意义上讲，也是一个犯罪心理学学说是否具有科学性的基本判断标准。

一般来说，符合社会科学标准的犯罪心理学理论应该具备以下基本特征：

一、命题逻辑的可证伪性（falsifiability）

以社会科学标准为出发点，任何一个犯罪心理学理论所提出的命题不论其内容如何，都必须首先具备一个属性，就是其逻辑结构上的"可证伪性"。所谓"可证伪性"，是指由一个命题所推导出的结论（解释或预见）在逻辑上或原则上要有与一个或一组实证观察发生冲突或抵触的可能性。这是哲学家卡尔·波普尔在其著作《猜想与反驳》中提出的概念。在书中，波普尔将其作为判断一个理论（命题）是否科学的首要标准，认为"一切从经验得来的假说、命题和理论都不是科学的，除非它们容许反例存在的可能"[②]。

[①] Gottfredson, Michael R. and Travis Hirschi, *A General Theory of Crime*, Redwood City, CA: Stanford University Press, 1990.

[②] ［英］卡尔·波普尔：《猜想与反驳：科学知识的增长》，傅季重译，中国美术学院出版社2003年版，第21页。

比如,"所有的天鹅都是白色的"就是一个具有可证伪性的命题,因为只要可以通过经验性观察发现一只非白色的天鹅,上述命题就被证伪了①。而一个不具有可证伪性的命题的例子就是"所有的天鹅都是美丽的"。因为"美丽"是一个具有模糊性和主观性的限定,在经验观察中就无法提出一个"不美丽的天鹅"的例子来对其作出反驳,因为立论者可以坚称证伪者所提的例子仍然符合某些关于"美丽"的定义。在犯罪学发展史上,理论因为缺乏不可证伪性而受到质疑的最著名的例子就是精神分析理论针对犯罪成因的所谓"潜意识的内在平衡失调说"。一个原因就是精神分析理论对于潜意识的各个功能性部分定义模糊,导致任何一种反常行为都可以被纳入其理论的解释之中,使证伪成为不可能。

一个命题具有可证伪性并不表示这一命题必须马上被证明是错误的,但是其逻辑表述上必须为证伪留出路径。从认识论的基本原则上来讲,人类对客观真理的认识是一个无限接近却永远无法到达的过程,这就在根本上否定了一个完全正确命题的存在可能性,因为完全正确的命题就是终极真理的代名词,是有悖于科学认识论基本精神的。在这一前提下,提出一个在逻辑上不可能被证伪的命题就具有非科学性,是科学研究标准所不能接受的②。

因此,切实追求科学性的犯罪心理学研究并不以提出或探寻"绝对正确的犯罪心理学理论"为其目的,也不忌讳对既成理论的潜在谬误加以批判,而是保持一种开放而诚实的态度,大胆地提出假说和猜测,然后去寻找和这一假说不符合的事例,根据事例对假说进行修正,不断重复这一过程,乃至将最初的假说全盘否定,进而提出相对更加合理的假说与理论。

二、概念体系的操作主义

操作主义(operationism)是20世纪20年代产生于美国实验物理学界,后来在实证科学领域广泛流行的学说,其核心是要求以实验操作定义科学概念。它要求所有的科学概念都应当同实验的操作联系起来,包括工具的

---

① 这里引用的是科学史上的一个著名典故。18世纪欧洲人发现澳洲之前,欧洲人见过的所有天鹅都是白色的,所以在欧洲人眼中,天鹅只有白色一个品种,并由此作出一个关于天鹅的物种学命题"天鹅是一种白色的鸟类"。直到澳洲的发现,探索者发现了黑色的天鹅,于是推翻了上述论断。

② 应注意,一个命题由于不具有可证伪性而被排斥于科学范畴之外并不必然否定其内在合理性。因为科学的可证伪性要求是针对其实证主义认识论提出的。对于那些不要求经验观察的认识范式,则可证伪性并不具有任何意义。比如数学中的运算公式和逻辑学中的特定分析进路,由于是纯理性的自证自明,根本不依赖经验观察,也就无可证伪性可言,虽然会被归于科学的范畴之外,却并不影响对其合理性的判断。

操作和度量的操作，以消除含义模糊的概念和术语，并使科学研究的概念体系具有客观性和实践性。比如，任何关于温度的科学研究，对相关概念的设定都必须建立在对于温度的实际操作基础之上，比如温度的测量应以水银柱膨胀收缩的可观察物理变化值为基准。任何脱离可操作实际观测而仅仅基于一个抽象的"冷"或者"热"概念体系所产生的关于温度的理论，比如"穿上衣服会热，脱掉衣服会冷"之类，都不具有科学性。

在犯罪心理学的实证研究中，会提出大量的涉及犯罪表现形式以及诱因的概念。要以这些概念为基础进行犯罪心理学研究，就必须先行将这些概念予以"操作化"（operationalization），使其从一系列抽象的术语转化成为可以在实证观察中被稳定而准确感知的指标体系。所谓"稳定"，是指不同的观察者只要使用同一套指标体系观察同一对象，就可以得出基本一致的观测结果，亦即所谓"信度"，而"准确"，是指基于这一套指标体系进行的观察可以准确地反映被观察对象的实际情况，亦即所谓"效度"。比如在研究家庭环境对青少年犯罪的影响时，不可以笼统地将家庭环境定义为"好的"和"坏的"，因为第一，由于缺乏统一操作性标准，不同的观察者对于同一个被观察家庭会基于主观的判断而作出极具随意性的不同界定（低信度）；第二，一个笼统的"好/坏"的标定根本无法全面反映家庭环境对个人行为的潜在影响（低效度）。所以，一个具有科学性的研究设计需要从家庭的各个环境要素中抽取可以实际观察到的因子，加以标准化的标定，从而形成类似于"家庭收入"、"父母不良行为强度与频度"、"家庭暴力强度与频度"、"父母与子女依恋程度"、"青少年越轨行为烈度与频度"这样可以进行标准化测量的变量体系。从这个意义上说，概念体系的操作主义与上文讨论的可证伪性有着密切的联系。精神分析理论之所以被批判为缺乏可证伪性，正是由于其概念体系过于抽象与主观，而毫无实验操作性可言，这就直接导致了其理论难以通过反复的实证观察研究来予以证伪，由此丧失了科学性。

我国的犯罪学与犯罪心理学研究由于受长期依托刑法学研究的影响，在概念体系的建立上具有浓厚的哲学思辨色彩，强调概念范畴的抽象界定和辨析，却非常不重视观测指标的操作化设定。这一研究方法上的缺陷在很多学术研究中都有所体现，一个典型例子就是很多关于青少年犯罪的研究将归因分析高度概括化和抽象化，提出所谓"家庭原因、社会原因、学校原因、个人原因"这种大而化之，毫无操作性的概念，显然我们是无法在此基础上从事任何真正具有科学性的犯罪归因研究的。

三、非绝对化的概率性表述

基于上文对于科学可证伪性的讨论，我们已经确立了一个基本立场，即无论我们在科学研究的设计上如何严谨而合理，我们的研究发现所揭示的关于客观世界的知识也不可能是百分之百准确的。任何科学发现，不论最初有多高的接受度，经受住多少验证研究的检验，最终都必然被证伪并被更准确而全面的科学知识所代替。这一立场固然鼓励了我们去挑战权威观点，大胆提出新的假设与命题并积极求证，在实践中却不可避免地带来"到底应不应该相信科学"的困扰：如果所有的科学知识最终都将归于谬误，我们将科学研究提出的理论应用于实践，指导我们改造世界努力的信心又来自何处？

这里我们可以再次援引前面提到的"黑天鹅效应"的典故。诚然，这一典故的核心启示在于不可以绝对迷信现有经验的积累而应对例外的存在持客观的接纳态度。由于观察到了一只黑色天鹅，则整个"天鹅是白色的"这一认知信条就面临全面改写。但是，我们也可以换一个角度看问题：一只黑色天鹅的存在（或者一个相当数量黑色天鹅种群的存在），并不妨碍我们在准确评价既有经验的基础上得出"绝大多数天鹅是白色的"这样一个非绝对性的认知，并以此作为指导我们实践的一个有效原则：在寻找天鹅的努力中，我们仍然可以以白色禽鸟为优先追踪对象，而不必因为非白色天鹅的存在而完全放弃对颜色特征的关注。因为毕竟黑色天鹅的出现在实践中是较少的，因此以白色为寻找天鹅的线索，即使会错过少量黑色天鹅，但是却保证了在寻获天鹅的最大可能性上投入相应的资源。

上面的例子揭示了科学研究在面对真伪不对称性这一哲学困境时的一种现实态度，即不去追求理论的绝对无误，而是将认识建立在一种非绝对化的概率论基础之上。这是体现了对观察对象内在复杂性和个体差异性的尊重。换句话说，既然科学发现误差不可避免，就通过各种努力去了解误差出现的概率，并在此概率性认识的基础上应用科学研究的成果指导实践。比如在自然科学研究中，研究者的一个重要工作就是通过各种统计学手段去测量实验和观察误差出现的概率。当误差概率被降低到一个可以接受的程度时，研究成果就被认为是有现实意义的。

这种情况在社会科学研究中同样存在，而且由于社会科学研究对象（人类行为）本身的高度复杂性，观测误差以及对理论概括的例外情况的出现概率都要远远高于自然科学研究。因此社会科学，包括犯罪心理学研究,对于其理论建构保持着一种极其"坦率"的概率论（probabilistic）立场。即任何一个犯罪心理学理论,都不排除相对较高比例的例外的存在,但是只要理论对特定现象的解释力高于其纯随机出现的概率,就承认该理论的效度。所以犯罪心理学研究不会去论证类似"罪犯的子女都会走上犯罪道路"这样的绝对化命题,而是关注诸如"单亲家庭子女犯罪率是否高于双亲家庭子女"这类概率性命题。通过对大量单亲及双亲家庭子女行为规律的比较观察,努力总结家庭教育与犯罪行为之间相关关系一定程度上的普遍性规律,并重点测量这一相关关系在特定情境出现的概率。而这种概率性认知的实践意义在于,虽然我们无法通过消灭单亲家庭来绝对消灭青少年犯罪,但是我们显然可以通过各种减少单亲家庭（或其他致罪因素）的努力来降低青少年犯罪的发生概率。

综上所述,我们可以对遵循社会科学范式的犯罪心理学研究作出这样一个大致的描述：犯罪心理学研究一个有严格学科研究领域限制和认知获取与验证程序的专门研究领域,它为犯罪现象以及构成其成因的社会现象提供了一个完整严密的概念定义与分类体系；它承认对犯罪现象及其成因这一知识领域全部知识成分的有限及概率性了解；它对已获取的关于犯罪现象及其成因知识的适用领域有明确限定而非无限与绝对化概括；它对已经获取的关于犯罪现象及其成因知识的可证伪性持开放态度并通过知识表述的逻辑结构保证其可证伪性；它在数据收集与理论验证过程中不回避甚至主动寻求对既有理论与命题的否定性证据。

第四节　犯罪心理学研究的基本原则

一、主客观相统一原则

犯罪心理学作为一种具有自身独特领域和概念体系的社会科学门类,其实证研究必须遵循主客观相统一的原则,这是其研究对象——人类行为的本身特点所决定的。作为犯罪心理学研究对象的人类行为（包括正常人类行为与反常人类行为）,在认识规律上都兼具主观性和客观性的特点,因此必须坚持主客观相统一的原则才能对其做到全面客观的认识。

犯罪心理学研究对象的客观性主要体现在以下两个方面：第一,人类行为的一个重要驱动力乃是人类的心理活动。而心理活动的物质基础是大脑神经中枢的生物化学反应,导致在脑神经元之间的神经递质传递,这类生物化学反应的速度、强度、持久度与衰减度都是由大脑的基本生理结构决定的，不为个人意志，包括行为人自己的个人意志为转移。因此在对人类犯罪行为进行研究时，就必须尊重人类大脑及神经系统运作的客观规律。第二，人类活动的另一个主要诱发因素是外界环境的刺激，这类环境刺激的发生也是不为个人意志所转移的。除心理学视角外，对人类活动的外界环境的研究还涉及社会科学的很多不同领域，比如社会学、生态学、人类学、经济学、政治学。所有这些研究都会对我们理解人类犯罪行为提供客观的因果解读，而在从事这些领域的研究时都必须尊重其学科对象的客观规律与实证主义认识特点。

同时，所有以人类行为为对象的科学研究都同时具有那些以纯粹客观世界现象为对象的科学研究所不具备的主观性特点。因为人类行为显然不能够简单地理解为大脑与人体结构面对外界环境刺激的纯动物性反应，更不能够站在机械唯物论的立场将人类与其周围环境的互动按照一种力学作用机制加以解读。必须看到，行为是作为认识主体的人类对于客观世界的能动性反应，在此基础上，不同个体对环境因素刺激的认知、分析、判断及反应各不相同，因此同样的环境刺激会在不同个体中激发不同的心理活动，进而表现为不同的个体行为。另外，犯罪心理学研究的主观性还体现在个体的自我意识与客观现实存在不可逾越的隔阂，这一方面表现为行为主体在试图以一种对客体的关照角度来反思自我时往往会不可避免地导致错误，在心理学上，这被称为"内省的错误"，一个典型的例子就是所谓"精神病患者绝不会承认自己有精神病，而这正是精神病的主要症状"这一有趣观察。而另一方面则表现在作为外在观察主体的行为学研究者几乎没有可能对被观察者的意识进行直接的观察，而只能通过其见之于外的行为与情绪实施间接观察。换句话说，行为学研究者在现有技术条件下几乎没有可能真正知道其观察对象在"想些什么"，而只能通过观察其在"做些什么"，然后间接地推断其内心想法。因为意识是人类行为的最重要的基础性要素，对其直接观测手段的缺乏就在很大程度上影响了行为学研究作为实证主义研究的信度和效度。

因此在从事犯罪心理学研究时，必须一方面认识到行为具有源自个人因素与环境因素的客观存在基础，另一方面还需要关注个人在与其内在与外在客观现实互动中通过主观意志映射于外部世界的主观能动性。

二、系统性原则

在犯罪学中的原因论研究中存在着一个旷日持久的学术倾向的争论：犯罪的最优解释应该是一个基于单因子的理论还是一个基于多因子的解

释？两种倾向各有其支持者，并相应提出了代表性的理论，比如赫希的自我控制理论就是典型的单因子理论，而我国学者罗大华主导提出的犯罪综合动因论则是主张多因子理论倾向的产物。从简单化定义上来分析，似乎多因子理论倾向主导的犯罪学研究会比较强调系统性原则，而单因子理论倾向则不会给予系统性原则任何立足点。但实际上，不论是以单因子还是多因子为命题出发点的犯罪学研究，都必须遵循系统性原则才能有所成。这是由犯罪现象及其成因的客观性质所决定的。

我国著名学者钱学森认为：系统是由相互作用相互依赖的若干组成部分结合而成的，具有特定功能的有机整体，而且这个有机整体又是它从属的更大系统的组成部分。① 基于这一定义，我们就会发现，不论是基于单因子还是多因子理论倾向来研究犯罪心理学，都必须将认识建立在一种系统性的视角之上。

首先，犯罪现象作为一种人类行为，是具有系统性的一种客观存在。"犯罪"这一定义本身就是由数个互相作用又互相依赖的部分组成的：首先是犯罪行为的外在表达形式，即具有某种外在影响的特定的作为或不作为；其次是这一行为背后的意识基础，即对犯罪行为及其结果的故意或过失；最后是对于这种意识／行为结合体的道德规范性评价。三个组成部分各有其独特渊源但是并不各自孤立存在，而是形成一种互相影响相互依存的系统性相关关系，共同支撑"犯罪"概念的形构，而基于三个组成部分之间的共生与互动的不同形态又形成了犯罪的分类体系。

其次，作为犯罪原因论关照对象的，构成犯罪之物质基础的各种个人与社会因子本身也具有系统性。比如，在对犯罪的社会学研究中，个体的社会化自我认同并不是他身上所反映的多个社会关系的简单拼凑，而是一个由各个不同类型社会关系互相影响、互相决定而形成的一个错综复杂的网络系统，共同构成某人的社会身份进而影响其行为选择。对于这一系统中任何一个要素的认识与界定都必须在考察其与所有其他要素之间的关系之后才有实质意义。同样的，在对犯罪的心理学研究中，必须将影响人类思维、情感和行动的心理过程看作一个系统性的存在。在这一复杂系统中包含了感受、记忆、处理、反应，以及外在反馈等多个子系统。各子系统互相制约，共同作用，其影响的合力决定了个人对外界环境刺激作出行为性反应的性质、方向与强度。

最后，犯罪学知识体系本身具有系统性，心理学视角的犯罪归因研究

---

① 苗东升：《钱学森系统科学思想研究》，科学出版社2013年版，第2页。

乃是这一系统的有机组成部分，要正确理解各类社会化主体与客体在最终导致犯罪行为的社会化互动过程中的行为选择与决策规律，研究者必须对一系列相互联系的领域展开多角度的研究，这些领域包括（但不局限于）：人类行为动机与目的体系的本质及其来源，人类道德规范体系的本质及其来源，社会化互动环境对人类思维、情感与意志的影响，人类对客观现实的认知方式与反应方式，冲突的来源以及冲突的解决机制等等。每一个领域的研究，都必须同时关照其他领域的最新发现并相应地作出调整，同时每一个领域的研究进展又会对其他领域产生连锁反应式的影响。而犯罪学作为一个知识体系的发展必然是各个相关认识领域在这种积极互动中共同推进的系统性成就。作为犯罪心理学研究者，对于这一知识体系中任何一个领域的无知都可能导致潜在的认识谬误。

三、理论与实践相结合原则

所谓实践，在这里是特指作为认识主体的人类利用其掌握的知识所实施的，对其生存的客观环境发生直接影响的创造性、能动性活动，比如工业生产制造，疾病防治，以及社会问题的改造等等。如前文所述，科学研究的一个重要目的乃是用理论指导实践，因此任何一个领域的科学研究都必须坚持理论与实践相结合的原则。不过，在各学科之间，还是会由于研究对象的特点以及理论成果的表达形式而出现不同的侧重点的。一些学科会将其重点放在对特定现象最基本规律的高度概括的探究上，其研究成果一般不能立即应用于直接的实践活动，但这并不影响其科学价值。比如爱因斯坦从事的相对论研究，虽然其革命性的科学价值毋庸置疑，为人类开发利用原子能奠定了理论基础，但是我们无法以相对论为指导直接进行任何具体的生产或建设活动。而另外一些学科，其关注重点并不在于具有最普遍指导意义的基础理论的建构，而是致力于将现有理论加以整合与演绎从而得出相对具体化的描述与理论表达。这些研究的成果能直接应用于实践并主要是从其对实践的推动效果中体现价值的，比如生物技术领域利用关于生物蛋白质中脱氧核糖核酸的知识所发展出的植物转基因技术，就可以直接应用于农业生产，实现农作物抗旱，抗虫害以及增产的效果。生物科学技术在近年来的高速发展，与其对实践生产力的提高所起的巨大推动作用有着直接的关系。上述两种科学研究的模式，体现的就是科学界中理论科学与应用科学的分野。

不过，应当意识到，上述两者间并无不可逾越的鸿沟。很多纯理论性的研究成果在特定条件下会由于工程技术的发展和产业的实际需要而变得具有极强的应用性，这也从另一个角度体现了科学研究理论联系实际的要求。

在实务中，理论科学与应用科学研究的区别更多是体现在资源投入的选择上：对于那些具有明确纯理论定位的研究，学者会服从其纯粹追求知识积累的冲动而投注精力与资源，在研究的目标设定上着眼于宏观整体科技认识水平的推进。这种潜移默化的积累当然会最终带来生产力的进步并惠及大众，但是却往往难以在微观上衡量其具体收益。有鉴于此，在这类领域的投入带有一种"长线投资"的色彩而不会过多考虑短期效应。与之相对的，在当代科学研究中占据主体地位的是那些多少带有应用性色彩的研究。在这类研究中，学者虽然也会追求其求知欲的满足，但是主要还是在权衡投入的可预期收益及费效比的基础上决定科研资源的投入。当然，这种收益不一定要表现为经济利益，也可以是某种社会效益。但是站在应用科学研究的立场，那些暂时还无法与实践发生实质性联系的研究领域，往往不会是关注与资源投入的重点。

在行为与社会科学领域，同样存在着纯理论性研究与实践应用型研究的区别。比如心理学就是传统意义上的理论性研究领域。尽管大众往往直观地认为它是一门应用型学科，多数从事心理学研究的学者却反复强调其理论性。从其研究对象来看，心理学所试图洞悉的关于人类思维与行为中的一些基本要素的知识，确实具有极强的理论性，比如对人类情感、性格、认知、记忆等基本心理要素的研究，其实并不会立刻产生出具有"改良人类行为"这种实践性效果的操作化理论。在社会学、人类学等其他社会科学研究中的基础性部分，也大多数具有同样的泛理论、远实践的色彩。

而以这些理论性研究的成果作为基石，通过对这些基础性知识的整合与重构，就形成了行为与社会科学领域的门类繁多的应用性科学研究：管理心理学、教育心理学、精神病学、心理咨询与治疗、公共政策学、公共管理学，以及犯罪学等等。

如前所述，应用型科学研究非常强调实践价值并以实践价值作为选择研究方向以及资源投入的重要评判标准。具体到我国的犯罪心理学研究，其实践价值就必须体现在我们能不能通过犯罪之心理视角归因的科学研究，为我国刑事司法系统预防犯罪，打击犯罪，以及改造犯罪的努力提供有价值的建议与操作工具，使其效率提高，成本降低。作为理论联系实践原则的体现，在选择犯罪心理学研究方向时，我们就应该优先选择那些困扰刑事司法实务一线，给我国社会安全与稳定带来最严重影响的犯罪问题；而在研究目标上，则应致力于对可提高实际犯罪打、防、控效果的制度、技术与工具的构建与应用。对于那些反映域外理论热点，但是与我国国情联系不大,或者对我国社会尚没有产生实质性影响的犯罪问题,则应保持关注,但不宜投入过多精力。另外,在引进域外犯罪学、犯罪心理学研究先进成果时,也应当格外注意其概念体系与我国反犯罪斗争实际之间的对应与差异,不可以一味"拿来主义",而应当以刑事司法工作的实践经验为参照,积极消化域外先进理念中具有普遍性意义的内容,并努力令其与我们的本土化经验接轨,从而可以更有效地以其理论精髓指导我们的实践工作。

四、伦理原则

所谓伦理原则,是指从事科学研究要尊重人类社会的基本道德伦理规范,不可以为了追求知识的积累而损害公私利益,或者给人类社会的生存与发展带来危害。应注意这里强调的伦理与学术界一般所讨论的"学术伦理"是不同的。后者主要是针对学者在科学研究成果的发布过程中所出现的弄虚作假、抄袭冒用等违反诚信规则的行为。而科学的伦理所关注的,则是那些真实有效、确实对科学的实质进步起推动作用的科研努力可能带来的危害性后果以及相应的规范性评价的问题。

从根本上说,科学的任何进步都必然会在不同方面改善人类生活质量,为人类社会创造各种价值,带来诸多助益。因此,努力从事具有真实科学性的研究本身是一种完全符合人类道德准则的行为。但是,科学上的努力会在两种情况下给人类社会带来特定的危害,而关于科学的伦理原则的讨论也主要是在这两个层面展开的。

科学之伦理的第一个命题在宏观层面展开,是关于科学研究的终极使命的问题,具体来讲,就是科学研究除了其所必然包含的认知使命之外,应否为人类社会的总体福祉以及发展路径负责的问题。基于科学研究,各种工具和技术的发明与应用提高了劳动生产率,可造福于人类社会。但是同时这些技术中的很多可以被调转方向,对人类自身造成严重的伤害。第二次世界大战中原子弹的研究就是典型的例子。20 世纪初,基于以爱因斯坦相对论为代表的一系列理论物理学突破性成果,物理学界提出了对原子能的应用的一些基本思路,并最终令一批最优秀的学者被聚集在美国的"曼哈顿计划"中,开发出世界上第一批可用于实战的原子弹。人类战争史上仅有的两次原子弹攻击导致了日本广岛和长崎两座城市被夷为平地,核爆炸及其辐射后遗症最终导致接近 40 万人死亡。[①] 这一科学研究深刻地改变了人类的生存状态。人类社会从此进入核武器时代,第一次面临可能在

---

① 叶继红:《科学家的社会责任:以曼哈顿工程为例》,载《科学研究》(第 19 卷)2001 年第 4 期。

短时间内遭到完全毁灭的现实性威胁。面对原子弹所带来的巨大伤害及其深刻影响,"曼哈顿计划"的科研主持者,被誉为"原子弹之父"的著名物理学家奥本海墨陷入了深深的自责。在一次面对记者时,他说"不论指责、讽刺或赞扬,都不能使物理学家摆脱本能的内疚。因为他们知道,他们的这种知识本来是不应当拿来使用的"[1]。

20世纪以来,在科学发展中"真"与"善"的统一问题,或者说科学家在科学探索的学术责任之外的社会责任的问题已经成为科学界经常讨论的问题。一些学者坚持文艺复兴时期以来对科学研究的主流看法,认为科学本身就是目的,"科学就是为认识而认识的纯认识"。这一观点在现代,尤其是二战后通过对"曼哈顿计划"中科学家的角色的反思,遭到了爱因斯坦、波恩、奥本海默等著名学者的批判。[2]他们指出,随着科学的社会建制的出现与扩大,科学已经不再仅仅是科学家的个人兴趣的体现,而不可避免的承载了深远的社会、经济与政治内涵。科学家基于其所从事的研究承担相应的伦理责任已是客观现实的需要,科学家不仅要对人类自身负责,尊重生命,维护人类尊严,增进人类利益,引导人们获取更具价值合理性的生存方式和生存环境,而且要对人类社会的发展负责,即要维护社会的公正,引导社会舆论,弘扬科学精神,注重科学教育等等。[3]

科学之伦理的第二个命题是在操作层面展开的,是关于科学发展的实务性进路的问题,具体来讲,就是在可以造福于人类全体的情况下,科学是否可以通过损害一小部分个体利益的方式予以推进的问题。这一层面的讨论主要涉及那些会使用人类作为对象的科学研究,比如在医学、营养学、心理学以及社会学领域进行的大量研究。以医学为例,当一种新的药物或疾病治疗手段在理论上被提出后,必须在活体上进行实验以验证其有效性。最初的实验可以在动物身上进行,但是要最后证明其对人类的有效性,必须要经过人类活体实验这一过程。而这类实验中必然存在给被试人体带来伤害的潜在危险。那么,为了寻找到一种可能拯救千万人生命的药物或疗法,是否可以冒少量人类个体受到伤害的危险?如果这种危险是不可避免的选择的话,是否应将其控制在某个范围之内?类似的问题在进行心理学研究时也会出现,除了让特定个体参加一些心理学实验可能会使其

---

[1] 张开善:《美国原子弹之父——罗伯特·奥本海默的杰出成就和不幸遭遇》,载《军事史林》2005年第12期。
[2] 吴剑飞:《论科学家的伦理责任》,东华大学2007年硕士论文。
[3] 杨舰、刘丹鹤:《曼哈顿工程与科学家的社会责任》,载《哈尔滨工业大学学报(社会科学版)》2005年第4期。

遭受未知的伤害之外，这些个体因参加这类科学研究而透露的个人隐私信息也存在因为研究成果的发表而被泄露，进而给其个人生活带来困扰甚至危险的可能。

因以人类作为对象的研究而引发伦理争议的一个比较著名的例子就是美国学者亨弗里斯（Laud Humphreys）的"茶室交易研究"。[①] 在该研究中，为了了解同性恋者的匿名性行为模式，亨弗里斯乔装为一名同性恋者，到同性恋者出没的酒吧展开观察，并多次因其乔装身份而被邀请为在洗手间里发生性行为的同性恋者充当"守望者"，之后他又通过被观察对象的车牌号码对其进行追踪，再次乔装为社工访谈者对一批对象进行类似暗访的追踪访问。通过这些手段，在未取得被研究者同意的情况下，亨弗里斯近距离观察了同性恋间寻找匿名性伴侣的社交过程，取得了大量的第一手资料。这一研究的发现从纯知识角度极具价值，但因为乔装和欺骗手段而在社会学界广受批评，被认为侵犯了被调查者的隐私，而且因为在公开的研究报告中对被调查者进行了较详细的描述，导致其身份可以被轻易识别，增加了其正常个人生活遭到破坏的危险。

因为不是所有的科学研究都会面临人类对象这个问题，在这一层面的伦理讨论并未在科学界全面展开，而主要在需要大量开展人类对象研究的医学、心理学、社会学、人类学等学科中进行。在时间上，基本以第二次世界大战为分水岭。在此之前，科学研究对人类对象的使用仅以科研者的能力为限，几乎没有任何伦理上的规范，很多医学实验都在无任何知情同意程序和伤害保护的情况下大量使用来自弱势群体的人类对象，而对于因此造成的各种伤害往往无人问津。在二战中，这种情况最终发展成为以医学或其他科学研究的名义的严重侵犯人权。在纳粹德国出现了使用集中营中无辜平民进行医学与人种学实验的"死亡天使"门格勒医生，而在侵华日军中则有以平民与战俘进行化学、细菌武器活体实验的"731"部队。这些"研究"所取得的知识客观上往往具有独特的科学价值，但是却严重违背了人类的良知与基本伦理。二战结束后，在清算德日战争罪行过程中，这些打着科学的旗号进行的反人类罪行引起了科学界的深刻反思，认识到如果科学研究行为仅以知识的获取为念而罔顾道德伦理，这些最终严重违背科学造福人类初衷的个案就难以避免。

从 20 世纪 70 年代开始，西方科学界开始针对以人类为对象的科学研究提出一系列伦理准则，意图规范科研行为，避免侵犯人权和损害公民合

[①] Laud Humphreys, *Retrospect: ethical issues in social research*, *Tearoom Trade*. Abingdon, UK: Routledge, 2017. pp. 223-233.

法权益的情况出现。当前针对科研行为的伦理准则重点在三个方面对科研行为作出了要求：

1. 知情同意权。被研究对象有全面了解科研项目的目的、手段、意义及潜在危险，并在此基础上自由决定是否参与研究的权利。使用欺骗、威胁或利用对象的缺乏知识而取得的参与研究同意是无效的同意[①]。保证研究对象这一权利的主要手段是在正式开始研究前获取被试研究对象在详细说明了研究相关信息的"知情同意书"上的签字。2008年发生于湖南衡阳的"黄金大米事件"就是一起典型的因侵犯研究对象的知情同意权而违反科研伦理的案例[②]。

2. 隐私权。被研究对象有保证其隐私信息不被公开披露的权利。隐私权的保护主要是保证研究对象的个人生活不会因为参与研究而遭到不必要的干扰和破坏。保证研究对象这一权利的主要手段是匿名采集和数据保密。在不影响数据质量的情况下，应尽量采用匿名采集的方式收集数据，这样，即使研究人员也无从获知被试的身份信息，从而有效保护隐私；而在研究要求必须收集被试身份信息的情况下（比如需要跟踪调查，或被试身份背景信息本身就是研究的对象），则应采取有效措施对数据进行保护，使其不至泄漏，并在研究完成一定时间后将带有隐私信息的原始资料销毁。

3. 最小伤害权利。在对被研究对象的伤害不可避免，但已取得其知情同意，可以开展科学研究的情况下，研究者仍然应当以研究对象的福祉为念，尽量将对被试者的伤害限制在最小程度。这一权利的保护在实务中并无硬性衡量标准，而往往存乎研究者一念之间。一般来说，在操作上，要求研究者不得为追求实验观察效果而刻意增大研究对被试的潜在伤害可能，在选择实验设计时，则应尽量采用可以给被试带来最小潜在伤害的观测手段，并全力避免不必要的危险与损伤。

在犯罪心理学研究中，由于研究对象的特殊性与敏感性，必须高度重

---

① 在此应区别向对象隐瞒真相诱其参与研究同对已经同意参与研究的对象隐去具体研究程序信息的区别。前者是违反科研伦理的行为，而后者是对照性实验中为了保证被试的反应与行为不受其对自己所处实验环境的心理暗示的影响所采取的必要措施，并不违反科研伦理。

② 在此次事件中，一位美国营养学家在其进行的大米营养学研究中隐瞒了特定研究部分的真相，使被试对象在毫不知情的情况下食用了被添加特定营养成分的大米。该事件被曝光后，所有涉事研究人员都受到了相应的处罚，而美方研究人员被处罚的依据就是其研究违反了人类研究对象的知情同意权。应当看到，这一研究成果在美国的科学期刊上公开发表，说明其发现是具有客观上的科学价值的。同时在这一实验中，所谓"黄金大米"中的添加成分的安全性早已得到验证，因此实验对对象造成伤害的可能性几乎不存在，但是这种隐瞒研究真相的行为侵犯了对象的知情同意权，因此被认定为违反科研伦理规范。

视伦理原则，才能避免其脱离应有的轨道。在宏观上，对于犯罪心理学的研究应以追求人类社会的自由、平等、公正的制度设计以及对个人权利的全面保护为终极目的，而不可以利用对人类行为机制的研究来助长对社会正义理念的违背以及对基本人权的侵犯。而在操作层面，应注意对特殊人群的隐私权的保护，同时应避免在心理学视角犯罪归因研究中以教唆不良行为模式、主动导入致罪心理因子、人为制造心理问题或其他可能给被观察者带来长期或短期不良影响的方式来观察被试的行为发展变化规律。

第三章 犯罪归因方法论概述

第一节 犯罪归因方法论之历史沿革

总体上,犯罪归因的方法论,或者说研究范式的发展,是与犯罪学本身的发展紧密联系在一起的。但是,犯罪学作为一种人文、社会领域的知识积累活动,其基本的研究活动规律并不是独立于人文、社会领域的其他知识积累活动而存在的。所以,从某种意义上说,犯罪归因方法论方面的探索在犯罪学作为一个独立学科正式确立之前就已经存在。同时,犯罪学研究方法的演变与发展在很大程度上左右了犯罪学理论的演变发展方向。

我国学者吴宗宪在其所著《西方犯罪学史》一书中写道:"虽然现代犯罪学是在19世纪后期产生的,但是,犯罪学的思想早在遥远的古代就已经产生了。到中世纪时,犯罪学思想继续得到发展,并且分为两大块,即基督教神学家的犯罪论和用世俗的观点对犯罪问题进行的探讨。"[①] 这段话虽然是对犯罪学本身的发展历程所作的表述,我们却可以从中一窥犯罪归因研究方法的早期发展路径。

历史上对人类犯罪现象的思考一开始是以一种充满哲学色彩的形式展开的。在哲学的追问中,涉及人,不外三个问题:"我们是什么?","我们从哪里来的?",和"我们到哪里去?"。而在追问的某个阶段,"我们为什么会误入歧途?"这样的问题就自然而然地被提出并得到广泛讨论。

我们知道,哲学认识论的早期发展一个非常重要的论争就是唯心主义与唯物主义之争。以唯心主义为指导的认识论强调先验理性是认识的根本来源,而不重视对客观世界的经验性观察。与之相对应的,以唯物主义为指导的认识论强调人的知识的本质不过是对客观世界的反映。

通过对犯罪学的学术史梳理可以看出,不论是在犯罪学正式成为一个学科之前,还是在犯罪学刚刚确立其独立学科地位之初,在研究方法上占据主导地位的均是唯心主义方法论,具体表现为在对犯罪行为原因的

---

① 吴宗宪:《西方犯罪学史》(第1卷),中国人民公安大学出版社2010年版,第49页。

考察上几乎完全依靠对于"人性"的思辨假设立论。这一倾向的最典型代表就是在《圣经》中将人之恶行的根本原因归诸"原罪",是人类先祖受恶魔引诱而出现的一种违背上帝意志的行为倾向。可以看出,这里关于"人性"的假设是没有任何可以证明的事实基础,而完全依赖于一种唯灵论的推演。而在世俗学者的论著中,虽不至于将犯罪之考察置于唯灵论基础之上,但多数古代学者认识犯罪的基本进路依然充满唯心色彩。比如柏拉图在其著作《理想国》中将人之行为善恶之源归诸个人的灵魂,并进一步推论人之灵魂之善恶源自其所受教育云云。[①] 又如罗马政治家西塞罗在其著作《法律篇》中认为,"理性"是人最大的特征,而犯罪者应受良心之折磨。[②] 应当看到,这些早期哲学家、思想家并未专门关注犯罪原因问题,而仅仅是在对人之本性的思考中,顺带考察了恶行或越轨行为的特性。这种考察,与其学术思想的核心内容在基本属性上是一脉相承的,因此其唯心主义色彩是不可避免的。

而即使在近代出现了专门就犯罪问题进行分析、论述,进而确立了犯罪学作为一个独立学科地位之后,这一领域早期的主要学者在方法论上依然是秉承唯心主义哲学以思辨为基本认识工具的传统。比如贝卡利亚在建立其关于犯罪与刑罚的理论体系时,对人性的基本假设就是"理性的、功利的和自由的"。继而推导出刑罚的基本原则"适当性、确定性和迅捷性"。另一位早期经典犯罪学的重要人物边沁基于功利主义哲学所提出的犯罪学最早的理性选择理论中,所使用的判断标准也是他通过逻辑思辨方法推导出的所谓最大化快乐原则。上述两位学者代表了经典犯罪学的典型研究范式,在这一范式下,对犯罪的思考更多的是一种聚焦于抽象"人性"的形而上学,即使对具体社会现实有所关注,在对现实进行解读时也不依赖观察和归纳,而是立足于高度思辨性的逻辑推演。

而唯物主义方法论被全面导入犯罪归因研究,则是由龙勃罗梭为代表的意大利学派犯罪学开始的。龙勃罗梭所倡导的研究方式要求学者放弃对"人性"的空洞假设,而致力于在现实的犯罪人中通过实地观察与测量寻找犯罪的共同诱因。在这一研究范式中,对犯罪的认识不具有先验的唯理性,甚至不一定非要有逻辑上的完整结构,而仅仅是对于犯罪这一客观社会现实的尽可能准确的反映。

应当看到,早期犯罪学发展对于唯心主义方法论的依赖和对唯物主义的忽视是有其历史背景的。一方面在启蒙运动时期之前,科学和技术的发

[①] 吴宗宪:《西方犯罪学史》(第1卷),中国人民公安大学出版社2010年版,第49页。
[②] 同上注,53页。

展极其缓慢,人类通过经验手段认识世界的能力非常有限,对于绝大多数自然、生理以及社会现象均处于一个朦胧认识而无法解释的阶段。在这种情况下,基于唯物主义认识论的知识积累显然无法支撑任何有说服力的关于犯罪原因的学说。而另一方面,唯心主义哲学由于其逻辑化,内省式的特点,几乎不需要现实证据的支撑就可以建构出完整的理论体系,从而很早就具备了提出相对完整的犯罪原因学说的基础,也因此在犯罪学研究刚起步时成为其理论发展的重要支撑。这就是为什么经典犯罪学理论在研究范式上接近法哲学而异于我们今天所熟悉的社会科学的主要原因。

而随着启蒙运动以来科学的逐步兴起,人类认识世界的经验性手段与技巧有了突破性的进步。唯物主义认识论在自然科学领域取得的巨大成功也必然会影响到对人类社会的认知考察,并由此催生了社会科学这一全新知识领域。在此基础上,以龙勃罗梭为代表的意大利学派犯罪学家得以将科学的方法论引入对犯罪原因的研究并有能力获得相对较高可信度和完整度的关于犯罪原因的知识并得到主流性的认可。由此,犯罪学之研究方法得以全面从唯心主义转向唯物主义,从法哲学研究范式转向社会科学研究范式。

第二节 社会科学研究方法体系的基本理念及操作原则

对于科学方法论的一个通常误解就是认为其核心功能在于帮助研究者高效地积累对客观世界的知识。而实际上,科学方法论之目的之核心不在于知识的量,而在于知识的质。或者说,科学方法论的使用的根本目的在于保证被作为公共知识加以传播的对客观世界的认识具有足够的可信度,从而避免由于伪科学的传播带来的认识倒退或者由于伪科学的干扰带来的认识停滞。

从根本上讲,科学是追求那些可以为人类共同享用的公共性知识的认识性努力,也就是说,一种知识在取得后,应该以一种可以为他人所自由获取和应用的方式得到发布与流通而不是被深藏于研究者的保险柜中。但是,知识的公共性一旦诉诸实践,就会带来可信度的问题:当一个研究者向公众发布其通过经验观察获取的知识时,公众是否应直接将其接受为有效知识并迅速应用于实践中,而不必担心这一知识的真实与准确?历史上,从科学研究的意义开始超越帝王权贵的机巧玩物与能工巧匠的不传谋生之密那一刻起,伪科学的滥觞就是一个和真正科学知识的发展如影随形的问题。当一个具有实际意义的科学发现进入公共领域时，与之相伴的往往是数个具有类似外在表达结构的伪科学论说，有时候，伪科学学说甚至具有远远高于真实科学知识的吸引力，从而给真实科学的传播与应用带来极大的干扰甚至破坏。

伪科学的实质就是那些有意或无意将由于错误观察方式产生的认识谬误当作有效的客观事实而产生的无效知识体系。显然，伪科学是经不起严格的科学验证的，只要对其进行一次符合实证主义标准的重复验证观察就可以很容易地对其证伪。但是，站在实践者的立场来讲，如果每一个进入公共领域的科学知识都必须面临这种重复验证才能摆脱伪科学的嫌疑，那么科学的公共性就变得毫无意义：科学的本意乃是研究者通过系统的观察获取关于客观世界的知识并予以发布，而后来者就可以直接在此知识的基础上展开实践或者下一轮的科学认识，从而实现科学的累进式发展。但是对伪科学的担忧迫使后来者都必须重复先行者的系统观察以验证其知识的真实性，则科学的累进就无从谈起。有鉴于此，在人类历史前科学时代的很长时期里，真实科学的发展都不得不背负着伪科学的沉重十字架蹒跚前行，等待其在实践中遭遇失败的最终裁断而自然退出历史舞台。这样做的代价就是时间和资源由于被投入伪科学方向而导致的浪费。

科学时代的兴起，一方面，是人类在认识世界的技术手段上实现了飞跃，从而可以以远高于过去的速率积累经验性认识；另一方面，则是人类在科学认识论方面有了系统的方法建构，可以更有效地甄别伪科学的认识谬误，从而为真正科学知识的高效积累与传播铺平了道路。

一、谬误的产生机制与防范

在建立科学观察可信度标准的努力中，具有核心意义的是对于观察研究谬误的产生机制的全面认识与系统总结。诚然，只要是源自人类观察与认知手段的研究就不能避免谬误的发生，正所谓"产生谬误是人之本性（to err is human）"，这也是人类认知努力永远无法达到绝对真理这一哲学命题所决定的。但是，基于非绝对的概率性认知论，我们可以努力控制谬误的发生并建立基于谬误区间（margin of error）的对知识的实践应用信心指数（confidence level）。在此基础上产生的科学知识一方面具有指导实践的可用性，另一方面也保持了对未来证伪与改良的开放性。

根据科学方法论的总结，人类的经验观察与研究努力通向谬误之路的林林总总可以被概括性地归于下面五个大类。通过对这五类谬误产生机制的认识，科学方法论提出了具有针对性的预防与遏制手段。

1. 观测误差。实证主义的基本主张是人类的知识的唯一可靠来源乃是基于人类感官系统的经验观察。而目前人类感官系统被承认为具有科学效力的感觉手段共有五种：视觉、听觉、嗅觉、味觉和触觉，亦即我们常说的"五官"，由此也就将科学观测的手段限制在这五种信息来源之内。另外，人类认知过程中会大量出现无法通过上述五种手段直接观测的对象范畴，需要通过概念的建构进行间接观察，但是这种间接观察最终仍然必须诉诸上述五种手段。比如，在对个体的暴力倾向进行观测时，"暴力倾向"显然是无法通过"五官"的任何一种进行直接测量的。为此我们通过概念建构，创制出对"暴力倾向"进行测量的心理学测试量表，该量表的使用并不是要诉诸超越"五官"之外的其他信息来源，而是意图将"暴力倾向"这一抽象概念拆解为可以通过"五官"直接观察的具体分量：特定行为类型的频率、暴力犯罪记录、特定荷尔蒙分泌、身体技能物理指数等等。这些分量都是可以通过视觉或听觉方式予以收集的信息。

不论是直接观测还是通过概念建构的间接观测，都无法避免观测误差。俗语说"眼见为实"，但是在现实中，我们却经常经历"眼见而不实"的情况。比如视力不及而误读街头标识，因听力不及而听错他人讲话意思，以及味觉不及而无法分辨所品尝食物种类等等。这是人类生理感官机能的客观限制决定的，是不以个人的主观意志为转移的。一个典型的例子就是，在刑事案件的侦查中，目击证人的重要性与误导性同样令人印象深刻，其原因就是，即使目击证人是亲身经历罪案过程，由于其注意力、记忆力、视力、听力及理解力等各方面的限制，他／她依然有极大可能错过事件的关键性细节或者将一些关键性细节张冠李戴。在刑事案件中的目击证人的可信度问题，置于科学研究中就成为观察者的观测误差问题。另外在科学研究中还有一种常见的观测误差就是通过概念建构进行的间接观测由于建构的不准确而导致的观测误差。比如，在心理学研究中广泛应用的很多间接观测工具都曾被发现存在建构误差。其中最著名的例子就是由心理医生罗夏（Hermann Rorschach）在1921年创制的"罗夏墨迹测试"。这一测试手段试图通过让被试观看一系列无实际意义的墨迹图片并陈述其在这些图片中所看到的有意义内容来判断其人格特征。其逻辑基础显然是认为个体在随机图案中主观生成的意象可以代表其个性中的特定指标，从而在此指针下进行了概念建构而形成以对墨迹意象的观察来实现的对人格指标的间接观测工具。这一测试手段现在已经被大多数心理学家认定为毫无价值，其对被试人格的判断准确度之差，甚至比不上通过掷骰子的随机猜测。① 显然，其低准确度很大程度上源自其概念建构的偏差。

缺乏准确度的观测手段无法胜任对客观世界进行精确观测的要求。其解决办法就是通过不断创制更高效的观测工具来提高观测准确度。作为实证主义科学发展的重要代表，现代西方医学出现的一个重要原因就是显微镜的发明，使学者们具有了研究微生物与微小人体组织的能力，从而纠正了过去通过裸眼观测对各种病理现象产生的错误观念。同理，心理学研究中广泛使用的各种用于对心理学现象进行间接观测的量表工具也在经历持续不断的验证与改良，其目的就是最大限度地提高其概念建构的准确性及观测的灵敏度，使观测指标可以有效而精准地代表观测的实际对象的各内在质性。相应的，当一项科学发现被付诸实证主义标准检验时，评价者首先就会仔细研究其取得该发现的观测手段，如果该观测手段的信度或效度未经证明或存在已知瑕疵，那么基于该观测手段的科学发现就会受到严重的质疑。

2. 选择性观察。在可以保证观测的基本准确性的基础上，研究者还可能因为对其观测对象的选择上的偏差而导致谬误。所谓选择性观察，其实就是俗语所说"偏听偏信"在科学研究中的具体表现。客观世界的认识对象在其普遍性基础上同时会表现出个体差异性。客观的观察者应该通过对对象全面的观察，力求涵盖体现对象个体差异性的属性变化值的最大波动范围，并从中总结出最具包容性的概括化描述。比如在医学研究中，当观察某新药的疗效时，多个被试个体会表现出对药物的高度差异性反应，一些被试会表现出病情的大幅改善，一些则改善不明显，而个别被试甚至会出现病情恶化。这时，不论是病情改善的那部分被试还是病情恶化的那部分被试，均无法全面地体现该药物疗效的真实属性，而必须将全体被试的药物反应全部纳入考察与分析之中，找出最具有普遍性的描述，方能对药物的实际作用作出客观的判定。如果在研究中，研究者出于某种原因，将观察的焦点集中在被试群体中倾向对药物反应良好的群体，而忽视其余；或更有甚者，如果研究者在挑选被试之初就基于某种原因排除了由于体弱或病情严重可能无法展示积极疗效的特定被试群体，而只将观察局限于那些体质强健，病情轻微，从而康复可能性较高的那些个体，那么在这样的研究设计下，对新药疗效的观测结果自然会倾向于指向积极的一面，因为那些本应被观察到的消极面被选择性地忽略掉了。站在科学研究方法的角度讲，这一研究的发现就存在因为选择性观察而导致谬误的高度可能性。

---

① Erin McKay, Revealing Rorschach, *Science*, 2017, Vol. 355, Issue 6325, p.588.

选择性观察违反的是科学研究方法的全面代表性要求,其在实践操作中的具体表现形式往往并不是在报告观测结果时有意或无意忽略"不受欢迎"的那部分结果,而更多是表现为在选择被观察对象时的"选择偏好"(selection bias)。"选择偏好"会导致科学研究的观察对象群体倾向于表现出与其所属范畴不符的指标属性,这种被选择观察对象(样本)与其所属范畴(总体)指标属性的偏离被称为"代表性缺乏"(lack of representativeness)。对缺乏代表性的样本进行观察并将该观察结论投射于其所来自的总体就会导致研究谬误。比如当在一个男女性别比例大致为50:50的社区中进行关于犯罪社会学方面的研究,如果选择提取的社区居民样本由于某种原因性别构成达到男女比80:20,从这个样本中取得的观察结果就会过度放大基于男性对象的指标特性而弱化来自女性对象的指标特性。以此为基础得出的研究结论就不可避免地带有选择性观察的瑕疵,并因此受到质疑。

　　在研究实务中,"选择偏好"既可能基于有意设计,也可能源自无意之失。有意的选择偏好往往是因为研究者追求以研究结果印证其理论假设,而违反了研究的客观性基本准则。在犯罪学中最有名的例子就是美国犯罪学家胡顿(E. A. Hooton)在20世纪早期进行的一次犯罪人种学比较研究。他将从监狱中征集的"犯罪人"样本与来自监狱之外的"守法者"样本进行了人种学的比较,发现"犯罪人"样本比起"守法者"样本在平均身高、体重、体质、运动能力和智力等方面均处明显弱势。基于这一观察,他提出了"犯罪人乃是在人种上的劣等种群"这一当时极为轰动的观点。但是,同侪学者对他的研究方法进行仔细甄别时发现,他所征集的所谓"守法人"样本中的相当部分是国民警卫队的官兵、消防队的消防队员以及哈佛大学的学生。显然,即使与一般市民相比,这一样本在各项人种学指标上也明显占优。也就是说,胡顿的研究为了印证其人种论观点,有意地选取了更容易得出相符观察结果但是却明显缺乏代表性的观察对象。① 作为一个在当时颇具影响的犯罪学研究成果,胡顿的学说以远远快于其他犯罪学学说的速度被犯罪学界主流所抛弃,这一明显的选择性观察瑕疵无疑是一个重要原因。

　　与有意而为的选择偏好相比,无意导致的选择偏好由于往往不会引发对研究者学术操守的质疑而被忽视,但是必须认识到,无意的选择偏好对于研究结果的有效性同样具有危害性,而且由于其隐蔽性,其误导研究

---

① Lane Anderson Beck, Kidder, Hooton, Pecos, and the Birth of Bioarchaeology, *Bioarchaeology*, Abingdon, UK: Routledge, 2017, pp.105-116.

发现的效果甚至会更强。无意选择偏好的出现往往是出于以下几个原因：（1）研究者的个人习惯或下意识行为。当需要以人工挑选的方式从对象总体中抽取样本时，研究者很多细微的习惯行为都会影响其选择的代表性，比如在挑选中无意识地反复使用某几个数字，或者无意识地在备选名单上固定地每隔 X 位抽取一个对象，以及在抽取对象时无意识地受个人好恶影响而多选或少选特定群体的成员进入样本。（2）即使在研究者注意控制自己选择倾向性的情况下，对象总体中不同特征群体的成员可能会具有不同程度的可获取性（availability），从而导致具有较高可获取性的特征群体成员被更多的选入样本，从而影响了样本的代表性。比如在通过电话访谈对某社区的居民进行抽样社会调查的时候，一些因无力支付电话费的低收入居民就不可能被选入样本，而一些出于隐私原因有意不接听来自不明号码来电的居民也很难被纳入样本。这样一来，实际取得的研究样本就出现了选择偏好。（3）在自愿参加的研究中，如果那些倾向于参加研究的个体与那些倾向于拒绝邀请的个体的选择理由与研究的主体有高度相关性，那么取得的样本也会在特定观测指标上出现选择偏好。比如某电视台对市民进行关于基层政府满意度的电视调查，往往愿意接受调查的市民都是满意度较高者，而那些感受相对较负面的市民往往不愿意对该话题公开发表意见，于是该调查得出的结果就是近乎一边倒的高满意度。但是这种结果显然难以摆脱选择偏好的质疑。

由于选择偏好，尤其是无意选择偏好的出现原因较复杂，目前在研究方法上并无绝对有效的防止其出现的手段。但是一般来说，可以通过随机抽样的方式来最大限度上限制选择偏好的影响。一方面，随机抽样将研究者人工选择的个人因素完全排除；另一方面，统计学研究表明，随机抽样得出的样本可以保证较高的代表性。这也是为什么绝大多数得到承认的科学研究都是在条件允许的情况下尽量使用随机抽样的原因。

3. 过度概括。所谓"过度概括"，指的是在通过归纳法达致一个概括性描述时，因所使用的个体观察对象不足，导致观察对象的个体差异化特征被错误地放大，并被用来构建对观察对象所属总体的一般性认识。我们日常生活中很多被归为"偏见"的一般性认知往往都来源于对特定群体基于有限观察产生的过度概括。

在认识论中，所谓归纳法采用的是"由特殊到一般"的逻辑路径，就是通过对大量个体对象的观察，从每一个个体的特殊性质中抽取具有超越个体的同一性特征，去异存同，最终发现某一群体的普遍性质性。比如，尽管中国人的体貌特征千差万别，我们却可以通过归纳法得出中国人（更准确地说是汉族人）都是"黑眼睛，黑头发，黄皮肤"的普遍性描述。但是，归纳法作为一种认识手段的一个无法解决的问题是，基于对特殊个体的经验观察只要不能穷尽属于该范畴个体的全部，就无法否定与该经验观察得出的普遍性描述相矛盾的例外个体的存在，而一个例外个体的存在就足以推翻之前的普遍性描述。在本章前面提到的"黑天鹅事件"中，欧洲人基于之前的经验观察得出一个"天鹅都是白色的"的普遍性描述，而由于在澳洲发现了黑色天鹅，这一针对天鹅种群的定性就被完全推翻了。

当然，就如我们在针对"黑天鹅事件"的分析中提到的，现代科学认识论已经抛弃了那种追求绝对性概括的做法，转而追求对观察结果的概率性归纳，形成概率化的"准普遍性描述"。比如说中国人（汉人）"黑眼睛，黑头发，黄皮肤"的体貌特征概括，是人种学上的科学认知，但是这并不排除少数汉族个体表现出与这一典型体貌特征不符的可能。只是这种可能实现的概率很小，从而不至于影响上述概括的实践指导意义。但是，当一种概括性描述面临较大概率的例外可能时，该概括性描述的科学性就面临挑战了。这种高概率例外可能出现的一个重要原因就是过度概括。比如，美国社会于19世纪以来以对中国劳工群体的认识为基础所建立的对"中国人"的一些社会性与文化性认识就是比较典型的在一个相对较小的，缺乏代表性的样本之上形成的过度概括。在此基础上形成的很多对中国的概念，其实只是代表了19世纪西部开发时期大量赴美参与铁路与矿山建设的华人劳工群体所具有的中国东南沿海地区中下层人群的一些突出特征。当用这一概括性描述来指导对全体中国人的认识时，就会出现极高比例的"例外"情况，最终导致这一概括性描述的谬误。

从概率论的角度来讲，以具有宏观同质性的观察对象总体为对照，每个观察个体都会表现出对这一同质性的一定程度的偏离，这种差异性在不同个体间会有强弱变化，总的来说，属于同一个群类的个体大多数只会表现出较弱的偏离，而同时会有较少数个体表现出较强的偏离，这种表现出较强偏离的个体在统计学上被称为"离群值"（outlier）。在一个较大的采样样本中，少数离群值的差异性会得到大量非离群个体的中和与稀释，从而在总体上表现出对同一性的接近。但是当采样样本较少时，少数的离群值也会使整个观察结果产生较强烈的偏移，导致出现大幅背离对象总体真实属性的错误观察的出现。这样产生的谬误就可以被归咎于过度概括。所以，过度概括的出现的根本原因在于取样不足。

理论上讲，解决过度概括的根本方法乃是放弃抽样的观察方式，转而追求对观察对象总体的穷举观察。因为这样就不必进行任何超出观察范围之外的推测，就消灭了过度概括的可能性。但是在实践中，进行穷举式观察的现实基础极其薄弱，因为这样做要求或者被观察对象的数量有限而全部可追踪，或者观察者的可用研究资源丰厚到足以实现对海量对象的全部追踪。而这两者都是大多数社会科学研究项目不具备的客观条件。一般来说，比较典型的穷举式观察就是对种群数量极为有限的珍惜物种的观察以及倾举国之力实施的普查式的社会经济调查。而由于绝大多数社会科学研究（包括犯罪学研究）都是以社会全体成员或其中具有特定属性的子群体（如妇女、青少年、犯罪人等等）的全部成员为观察对象，被观察对象的数量巨大，一个可调用资源有限的研究者别无选择，就只能进行抽样调查。从这个意义上讲，我们所知的绝大多数社会科学研究发现都无法完全摆脱过度概括质疑的阴影。学者们所能做的，无非是通过特定的研究设计，将过度概括限制在某个范围之内，使其不对特定研究发现的实践指导价值产生颠覆性的影响。

目前来说，在科学研究中限制过度概括的手段主要有两个：第一是在条件允许的情况下尽可能扩大采样范围，提高样本总量；第二就是在条件允许的情况下最大限度地使用随机抽样。在社会科学研究中，研究资源的很大一部分应被优先用于扩大研究抽样范围，其原因就在于，相对于数据分析技术的优化，增大样本容量从而达致对离群值最大限度的稀释能力是提高数据质量，较少研究谬误的费效比相对较高的途径。同时，利用随机抽样来实现尽可能高的样本代表性也可以显著抑制离群值对研究结果总体的偏移效应。

4. 逻辑错误。曾经有学者总结，科学的两大支柱是（1）经验观察证据和（2）逻辑的理性。也就是说，对于科学研究发现，除了要对其观察取得的证据的有效性进行验证之外，还需要对其因果关系推导所依据的逻辑路径进行考察。只有在两者都符合科学要求的情况下，才能承认研究发现的科学性。

在科学研究中，基于有效的经验观察和无效的逻辑推理产生的谬误极为常见。鉴于逻辑学本身体系博大精深，本章篇幅有限，无法将科学研究中的逻辑错误问题在此作全面说明，因此仅就一些比较常见的逻辑错误作简单的介绍。

在现象论研究中，比较常见的错误在于对概率论基础上的认识论的理解偏差，具体来讲一方面表现为以有限的个体观察过度映射整体质性，亦即上文所介绍的过度概括的认识论表现，另一方面则表现为以例外轻易否定规律性的绝对主义逻辑。毫无疑问，这种逻辑错误的背后乃是哲学上不可知论的深刻影响。

在原因论研究中,最常出现的逻辑错误在于对因果关系逻辑的误读。科学界对于早期科学研究在归因方面最常见的逻辑错误有一句源自拉丁文的表达:"*Post hoc ergo propter hoc*",这句话直译为"后此所以因此",也就是说当一个现象总是在另一个现象之后被观察到,那么先发现象就必然是后发现象的原因。这一逻辑进路的谬误之处在于将现象间的因果纽带简单化,而无视事物之间由于普遍联系性而出现的非因果的相关关系存在。在犯罪学研究中,因为应用这一逻辑进路而导致理论谬误的一个比较典型的例子就是早期犯罪学研究将贫困作为犯罪主要原因的理论倾向。从经验观察出发,犯罪现象确实在贫困社区存在明显的高发趋势,而且特定社会经济状况的出现显然是早于犯罪行为的,那么根据"后此所以因此"的逻辑谬误,就得出了贫困是诱发犯罪的主要原因这一结论,而这一论调在19世纪末到20世纪初的犯罪学界被广泛接受,并由此发展出很多具体的犯罪解释论。但是,贫困与犯罪之间的高度相关性被后来的犯罪学研究证明并不具有因果性质,而只是真正导致犯罪的社会化因子的一因多果的表现。关于在原因论研究中如何避免逻辑错误,本章下面一节会有进一步的详细讨论,这里就不再赘述了。

另外,在科学研究中还经常出现在推理过程中因概念置换而导致的逻辑错误。这种逻辑错误如果是故意为之就是被称为"偷换概念"的诡辩技巧,比如著名的"白马非马"论。但是很多时候,研究者也会由于缺乏逻辑思维训练而在分析过程中无意识地犯这种错误。

5. 预设立场错误。在严格意义上讲,预设立场本身并非科学研究谬误的一种,而是可能会导致前文提到的各种研究谬误的一个重要原因。所谓预设立场,就是研究者违背了科学研究的客观中立这一基本原则,在展开研究之初就预设了其研究活动所期待得出的结论,并且刻意围绕这一结论的证明来组织观察取证。预设立场对于科学研究成果的有效性的危害是显而易见的,由于在研究的一开始就以某个具有倾向性的观察结果为追求目标,在数据的处理和鉴别上就很难坚持严格的科学标准,对于不利于预设立场证明的数据往往会有意无意忽视或作弱化解读,而对于有利于证明预设立场的数据则会无原则地支持并过度强调其证明力。为了达到上述目的,往往就会出现容忍观测误差,选择性报告观察结果,对有限样本进行过度概括解读,以及以缺乏逻辑合理性的方式解释观察结果等做法,并导致研究谬误。

换句话说,预设立场的做法本身并不必然导致研究谬误,但是如果通过严格科学程序得出的结果倾向于推翻预设立场,而那些因为操作不规范而可能为谬误的研究结果却符合预设立场时,研究谬误的出现往往会被容忍或忽视。

犯罪学研究由于其自身的一些独特性质,尤其应当注意避免预设立场的出现。一方面由于研究对象背后的强烈道德评价意味,对犯罪学研究往往隐含了极强的道德倾向性。当进行归因研究时,可能会有意无意预设"丑恶现象源自另一丑恶现象"这一立场,而不愿意通过实证观察将特定犯罪的归因指向主流社会的特定方面。而在另一方面,那些抱持特定意识形态的研究者,又有可能出于支持其有针对性的批判目的,在研究中倾向于预设立场,将犯罪归因与主流社会的某些组织与运作方式挂钩。最后,由于犯罪学应用型学科的特点,其研究往往会涉及对政府部门或社会组织的社会控制政策之合理性及有效性的论争。当研究结果直接影响特定职业群体的利益分配时,研究者就可能受到来自这些利益群体的资金推动或政治压力,促使其预设立场,以研究结果迎合特定的群体利益。

有鉴于此,犯罪学研究者应该时刻注意保持自律精神,在科学研究活动中努力做到实事求是,开明公正,不预设立场,尊重客观规律,以科学标准作为检验知识有效性的唯一尺度。

二、因果关系之证明

正如本章前面所介绍的,归因研究是科学研究的一个重要组成部分。在日常生活中,我们对因果关系的概念既熟悉又陌生。一方面,人类在思考其面对的任何一种自然或社会现象时,都会提出"为什么"的问题,试图进行归因分析。但另一方面,对于一个有效因果关系所必须具备的各种逻辑条件以及其在不同语境下的具体证明方式,没有受过专门科学方法论训练的普通人往往难以做到正确应用。这种不正确的归因分析构成了我们在日常生活中大量面对的所谓"常识性错误"的认识基础。

显然,在严肃的科学研究中,必须遵循正确而严格的归因分析原则,才能获得具有实际意义的原因论研究发现。当然,对于因果关系的充分论述可以是整整一本学术专著的内容。限于篇幅,本章只能对一些基本原则作一概略介绍。根据之前学者的总结,一般认为因果关系的成立应该满足三个基本条件:

1.时间顺序。当试图在两个现象(或事件)之间建立因果关系时,研究者需要满足的第一个要求就是被假定为因的变量在时间上应早于被假定为果的变量。显然,认为后发生的事件可以引起早些时间发生的事件是毫无道理的。这一要求看起来简单，但是在实践中却往往被忽视。在有些研究中，由于数据采集手段的缺陷，导致对观察对象的变化无法准确地进行时间标定。在这种情况下，如果草率地对两个变量进行因果判定就会面临问题。比如在犯罪学研究中，特定人群的犯罪行为与毒品滥用行为之间孰因孰果的问题，在不能确定时间顺序的情况下，就难以进行判定。

为了给有效的因果关系判断打下坚实的基础，在研究设计中，只要条件允许，就应当充分考虑将时间要素作为一个必须涵盖的数据收集环节。有一些研究设计，比如设计有前测试（pre-test）与后测量（post-test）的实验设计，或者时间序列研究设计等，都可以较好地解决对时间顺序的确认，从而保证有效的归因推理。

2. 统计相关性。对因果关系建立的第二个要求是两个现象（或事件）必须被观察到具有相关性。所谓"相关性"（correlation），又可以称之为"共变性"（covariance），具体包含两层意思：首先要求假定的因变量与假定的果变量具有属性变化上的联系性，即当A出现属性变化时，B也会出现属性变化。比如当观察到青少年参加街头帮派时，其行为中的暴力攻击性出现明显增强，我们就可以推论加入街头帮派与行为的暴力攻击性具有相关性。其次要求假定的因变量与假定的果变量具有属性变化上的对应性，即A的属性变化与B的属性变化之间关联的具体方式应是相对稳定的。在那些具有潜在因果内涵的相关关系中，A在特定方向的属性变化应当总是伴随着B在特定方向的属性变化。如果B虽然会伴随A的变化而变化，但是并不总是维持特定的方向，则相关性就不能成立。比如，如果一种药物的使用总是会伴随着被试病情的变化，但是有时是病情出现好转，有时却是病情出现恶化，那么显然这种该药物在该实验观察的视野内与病情变化并没有有效的相关性。在研究操作中，我们把那种A数值上升而B数值同样上升的情况称为正向相关，而把A数值上升而B数值相应下降的情况称为负向相关。这两种情况都符合相关性的要求，可以支持进一步的因果关系推演。

3. 排除证伪因子。对于因果关系证明的第三个要求一般可以表述为"已观察到的两个事件（或现象）间的相关关系不得基于存在可以同时成立这两者原因的第三个事件（或现象）这一事实"。比如，人在出现发烧头痛等感冒症状后，咳嗽、流鼻涕等症状往往随之而来。而随着前者的逐步消失，后者也会随之逐步消失。在此，可以认为这两者具有相关性。但是基于这两者的相关性并不能直接得出咳嗽流鼻涕是发烧头痛引起这一因果关系推论，原因很简单，这两者其实都是由感冒这一共同原因引起的，因为两者均为第三个因子的结果,也就不能成立相互间的因果关系。在此,感冒及其病理性成因所代表的第三个因子就是证伪因子。任何一对具有时间顺序性以及相关性的两个事件(或现象),如果不能进一步排除证伪因子存在的可能性,依旧无法建立因果关系。

一般来讲,社会科学研究中的归因研究都是围绕着这三个条件的证明满足来设计的,此外再无其他额外要求。因此,总结起来,要在我们观察到的 A 现象和 B 现象之间确立因果关系,我们需要(1)证明 A 的发生早于 B 的发生;(2)证明 A 与 B 的发生、发展与属性变化存在相关性;(3)证明 A 与 B 的这种相关性不是源自两者均作为一个证伪因子的后果而存在这一事实。当这三个条件均得到满足,我们就可以主张 A 现象是 B 现象的原因。

第三节　犯罪学实证研究的不同操作性设计

一、实证研究的分阶段操作模式

上文所讨论的关于如何在科学研究过程中避免谬误,保证因果关系推导的有效性的操作性原则与技巧,必须通过一个规范化的科学研究流程付诸科研实际。科学方法论的发展经历了早期以科学家个人兴趣为主导向现代社会化、制度化科研流程的进化,已经形成了一套相对固定的科研流程。这一流程通过对实证主义认识路径的梳理,力求达到将不同目的的科研操作置于最利于其发挥作用的时间节点上,同时保证科研的各个环节之间衔接紧密,互相支持,并在最大限度上防止谬误的产生,共同推动对观察对象的全面、客观的认识,实现对因果关系的最有效识别与证明。这一研究操作流程的具体组成见图 1。

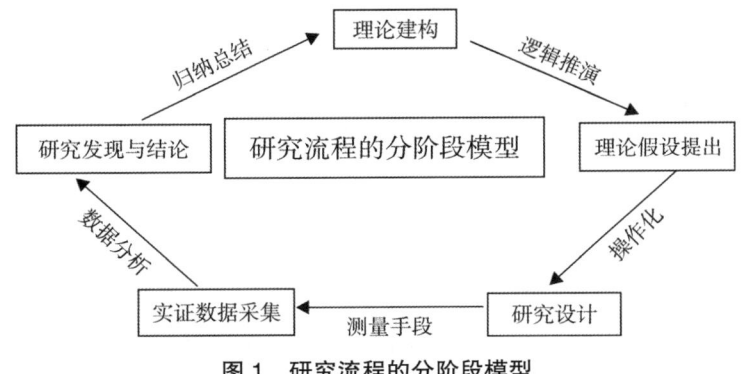

图 1　研究流程的分阶段模型

为了方便对这一模型各个阶段的工作内容与任务进行演示，我们可以以法国著名社会学家杜尔凯姆对自杀现象的开创性研究为例，看看他的研究在不同阶段是怎样展开的。首先，杜尔凯姆对于自杀的原因进行了理论建构，他提出了自杀的发生率要受到特定社会群体成员身份的影响这一不同于传统理解的关于自杀的归因理论。在这一普遍性理论基础上，杜尔凯姆推演出一个有针对性的理论假设：宗教派系、婚姻状态等等不同的群体身份会对自杀率产生影响。在此基础上，他对"宗教派系"、"婚姻状态"这些笼统概念进行了操作化界定：已婚人士与未婚人士会体现出群体从属性上的不同（前者强于后者），同理，犹太教、天主教等强调宗教群体向心力的教派要比新教这样强调个人主义的教派具有更强的群体从属性。由此婚姻状态和教派所属就被标定为可测的因变量，与之对应，各个子群体内的自杀率被标定为可测的果变量。在此基础上，杜尔凯姆选择的研究设计为既存数据分析：对欧洲各国的官方自杀数据进行分群体的比较。通过对数据的分析，发现单身者比之已婚者，新教徒比之犹太教徒与天主教徒具有相对较高的自杀率。通过对这一研究发现的概括性归纳，就验证了他先前提出的群体从属性会影响自杀率的理论。[①]

通过对图1以及上面实例的观察，我们会注意到这一科研流程的核心部分是两个基本的逻辑推理路径：演绎法与归纳法。首先在研究流程的起点，会有一个基于既有理论的先验的假定，这一假定不依靠任何客观事实而独立存在，其作用是为接下来的实证研究指明方向，避免其沦为以观察数据撞大运的"钓鱼式科研"[②]。这一研究假定的得出依靠的是演绎法，即从一般性理论的概括性描述中抽取核心成分，将其应用于具体情境，从而得出对特殊情境发生、发展趋势的具体预测。而研究流程接近终点时，在数据采集与分析之后，会有一个基于观察事实的后验的假定。在这一假定的框架内就可以推导出一个具有普遍指导意义的概念性描述或因果理论。这一后验假定的得出依靠的是归纳法，即通过对具体事实以及特别情境的总结，由特殊到一般，获得一个普遍性原则或理论。正如前辈学者所总结的那样，科学研究的基本原则就是"大胆假设，小心求证"，整个科研流程

[①] Stjepan Mestrovic, *Durkheim and Postmodern Culture*. Abingdon, UK: Routledge, 2017, p.86.
[②] 所谓"钓鱼式科研"（Fishing Expedition），是指在采集数据前对于数据可以用来构建何种描述性概念体系或证真或证伪何种理论缺乏明晰的概念，而只是寄希望于在检视过数据之后，从中搜获具有学术价值的内容。显然，这类钓鱼式科研显示了研究者理论素养的缺乏，同时往往会导致对科研资源的严重浪费，因为采集的数据由于缺乏针对性而可能什么都说明不了。因此，除了在以全新认识领域为对象的探索性研究中别无选择，不得不使用这种没有理论假设指导的观察模式之外，在通常的科研实践中要尽量避免"钓鱼式科研"。

其实就是对演绎与归纳这两种基本逻辑推演技巧的交替运用，由一个理论通过不断的观察取证，去伪存真，演化为另一个具有更高认识价值的新的理论，然后再重复这一过程，从而实现对客观世界认识水平的螺旋上升。

二、研究设计的逻辑分类

在研究设计的分类体系上，不同学者基于不同角度提出了多个分类方式，但总的来说，在科学界并没有一个统一的分类标准。同时，被分入不同类别的研究设计相互之间并不存在非此即彼的排斥关系，在实际操作中往往根据实际需要对不同研究设计有所融合与互补。下面所讨论的只是基于数据采集手段与分析逻辑结构作出的一种分类方式。总的来说，研究者应当以科学研究的基本操作原则为指针，结合研究的目的、对象的特点、数据的生成环境，以及可用研究资源的多寡，灵活地选择不同的研究设计，以达到观察效果的最优化与研究资源的最合理利用。

在分析问题的基本逻辑层面，我们可以根据分析的视角将所有研究设计分为使用"表意解释"（ideograthic）的质化研究设计与使用"通则解释"（nomothetic）的量化研究设计。所谓"表意解释"，是针对特殊个体进行不具有普遍性的全面描述，试图建立一种概括性较差，但基于特定个体高度准确和深刻的差异性认识的分析方法。较典型的质化研究方法包括针对少数对象的深度访谈，描述性的案例研究等。质化研究的优势在于可以建立基于观察对象的全面而深入的理解，而其缺点则是观察得出的结论往往缺乏普遍概括性，难以应用于观察范围之外的同类现象。而"通则解释"与前者相反，指的是对现象进行解释时使用具有普遍性的相对较少的几个因子，试图建立一种可以涵盖相对较广泛样本的同质性认识的分析方法。典型的量化研究包括基于抽样的对比试验，大范围问卷调查等。其优势在于覆盖面广，可以生成对于某个现象类型普遍概括性较高的认识，而其缺点则是观察所涉及因子相对较少，难以充分照顾到个体差异性，因此产生的认识落实到单个个体会比较简单、片面。

一般来说，质化研究比较适用于对认识对象尚缺乏系统认识或认识尚不全面时的探索性或描述性研究，而量化研究比较适合在即有理论框架指导下深入研究因果机制的归因性或评估性研究。

三、质化研究方法（qualitative research methods）

显然，任何强调对研究对象的直观、准确、详尽、全面描述而放弃大样本标准化数据采集的研究设计都可以被归于质化研究之列。由于篇幅限制,在此仅介绍最常见的两种质化研究方法:现场调查与个案研究。

1. 现场调查。现场调查在国内通常被称作"田野调查",源自其英文名称"field research",但是显然,这类研究并非全部在野外进行。这里"field"实际上指代观察对象之自然活动场所,因此更准确的翻译应为"现场调查"。这种研究设计又被称为参与性观察(participant observation),是一种要求研究者在其所研究的行为人与行为现象发生的当时当地进行直接的观察。在行为学研究中,学者常常发现以量化形式采得的数据由于过于抽象,缺乏与具体情境的联系而导致理解的偏差。有鉴于此,有学者建议,要获得对特定行为学现象的真实、准确认识和理解,就必须在行为发生的现场进行实地观察。

现场调查可以根据调查者与被观察者的互动强度及对被观察行为的参与度划分为全面参与观察、观察性参与、参与性观察与旁观式观察四种类型。顾名思义,这四种类型的区别在于研究者的参与度由第一类的完全和被观察者融为一体,逐级递减,到第四类的完全置身事外的纯粹观察。

之所以会有不同程度的参与度设计,主要在于从观察真实性角度考虑,被观察者受到来自观察者的干扰越少,其行为就越自然,观察结果就越贴近现实。而观察者的存在往往会导致被观察者有意无意地修正自己的行为,导致观察出现一定的失真。但是,当观察者同时具有参与者身份时,其客观性就会受到影响,参与度越高,客观性就越难以保证。所以,在选择具体的现场观察策略时,必须考虑真实性与客观性的综合平衡,在不丧失客观立场的前提下尽量选择可以提高真实度的观察策略。

2. 个案研究。个案研究是对一个或数个具有代表性的个案所进行的深度描述性研究。个案研究的具体操作方式种类繁多,可以是现场的跟踪调查,可以是历史性回顾评估,也可以是对个人的深度访谈。

不管具体操作策略如何变化,个案研究的基本观察模式都是先寻找出被研究现象的一个或多个典型性个案,然后以这一个案为视点对该现象及其相关因子进行深度分析,重点寻求这一现象在其自然设定环境下发生与发展变化的规律。[1] 近年来,在社会科学研究中,一个比较流行的个案研究设计就是口述历史研究,这种研究方法在新闻学中也称为传记式研究。这种研究设计通过事件参与人根据记忆将事件的经过重现的方式实现对研究对象的间接观察,在分析方法上同样符合个案研究深度分析典型个案的特征。

---

[1] Lawrence F. Travis Ⅲ, The Case Study in Criminal Justice Research: Applications to Policy Analysis, *Criminal Justice Review*, 1983, Vol. 8, Issue 2, pp.46-51.

这种研究方法可以用于验证理论有效性或构建理论假设命题，同时还可以对研究领域内的特定研究命题进行表述与整合。尤其是对于很多尚不具备大规模样本量化研究条件的研究对象以及那些体现出量化数据难以触及的个体差异复杂性的研究对象，个案研究往往是获取准确认识的最可行的手段。当然，个案研究的缺点也是其深度观察的必然结果，那就是"一叶障目，不见泰山"。过于关注个体高度差异性的特征描述，会导致观察结论极其有限的可扩展性，在此基础上取得的研究结论往往会受到对其过度概括的质疑。

四、量化研究方法（quantitative research methods）

与质化研究相比较，量化研究有着诸多的缺点，比如观察准确度低，描述缺乏层次，对于现象发生的情境缺乏有效认识手段等等。但是，由于量化研究具有覆盖海量样本的理论容量[①]和对现象的抽象而普遍的概括能力，在系统性的描述性研究以及立足与相对完善理论框架的归因研究中就具有质化研究无法企及的优越性。从总体上来说，在现代基于实证主义的科学研究活动中，量化研究不论是在绝对数量上还是对科学知识积累的贡献度上都是占据绝对优势的。

量化研究在强调观察概括性因子和适用大样本数据来源这一基本操作性特征基础上，也会根据观察对象和研究目的分化出很多种不同的具体研究设计。在此重点介绍三类最具代表性和应用最为广泛的研究设计：对照实验、问卷调查、既存分析。另外，还会介绍一种近年来新出现的，代表了量化研究诸多未来发展方向之一的研究设计：内容分析。

1. 对照实验。在普通大众眼中，"实验"二字总是和这样的画面联系在一起的：一群身穿白大褂的科学家，在布满形状怪异的器具的实验室里忙碌，研究分析一些谁也看不懂的现象和数字。这种图景，在某些实验研究中确实存在，但是却远远不能概括实验这一特定研究设计类型的全貌。实际上，实验设计的展开并不一定必须要在严格封闭的实验室环境中进行，但是，类似设定被当作典型的实验设计也并非没有原因。简单地讲，将实验放在封闭实验室环境中进行可以满足实验设计的一个重要要求：研究者可以相对容易地控制被观察对象的状态与周边，有效地排除不可控环境性因子对观察的干扰，也就为在因果关系证明中排除证伪因子奠定了基础。当然，如果被观察对象因本身的特点决定其受环境因子影响较小，或者可

[①] 这一能力在 20 世纪中叶以来由于计算机技术的高速发展而越发完善。

以通过其他手段控制环境因子的干扰,一个有效的实验设计也是可以在封闭实验室环境之外展开的。

在科学研究方法概念体系中,实验设计是公认验证因果关系最有效的途径,因为其基本结构保证了数据分析可以有针对性地满足因果关系验证的三个要求:时间顺序、相关性以及排除证伪因子。考虑到实验设计可以根据具体研究条件作出很多的调整,一般将根据最严格要求展开的实验设计称为"经典实验"。其研究流程见图2。

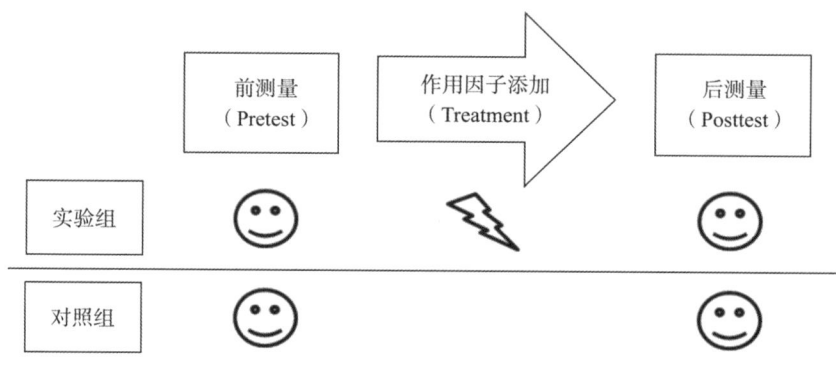

图2 经典实验设计结构模型

通过图2,我们可以总结出经典实验设计的几个基本特征:(1)两组对照设计。经典实验设计最易识别的特征就是其两组对照的观察结构。在操作中,通过特定采样手段将观察对象分为实验组与对照组,并尽量保证两组在进入实验时的等值性。两组对象在初始的等值可以一方面使实验组出现的任何变化更容易识别,另一方面通过对两组对照差异的认定排除那些对两组均发生作用的证伪因子的干扰。(2)基于前测量与后测量形成的明确时间顺序表达。经典实验设计有严格的时间设定,即在实验开始时进行前测量(或一系列前测量以形成相对稳定的基线指标),而在添加作用因子后,一定时间内进行后测量[①]。在图2中,可以实验组的头像在前测量与后测量节点的尺寸变化代表了作用因子添加后导致的特性变化。由于前测量、因子添加、后测量这三个节点遵循严格的时间设定,任何在后测量中发现的特性变化都可以确定是发生在因子添加之后,由此满足时间顺序要求。(3)相对简单的因变量和果变量设定。在实验设计中,假定的因变量通过作用因子在实验组与对照组之间的添加与不添加的差别而成立一个简

---

① 这一时间长度取决于作用因子的作用时间,过长过短均会影响观察的准确性:过短则因子尚未完全发挥作用,过长则因子效力已经开始减退。

单的二元指标体系（取值为 0 和 1），而果变量则通过对两组在经历实验后测量值的变化程度之差异来加以测量。因果变量之间的共变可以通过相对简单的分组比较统计学方法进行分析，较容易发现实际存在的相关性。

可以发现，经典实验是一种全面针对因果关系证明的研究设计类型，对因果关系的三个证明条件均有专门设定予以涵盖。这无疑带来了极高的归因证明效力，但同时也带来了对研究环境条件的严格要求。在实践中，很多研究由于客观条件限制而无法达到这些要求，而不得不采用退而求其次的变通设计，比如取消两组、使用非等值两组、取消前测试等等。这些变通显然削弱了其证明效力但也降低了操作难度。在另外一些研究中，为了达到一些特殊的证明目的而采取了另外一些变通设计，比如增加实验组数，增加前测量与后测量数量（变断层测量为时间序列测量）等，在保持基本证明效力的前提下，扩展了证明的广度，当然，这样进一步增加了实验设计的复杂性和难度。

2. 问卷调查。问卷调查是社会科学研究方法中的一个非常重要的数据采集手段。与实验设计相比，一方面，它对于操作环境的要求不高，并且可以较容易地承载较高的信息采集容量，因此得到了极为广泛的应用；另一方面，其较易受研究外部环境因素干扰而导致的相对较弱的证明力也遭到了那些推崇实验设计传统的社会学者的排斥。当然，这种排斥在很大程度上源于对问卷调查的简单化理解，即认为问卷调查就是问问题，收集意见。实际上，问卷调查通过精心的设计，可以对相当广泛的社会科学问题进行具有较高效度的研究。描述性问卷调查通过应用统计概率原则可以被用于评估抽样误差，而分析性问卷调查在归因研究中的应用，可以通过扩大样本范围，改善抽样质量以及应用高级统计分析手段，获得不弱于严格实验条件下的因果证明效力。在那些推崇问卷调查方法的学者看来，实验设计通过对环境的严格控制，先决地排除了证伪因子在观察过程中的存在来满足因果证明之要求，却将研究对象从其现实所处的环境中孤立出来，在一定程度上影响了研究发现的现实应用性；而问卷调查并不强求观察对象脱离其现实环境，而只是通过在大样本基础上应用统计手段，对实际出现的证伪因子实施分离与抑制，也同样可以满足归因证明的要求，还提高了研究发现的现实应用性。

当然，问卷调查的主要局限性在于其采集数据的形式限制。问卷调查只能记录意见表达或者对行为的叙述，而不能记录行为本身。这就使得问卷调查中信息的真实可靠成为一个潜在的问题。受访对象既可以出于各种原因故意隐瞒真相，扭曲事实，提供虚假陈述，也可能因为记忆与注意力缺陷而在无意识下提供与事实不符的陈述。由于其观察对象和研究目标的特殊性与敏感性，这一缺陷在犯罪学研究中表现得尤为突出，因此操作中需要将大量精力用于保证问卷采集信息的真实性上，有时甚至被迫提高认证标准，客观上降低了其证明效力，增加了操作难度。

作为保证问卷调查研究证明力与证明效度的关键因素，问卷设计是每一个意图应用这一研究方法的研究者必须高度关注的环节。好的问卷设计可以大幅提高对对象因子观测的效果，有效提高对错误信息的甄别能力，同时保证研究对象的较高参与度与配合度。限于篇幅，这里只简要介绍问卷设计的一些基本原则。

基本原则（1）问卷问题长度适中，应充分考虑潜在被访对象的配合程度。过长的问卷会导致一些对象拒绝参与，而过短的问卷又可能无法获得足够的信息容量。因此研究者必须在这两者间寻找一个平衡点。

基本原则（2）语言适合对象阅读习惯与阅读能力。对象对于问题的正确理解是取得真实有效数据的前提条件，因此问卷问题不应不必要地增加阅读难度，避免使用双关语，双重否定，生僻或专业术语，确保对象在理解与表达上的流畅性。

基本原则（3）避免使用引导性或针对性的问题。具有引导性的问题会对对象的思维产生不必要的干扰，导致其回答偏离其应有的轨道。而具有针对性的问题容易因其对象的抵触或逃避情绪，使相关问题得到有效回答的机会减少。

3. 既存数据分析。在很多时候，研究者并不需要自己采集用于量化分析的数据，而只需要通过合适的渠道获取那些已经存在的数据。既存数据分析在得以保证数据质量的前提下，可以大幅节省研究资源，同时既存数据得到充分的利用与分析，也使得最初收集这些数据的投入获得最大限度的产出，减少了资源的浪费。

在社会科学研究中，既存数据一般来说主要有以下来源：（1）官方数据。政府或其他具有特定社会管理职能的机构和组织在其日常运作中出于各种需要会生成大量的官方记录，这些记录中的绝大多数经过一定的处理就能成为合格的研究用数据。比如在犯罪学研究中，法院与检察院在日常工作中生成的案件记录就是非常有价值的官方数据。需要注意的一点是，由于官方数据的初始收集与保存并不会过多考虑研究的需要，其内容与形式往往有很多不适用于研究的特征，这就需要研究者对这些数据进行预处理和一定的格式转换。在有些情况下，研究者可以利用自己的影响力引导负责生成官方数据的机构对其数据生成流程进行调整，使其产出的数据更加适合研究分析的需要。(2) 先前研究的二手数据。在很多社会科学研究中，研究者在条件允许的情况下，往往会在数据采集时留出一定的冗余度，即收集一些其研究不一定会用到的信息，以保证数据的全面性。这些冗余数据往往得不到充分的分析，就可以成为后来的研究者手中极好的研究数据。即使该数据中已经被先前研究充分分析过的部分，也可以利用新的分析手段、新的视角重新加以研究解读，得出更新的研究成果。因为二手数据是专门针对科学研究需要而采集的数据，不论是信息的内容还是结构都无须过多修改就可以直接用于新一轮的研究。这就进一步节省了研究者的时间、精力和资源。

4. 内容分析。内容分析（content analysis）在数据收集手段上一般被认为是既存数据分析的一种，这是一种对经过有选择地加以类型化编码的大众传媒的内容信息进行系统化和量化分析的研究方法。这一研究方法在比较性研究、历史性研究，以及对于社会现象的发展趋势进行精确辨析方面具有独到的认识效力。

内容分析在操作手法上有时会被误认为文献综述，因为两者都是对特定的传媒内容进行汇总、分析与解读。但内容分析在基本特征上是典型的量化研究手段，通过对形态上复杂多样的传媒内容进行系统的归类、编码、标记，将其转变为统一的量化指标体系，从而为对这些内容在表达倾向、强度、频度等方面进行通则式的量化测算与分析奠定了基础。而文献综述自始至终均维持表意式分析模式，因此一般被归于质化研究方法之列。

由于其使用的是量化数据结构来研究大众传播现象，内容分析相对其他质化研究手段的一个重要优势就是其可重复性：使用相同的编码体系，不同的研究者可以对同样的研究对象重复进行内容分析，而得出相同的分析结果，从而避免了使用质化研究方法研究传媒、文化现象时普遍存在的主观性问题。

70年代以来，随着电子计算机技术的发展，使用专门编制的计算机软件可以大幅度地提高对文字传媒内容进行编码、标记、搜索与统计的工作效率，这也就极大地拓展了内容分析研究方法的应用范围和数据容量，进一步促进了内容分析在社会科学研究领域的广泛应用。比如，社会学者可以通过对报纸上关于特定犯罪活动的报道措辞以及电视节目中所出现的违法犯罪分子的典型形象的变化来分析公众对这一犯罪的态度变化趋势。在保证充分采样的前提下，这类分析往往可以准确地识别在公众态度中表现出的极为微妙的变化。

第四章　实证主义犯罪学发展概述

从行为人的心理侧面出发解释犯罪的做法古已有之，如果以宽泛的、不以科学性为准绳的定义考察，对于犯罪的心理侧面解释要远远早于对于犯罪的社会侧面解释。人类在共同观念上将社会性因素，如阶级、种族、经济地位、文化等，视为个人行为的重要影响因素并系统地加以论述其实是启蒙运动时期才成为主流思潮的，而将个人的思想活动作为行为的重要决定性因素加以考察的做法则可以一直上溯到有文字记载的远古时代。

犯罪学早期发展阶段最重要的一个跨越就是其研究范式从哲学思辨式全面转向现代实证主义行为科学研究范式。虽然这种范式转换涉及犯罪学整个学科的各个不同视野，但是我们会注意到，这种转换首先是在心理学视角内完成的。具体来讲，前现代阶段犯罪学的主要关注领域在于心理侧面，并以心理哲学的形式发展出最早期形态的经典犯罪学。作为第一种具有体系化意义的犯罪学理论的经典犯罪学，其核心其实就是一种基于心理侧面的犯罪解释理论，认为具有理性能力的人类基于自身利益最大化的考量，自由地选择通过犯罪来实现其功利目的。在此描述的心理过程是一个极其简单的，类似数学公式的推理过程。而与犯罪之心理哲学并行，甚至在时间上传承更为久远的，则是一种基于纯经验主义，带有非理性色彩的犯罪之心理学视角：社会经验注意到相当数量的犯罪人的行为完全违背其个人利益之最大化原则，难以通过理性选择与自由意志这一心理过程加以解释，于是将其归于"魔鬼附体"或者"疯癫"。排除前者的迷信成分，这其实就是最原始的以精神疾病或者心理疾患解释犯罪行为的例子。这类对越轨行为的原始解读不论是在西方古希腊，古罗马时代以来的历史典籍，还是中国古代文献、史料中均有出现。

而这之后，犯罪学向实证主义犯罪学的转型首先肇始于以"犯罪人类学"为旗帜的意大利学派犯罪学，其代表人物龙勃罗梭在研究方法上强调以对人类个体的医学、生理学及人类学特征性指标的实地测量作为研究犯罪的经验性基础，而在归因逻辑上则是以人类学与生理学要素作为对犯罪行为的心理学解释的基础。在这个意义上，可以说，犯罪学向实证主义的全面转向是由其心理学视角的实证主义转向拉开帷幕。因此，了解犯罪心理学研究范式及其理论体系的发展沿革,不论是对犯罪心理学本身的深入学习,还是对整个犯罪学理论体系的全面掌握,都是极其重要的。

第一节 经典犯罪学及其批判

经典犯罪学的发展与资本主义制度在西方的兴起有着密切的关系。随着资本主义工商业的普及,欧洲各主要国家的工业化与城市化进程如火如荼,随之崛起的城市资产阶级以及中产阶级同时面临着来自社会底层的犯罪威胁与来自传统封建社会上层的强权与盘剥,对其新积聚的财富的保护需求一方面要求国家公权力能有效地打击犯罪,保护私有财产,同时又对一个膨胀的国家权力保持高度警惕,希望能够限制封建王室以及权贵阶层的擅权行为。在这一强烈需求下,产生了近现代资本主义法治理念与相应的刑事司法体制。在这一大背景下,经典犯罪学作为司法体制改革的理论基础的一个组成部分逐渐发展起来。

与自 19 世纪兴起的现代犯罪学以全面解释犯罪行为之原因为己任的旨趣相异,经典犯罪学本身并不热衷于为"人为什么要犯罪"这样的问题提供答案。纵观经典犯罪学主要理论的观点,其对于犯罪的解释基本上继承了自古希腊以来经院哲学、启蒙运动以来人文思想以及大众一般性常识对越轨行为的理解,并无什么实质性的超越或颠覆。经典犯罪学者的主要精力放在两个方面:(1)为既往关于犯罪行为的一般性理解提供一个与启蒙运动以来兴起的自由主义思想及人文学思潮兼容的概念构造性框架。这一努力在一定程度上为近现代欧美刑法学的犯罪论体系提供了认识论基础;(2)在前者的基础上,构建一个符合近代民主政治要求的,注重保护个人自由与权利,体现理性主义与功利主义理念的刑事司法机制。这一努力经过一番反复,则奠定了近现代欧美各国刑法学的刑罚论体系的基础。总的来说,经典犯罪学的历史性贡献带有承上启下的特点:一方面终结了中世纪以来封建等级制度下野蛮、恣意而不平等的刑事司法体制,另一方面为随着自由资本主义制度兴起的现代刑事司法制度提供了理论基础。但是应该看到,如果按照今天的学科标准来评判,经典犯罪学作为犯罪学理论本身的职能表现却不如人意,不论是其在研究方法上的偏差,还是对犯罪现象与犯罪行为解释上的无力,均使其成为后来的现代犯罪学研究者批判的对象,并直接导致其在实证主义犯罪学崛起后迅速退出犯罪学的中心舞台,时至今日,在当代犯罪学研究领域已经很难见到经典犯罪学理论的实质性影响。

一、经典犯罪学代表人物：贝卡利亚

不论是在刑法学还是犯罪学领域，切萨里·贝卡利亚均被公认为是现代刑事司法制度的理论奠基人和早期最具影响力的刑罚改革思想家。他于1764年出版的《论犯罪与刑罚》一书，[1] 被认为确立了他刑事古典学派创始人的地位。作为一名犯罪学家，贝卡利亚的学术思想体现了典型的经典犯罪学特点：在对犯罪行为的归因解释方面并没有实质性的创新，而仅仅是继承了西方古典哲学思想关于人之属性的基本理念，但是在刑事政策层面上对传统体制提出激烈批判，并提出了具有革命性意义的刑罚制度建构原则。

在核心内容上，首先，贝卡利亚以启蒙主义政治思想为基础，重新定义了犯罪之概念，强调犯罪并不是对权威的冒犯，而是对其他社会成员及整体社会秩序的侵害。但如前所述，贝卡利亚对犯罪之原因的论述是极其薄弱的，仅仅强调了贫穷作为促使人犯罪的环境性诱因。这一观点显然是受到了古典哲学中理性选择思想和功利主义思想的影响。同时，贝卡利亚还认为过于严酷和缺乏公平性的刑罚会削弱人道精神，同样对犯罪有诱发的作用，这一观点无疑为他对当时的司法体制的批判提供了论据。

同时，贝卡利亚的著述大量吸取了启蒙运动几位主要思想家的政治哲学思想的精华，包括霍布斯和卢梭的社会契约思想，洛克的天赋人权观念，以及孟德斯鸠的自由主义法制思想等。在此基础上，贝卡利亚对当时欧洲基于封建等级制度的刑事司法体制提出了批判，认为一个符合正义理念的司法制度应该将政府权力建立在自由、理性的公民之授权之上，其目的不应是维护特权阶层的利益，而应是以全社会共同利益为念，保护全体公民的合法权益不受那些将一己私利置于他人之上，践踏和平与秩序的不法分子的侵犯。[2]

贝卡利亚认为合理的刑事司法制度应当以犯罪预防为其核心价值追求，但是这一目的并不能靠一味提高刑罚的严厉性达成。他认为，刑法与刑罚的设计应当谨守功利之最低限度，即以必要的最低限度的刑罚来使犯罪人对犯罪收益的预期由"利大于弊"转为"弊大于利"，从而实现对犯罪的威慑。另外，贝卡利亚反对通过"一般威慑"实现对犯罪的预防，而主张

---

[1] Cesare Beccaria, *On Crime and Punishments*, trans. Henry Paolucci, Indianapolis, IN: Bobbs-Merrill, 1963.

[2] Cesare Beccaria, *On Crime and Punishments*, trans. Henry Paolucci, Indianapolis, IN: Bobbs-Merrill, 1963, p.8.

"特殊威慑"。所谓"一般威慑",即通过对既有犯罪人的公开惩罚来警示其他潜在犯罪人;而"特殊威慑"则只针对既有犯罪人,通过对其所犯罪行的惩罚来使其打消未来继续实施犯罪的念头。这一理念体现了贝卡利亚对传统刑罚制度通过过度严苛且缺乏罪刑适应考量的刑罚来控制犯罪这一做法的强烈不满。①

为了使一般威慑发挥最佳效果,贝卡利亚提出了刑罚制度建构的三个基本原则:有罪必罚原则(certainty)、适度严厉原则(severity)和快速响应原则(celerity)。②

1. 有罪必罚原则。基于有罪必罚原则,贝卡利亚认为,为了要使刑罚可以有效地影响行为人的功利目的考虑,实现威慑效果,需要采取手段确保有罪必罚之确定性。如果这一确定性得以保证,则即使刑罚本身相对轻缓,也往往比那些徒具严厉,却执法不严,总让犯罪分子有侥幸逃脱机会的刑罚政策更具威力。贝卡利亚的这一观念在当时显然是开创性的,因为传统司法制度对犯罪威慑主要依靠提升刑罚强度,甚至在英国一度达到小偷小摸即判死刑的地步。但是由于其低效率的司法执行以及普遍存在的徇私枉法,犯罪分子往往可以逍遥法外,因此严苛的刑罚并不能真正起到威慑作用。有罪必罚原则的提出,要求在合理维持刑罚严厉性的基础上,大力提升司法制度本身的执行效率和公正性,显然是现代刑事司法制度的正确发展方向。

2. 适度严厉原则。适度严厉强调刑罚之力度应体现出基于犯罪严重程度的层级递进。一方面,为了实现特殊威慑,刑罚首先不可过于轻缓,其所带来的痛苦与利益减损应恰好略高于犯罪所带来的综合收益,从而促使犯罪人改变其功利目的计算之结果,打消通过犯罪追求利益最大化的意图。另一方面,在此贝卡利亚之所以强调刑罚的适度严厉,是因为他认为过度严厉的刑罚(如当时英国对轻微违法处以极刑的做法)本身就会贬损刑法之权威性,实际上会起到与刑罚的威慑目的南辕北辙的效果。

3. 快速响应原则。最后,贝卡利亚还强调了刑罚应对犯罪作出快速响应。他认为,只有在犯罪发生之后刑罚后果迅速跟进,才能够使犯罪人意识到其危害行为与损益后果之间的直接相关性,从而形成有效的心理强制,促其放弃未来继续实施犯罪的想法。

---

① Cesare Beccaria, *On Crime and Punishments*, trans. Henry Paolucci, Indianapolis, IN: Bobbs-Merrill, 1963, p.43.

② Cesare Beccaria, *On Crime and Punishments*, trans. Henry Paolucci, Indianapolis, IN: Bobbs-Merrill, 1963, p.55.

作为其理性主义,自由主义刑罚观的自然发展,贝卡利亚强烈主张废除死刑。他认为,死刑首先违背了社会契约,因为个体在为了维护自身权益而将自由权利让渡给政府时,是不可能交出处置自己生命的权利的,因此政府的刑罚权中不可能合理地包含适用死刑的权力;其次,死刑不能产生最佳威吓效果,其对于犯罪人所带来的痛苦和恐惧只是暂时的,远远比不上漫长而令人绝望的终身苦役所能产生的威吓效果;再次,死刑会引起人们对受刑者的怜悯,无益于唤起民众对法律的敬畏感;复次,死刑给他人提供了残酷的榜样,会毒化人们的心灵,进而诱发更多的犯罪;最后,死刑一旦发生错误将是无法挽回的。

二、经典犯罪学代表人物:边沁

与贝卡利亚主要在刑法学和犯罪学领域作出贡献不同,杰里米·边沁作为启蒙运动时期最重要的思想家之一,其学术领域横跨法学、哲学、政治学、经济学等多个领域。而与其他学术体系过于宏大而无暇顾及刑法及犯罪学的重要启蒙思想家不同,由于早年曾做过律师,边沁的学术思想在法理学和刑罚理论方面开掘较深入,并将其创立的功利主义哲学的主要原则应用于刑罚制度的设计,极大地扩充和完善了贝卡利亚所构建的刑法学与刑事司法制度体系。[1]

根据功利主义的基本理念,边沁提出了一个被称为"幸福演算"(Hedonistic calculus)的概念,一方面将其作为在犯罪学层面对人类行为动机的归因理论,另一方面在刑罚制度的设计中引入作为衡量刑罚严厉程度合理性的客观标准。根据幸福演算概念,人之行事以追求快乐和逃避痛苦为基本原则。在这里,边沁对所谓的"快乐"与"痛苦"所给出的定义是多元化和多层次的,不仅包含肉体上的快乐与痛苦,还包括政治、道德、宗教、文化等多个维度的利益诉求所带来的快乐与痛苦,而这些不同维度中的幸福度的计算还要考虑强度、持续性、确定性以及接近性等多个加权要素的影响,由此构成一个极其复杂的功利主义利益评判机制。具体到犯罪学之犯罪归因来讲,边沁认为人之所以犯罪不过是因为希望通过犯罪所带来的金钱收益,性欲满足,兴奋刺激以及复仇快感等体验获取最大化的幸福度。

在制度建构上,边沁与贝卡利亚一样,相信法律制度的目的乃是增进全社会的快乐之总量以及相应的安全保障。因此对犯罪的惩罚必须服务于增进全社会幸福总量这一根本目标,而实现这一目标的途径就是只惩罚

---

[1] Jeremy Bentham, *An Introduction to the Principles of Morals and Legislation*, ed. J. H. Burns, and H. L. A. Hart, London: Athlone Press, 1970.

那些增加社会中恶的总量,减损社会中善的总量的行为。基于这一思想,边沁认为,像无受害人犯罪,被害人同意的犯罪,以及正当防卫等这类行为,或者没有增加社会中恶的总量,或者增加了社会中善的总量,因此对其施加惩罚就不具有合理性。

边沁还强调,由于刑罚本身具有恶的属性,只有当刑罚为社会带来的秩序与和平总收益大于刑罚本身的恶之总和,刑罚制度才在功利主义判断标准下具有正义性。而要达成其功利价值,刑罚就应当具有足够的严厉程度以抹杀犯罪所带来的收益,从而促使犯罪人放弃继续犯罪的企图,由此为社会带来秩序与和平的收益。因此,刑罚的犯罪预防效能是刑罚制度设计的核心价值追求。基于这一考量,刑罚设计需要保持由轻到重的递增比例,以体现轻罪轻罚,重罪重罚,罚当其罪的罪刑适应原则。边沁认为,过度严厉的刑罚导致比例原则的破坏,由于对相对轻微犯罪的处分已经达到刑罚之上限,导致犯罪分子即使为了逃避惩罚或追求更高利益而实施更严重的犯罪行为也不会带来更大的利益损害,这反而会鼓励犯罪分子铤而走险。可以看出,虽然边沁基于刑罚之预防价值和启蒙时期其他主张刑罚报应价值的学者同样倡导罪刑适应,但是,两者是各自依不同的分析路径得出这一结论的:报应刑所主张的罪刑适应原则乃是基于同态复仇的对等性,即刑罚之恶应正好抵消犯罪之恶,一分不多,一分不少,方为正义。而预防刑之罪刑适应原则不过是考虑到过度严厉刑罚导致随着犯罪严重程度上升,刑罚的边际效应加速递减,最终难以实现有效的犯罪预防目的。

边沁的实用主义精神体现在其对刑罚制度的思考中,他还曾亲自设计了一款体现其对刑罚惩戒机能之理解的监狱方案,即著名的"全视域监狱"(Panopticon)方案。① 这一方案的设计思路追求使监狱管理者"不仅可以控制犯人之行动自由,还可以监控其思想活动"。通过将监狱建筑设计成以看守为圆心,牢房沿圆周排列的圆形结构,看守的视线可以毫无障碍地覆盖每一间牢房,给囚犯造成自己无时无刻不被监视的内心确信。这一监狱设计思路之后在美国宾夕法尼亚州和伊利诺伊州监狱系统中得到了应用。

三、经典犯罪学之哲学基础与研究范式

在某种意义上,几乎所有重要的启蒙运动思想家都可以被认为是经典犯罪学的倡导者。这一群体包括了弗兰西斯·哈奇森(Francis Hutcheson)、大卫·休谟(David Hume)、孟德斯鸠(Montesquieu)、伏尔泰(Voltaire)、

---

① Saladdin Ahmed, Panopticism and Totalitarian Space, *Theory in Action,* Vol. 11, No.1, 2018, pp.1-16.

洛克(Locke)、卢梭(Rousseau)以及康德(Kant)等。这是因为上述思想家的启蒙思想构成了经典犯罪学的全部哲学基础,在此基础上,可以毫无障碍地推导出经典犯罪学关于犯罪的全部归因理论。当然,上述思想家除了边沁之外,其他人不论是其自我定位还是在思想史的评价上均不会被打上"经典犯罪学家"的标签,原因无他,只是因为这些学者的思想体系极其宏大,包含了对整个人类社会、历史、政治与哲学体系的全面思考。在这一宏大体系下,可以说很难向犯罪学领域投注过多的精力,因此这些学者尽管以其思想体系为经典犯罪学提供了充足的理论养分,本身却并没有足够系统的涉及犯罪学的学说与著述。

无论如何,经典犯罪学的整个理论体系建立在启蒙运动时期的自由主义、理性主义以及功利主义哲学的宏大架构之上,由此形成了经典犯罪学的哲学基础。而总结起来,这一哲学基础的核心由一个基本假设和三个基本原则组成。

1. 基本假设:意志自由。犯罪学作为考察人类行为模式的一门学科,其理论建构的大前提必然是对于人性的基本假设,之后所有关于人类行为的分析和解读均由这些基本假设推导而来。经典犯罪学各不同流派对人性之基本假设各有不同,但是基本上都在一个假设上意见统一,即对于意志自由的肯定。所谓意志自由,指的是相信人类能够选择自己的行为。人的意志自由使人拥有对自身的最高管理权限,从而使其行为具有了道德判断与责任归属的基础。这一理念应用于对犯罪的理解,就构成了古典刑法学对犯罪与刑罚的最基本认知:人的犯罪行为乃是其自由选择的结果,不受外来因素的影响,因此只有行为人自己可以为自己的危害行为承担责任及其非难后果。

2. 基本原则:平等原则。在欧洲资产阶级革命时期,最著名而鼓舞人心的口号之一无疑是法国大革命时期喊出的"自由、平等、博爱"三大主张。追求政治自由与平等权利由此成为资产阶级革命的主旋律与行动纲领。而平等原则对犯罪学以及刑事司法理论建构的影响主要体现在两个方面:首先,在司法制度设计上,要求"法律面前人人平等",对罪犯的量刑不论行为人与受害人之身份,一视同仁,同罪同罚。这一要求直接针对封建时期的刑事司法制度的两个严重弊端,即一方面对行为人体现出等级待遇,即所谓"刑不上大夫"这类法外特权普遍存在;另一方面犯罪受害人的身份也直接决定司法后果,杀死无身份的平民与杀死贵族的案件不仅在刑事侦查与检控方面受重视程度呈天壤之别,犯罪人的定罪量刑也会因受害人的身份贵贱而异。这种制度设计因为难以有效维护身处传统权贵体系之外的新兴资产阶级利益而被批判，代之以强调平等保护的司法原则。其次，在刑罚体系设计上，假定所有犯罪人对于刑罚的痛苦之感受基本一致，由此使基于罪责报应价值的报应刑同基于犯罪预防价值的威慑刑在同罪同罚这一基本理念上统一起来。后者在犯罪学层面的意义尤为明显，因为与前者作为一种政治建构上的应然主张相比，后者实际上是对犯罪人心理特质的实然认知，是经典犯罪学对犯罪行为归因的事实性基础。而此后现代犯罪学对经典犯罪学的批判也是以从对这一认知的谬误为起点的。

3. 基本原则：功利原则。功利主义是启蒙运动时期走向成熟和兴盛的重要道德哲学思想。经典犯罪学吸收了以边沁为代表的功利主义思想家对个人行为动机以及制度正义标准的基本理念，强调以功利原则指导对犯罪行为的解释以及对刑事司法制度的设计。对功利主义在犯罪学及刑事司法制度发展的意义应当从两个层面来理解：一是，以自利选择理解人类行为（包括犯罪行为）之产生机制，认为人们在进行各种活动时，总是以为自己带来最大幸福为追求（同时也包括对最小痛苦的追求）。因此，犯罪行为之所以发生，无外乎在个人目的与规范约束的综合考量下，犯罪能以最小的代价带来最大的收益。同理，基于预防犯罪的功利目的，刑事司法体系的设计应立足于提高犯罪风险及处罚力度，使犯罪与守法相比不能带来收益的最大化，促使人基于自利选择而放弃犯罪行为。自利选择原理与前述对个体刑罚感受一致性的假定相结合，为经典犯罪学指导刑罚的一般预防提供了理论基础。二是，以最大幸福原理指导刑事司法制度的设计。该原理认为，社会正义的最终判断标准就是一个制度设计能否为最大多数人带来最大化的利益。其潜台词是，结果正义大于过程正义，只要制度设计能在最大限度上实现社会绝大多数人的最大幸福，则对少数人利益的有限牺牲也是具有合理性的。应当看到，功利主义作为启蒙运动时期的重要哲学思想之一，其在正义标准层面将人视为手段而非目的的基本观念遭到了同时代的其他哲学流派，尤其是以康德为代表的道德主义伦理观的激烈批判。实际上，边沁与康德在正义评判标准上的分歧体现在刑事司法理论体系中就是刑罚价值论中最基本的预防刑与报应刑的二元对立。

4. 基本原则：理性原则。理性原则即假定人都是"合乎理性的人"，有意图且有能力认识自己的利益之所在并根据功利原则追求个人利益最大化。理性人概念是古罗马私法自治的基础，而在古典经济学中则成为理解经济主体（个人或者个人组成的团体）行为机制的认识基础。而古典犯罪学对于人类行为机制的理解与古典经济学如出一辙，同样认为个人是在理性地分析了其所有行为选择的利弊之后，认识到犯罪行为是其最大利益之所在而选择实施犯罪行为的。

总的来说，经典犯罪学的认识论核心属于非实证主义之列，其认识论基础乃是在启蒙运动哲学思潮中占据重要地位的唯理论，以形而上学的思辨推演作为理论发展的最主要途径，甚至是唯一途径。经典犯罪学者对于犯罪现象的研究不注重对经验事实的分析，而是更多地从一些被认为已经证成的前提出发展开思辨推演：在这里，"人"的基本属性通过既有的经验，有限的观察与严密的推理而成为已知的大前提。这一前提就是："人"是万物之灵，是理性的、平等的和功利的；在此基础上，可以推导出一系列关于人与社会之应然属性的所谓"自然状态"及"自然法"等一系列概念与命题，再进一步推导出人为什么会犯罪的原因以及相应的刑事政策建构理念。

四、经典犯罪学之历史地位及其理论之局限性

尽管在今天已经不再是犯罪学的主流理论，经典犯罪学理论在犯罪学发展历史上的重要地位是毋庸置疑的。这种重要地位主要表现在两个方面。首先，其最直接的历史价值源自其是历史上第一次以一种完整的体系的形态表述了对于犯罪原因的学术性理解以及刑事对策的基本建构原则。同时，经典犯罪学的理论虽然在后来被实证主义犯罪学所证伪并替代，在当时却很好地完成了支撑新兴的资本主义刑事司法制度建构的任务，经典犯罪学的核心理念至今依然是大陆法系刑法学关于刑事责任与刑罚价值的主流观点的认识基础。这其中最典型的例子就是经典犯罪学对德国刑法学家费尔巴哈所提出的心理强制说的支撑作用。

心理强制说是费尔巴哈在讨论刑法功能时提出的重要理念，是在经典犯罪学的归因论基础之上推导出的关于刑事政策在一般预防方面所起作用的基本理论，被认为是罪刑法定原则的重要思想渊源之一。费尔巴哈认为，既然根据经典犯罪学，人之所以犯罪乃是其趋利避害的理性选择，则通过明确地规定犯罪之诸要件及其刑事责任承担（即刑罚），可以帮助潜在犯罪人在理性认知基础上正确地衡量守法的利益与违法之后果，令其产生基于对刑罚负面效果之畏惧的心理强制，进而放弃犯罪之企图。由此推知，若想要人们能够正确作出趋利避害的选择，最终放弃实施犯罪行为，就需要刑法实现以清晰无误的文本规定犯罪之构成要件及其法律后果，并在司法实务中保障对刑法禁止性规范违反所引发的刑事责任得到落实。这就证成了罪刑法定原则的功利性价值。① 显然,心理强制说之所以能够成立,必须以经典犯罪学关于人为理性动物,同时有追求功利目的的心理特质为大前提。从这个意义上说,经典犯罪学通过心理强制说,成为刑法罪刑法定原则的工具性理论支撑。

此外,在现代刑法理论体系中,经典犯罪学基本理念的影响可以说随处可见。例如,现代刑法理论责任主义原则强调只有行为人基于自由意志实施的体现目的性的行为才能够追究刑事责任。这显然是接受了经典犯罪学对人具有意志自由的基本假定。而在刑罚体系中最初的报应刑与预防刑的价值对立,也几乎就是康德道德命令与边沁功利主义对立的直接反映,而且这两种刑罚价值追求均是在认同理性人的基础上展开的。

在肯定了经典犯罪学对于现代刑法体系的基础性作用之后,我们必须认识到经典犯罪学的局限性。首先,经典犯罪学最根本的局限性在于其非实证主义的研究范式,导致其研究成果难以经得起科学标准的检验,其理论体系中的各种谬误在实证主义犯罪学兴起后被反复证伪。同时,经典犯罪学本身概念体系中的几个关键性原则也在之后的刑事司法实践中被证明存在很多漏洞,难以自圆其说。总结起来,经典犯罪学在概念体系上主要面临如下问题:

1. 难以在关于自由意志的争论中捍卫其立场。自由意志作为一种政治性宣示,在启蒙运动以及资产阶级革命兴起时确实起到了其旗帜性的作用,其高扬人性,反抗强权的基本理念在很大程度上决定了现代西方政治和法律制度的主旋律。但是在其完成了其革命性的任务之后,作为一种关于人之基本属性的事实性认知,却面临来自近代社会科学的严峻挑战。以近代心理学、社会学为代表的行为科学研究以决定论为基本立场,认为人类行为在极大程度上受其内在特质与外在环境的制约,因此并不存在行为学意义上的自由意志。而面对行为科学所提出的与日俱增的关于人类行为之决定论的证据,不论是经典犯罪学还是作为其主要哲学基础的道德哲学均难以作出有力的反驳。

2. 关于个体在实然意义上的平等(一致性)观念其实是一个伪命题。与自由意志相类似,平等作为一种政治理念,具有无可辩驳的正当性基础。但是,当我们将其作为一种行为学概念时,不同个体之间明显的差异性就使得一致性成为一种很难以成立的命题假设。随着现代犯罪学的发展,在刑罚制度建构领域出现了强烈的关于刑罚个别化的呼声,这正是对基于

---

① 徐久生:《费尔巴哈的刑法思想——费氏眼中的刑法与社会》,载《北方法学》2013年第5期。

个体一致性假定而提出的以"同罪同罚"实现犯罪预防的刑罚理念的直接否定。

3. 对人类行为的理性基础的想定同样被后来的行为学研究证明是一个伪命题。对"理性人"的证伪始于早期以一般预防为指导的刑罚体系的失败。按照理性人假设，只要在比例原则基础上提高对犯罪的法定刑罚力度，使得犯罪的责任成本显著高于其收益，就可以通过心理强制有效地吓阻潜在犯罪人的犯罪企图。但是基于这一理论设计的严刑峻法最后被证明并未显著降低犯罪率。在此之后，更有大量的实证主义犯罪学研究指出，对刑罚力度的调整，不论是在暴力犯罪人群体，还是在更加体现"理性经济人"色彩的侵财犯罪人群体，均不能显著改变其实施犯罪的意愿。最终，多数犯罪学家放弃了对于犯罪人之理性的假定，转而关注超越个体理性抉择之外的因素，即使那些坚守理性人假定的犯罪学家，也仅仅认同所谓"有限理性"，即行为人并不能真正完全理性地分析其行为之利弊，而仅仅能够根据有限的信息作出无法保证其未来利益的短视决策。

第二节　实证主义犯罪学之兴起

实证主义是一种认为社会生活可以通过应用类似于自然科学的研究方法加以客观而科学地研究的理论思潮。这一思潮首先于19世纪早期以社会学实证主义的形式兴起，其肇始者是法国学者圣西蒙（Comte de Saint-Simon）和孔德（Auguste Comte）。前者被认为是实证主义(Positivism)一词的发明者，后者则被认为发明了社会学(sociologie)一词。[①] 孔德将社会学描述为对社会的科学研究，其最终任务是发现那些对人类社会的性质起主导作用的社会规律与法则。从启蒙运动时期开始的现代实证主义研究则深深植根于那种认为社会生活可以通过应用严谨的科学研究手段加以理解并进而加以控制的观念。这种观念正是实证主义犯罪学发展的基本思路。

本节我们将重点讨论在19世纪后期出现的犯罪实证主义学派的根源、早期发展及其主要特点。在这一时期，实证主义出现了三个主要的分支：社会学实证主义、生理学实证主义和心理学实证主义。实证主义犯罪学的基本前提是犯罪行为是那些个人难以或根本不能控制的决定论因子的结果。在此基础上，社会学实证主义认为这些因子存在于社会环境之中；生

---

① John Tierney, *Key Perspectives in Criminology*. Berkshire, GBR: Open University Press, 2009, p.113.

理学实证主义认为这些因子存在于人体（生理结构）之中；而心理学实证主义则认为这些因子存在于人的思想。实证主义对在18世纪由启蒙运动中发展起来的经典犯罪学提出了严厉的批判。对实证主义学者来说，所谓经典犯罪学关于犯罪及其原因的论述不过是非科学的、哲学的推测而已(pre-scientific, philosophical speculation)。

到19世纪晚期及20世纪早期，实证主义犯罪学成为欧洲犯罪学研究的绝对主流。不过尽管社会学实证主义出现最早，这一时期却是生理学和心理学的实证主义研究与理论最为流行。直到1920年代，社会学实证主义开始在美国兴盛，提出了一些重要的犯罪学理论，这一分支才在犯罪学研究中开始取得与其他二者并驾齐驱的地位。尽管如此，实证主义的三个分支并不是完全割裂开来的。比如，我们可以看到生理学实证主义的研究中运用了很多来自社会学和心理学的研究成果。其中，生理学实证主义与心理学实证主义的结合尤其紧密。正如前文所述，开创了实证主义犯罪学方法论的意大利犯罪学家龙勃罗梭的天生犯罪人理论在研究对象上体现为生理实证主义，但是在犯罪归因上却依然以心理学因素作为解释的落脚点。作为一个整体，实证主义通过其几个分支的发展，在相当长时间内占据了犯罪学理论发展的绝对主导地位。实际上，一直到1960年代，才出现了对实证主义的有意义的批判。在接下来的讨论中，我们将重点聚焦生理学/心理学实证主义的早期发展。

一、意大利学派之兴起：龙伯罗梭

早期实证主义犯罪学最为重要的人物毫无疑问当属19世纪末20世纪初的意大利医学家和人类学家龙伯罗梭（Cesare Lombroso）。龙伯罗梭最著名的作品是初版于1876年的《犯罪人L'Uomo Delinquente》[①]。龙伯罗梭的研究成就了犯罪人类学理论，而这一理论是实证主义犯罪学研究最明显、最直接的例证。根据龙伯罗梭的理论，个人的犯罪行为之原因在于其生理性构成，由此推导出"天生犯罪人"概念。龙伯罗梭最为人知的创见是他提出的"返祖论"(atavism)，以及犯罪人可以通过其生理外观以及大脑内可以识别的生理异常加以辨认的观点。他的观点深受达尔文进化论的影响，他相信存在着一群具有返祖特征的个人。基于其基因遗传构成，他们是倒退到人类进化阶梯较早阶段的人群。因此，这类个人被认为天生具备大量与人类进化早期较原始、较恶劣环境相适应的本能与欲求，而也因

---

① Cesare Lombroso, *L'Uomo Delinquente,* Milan: Hoepli, 1876.

此与现代社会格格不入。①

龙伯罗梭对返祖性犯罪人的认识在他给当时一名著名的匪徒维莱拉（Vilella）所进行的尸检报告中有相当清晰的阐述：

"当我盯着他的颅骨时，突然间我仿佛看到了犯罪人本性的问题所在——一个返祖的个人，在他身上重现了原始人类以及低等动物的那些残暴的天性。这一方面解释了（对犯罪人的）解剖中观察到那些常见于野蛮人和猿类的体征，如巨大的下颌，高耸的颧骨，突出的眉骨，眼眶的极端尺寸，掌心的单根掌纹，以及硕大而听觉灵敏的耳朵。这些观察还包括一些生理特点，如迟钝的痛感，极度敏锐的视觉，文身，超常的惰性，追求感官刺激，和对邪恶自身无法抗拒的欲求［体现于犯罪行为中不满足于仅剥夺被害人生命，且乐于肢解尸体，撕裂肉体，并饮用（被害人）的血液］。"②

经过许多次的修改和增补，龙勃罗梭的《犯罪人》一书最终共先后出版了5个版本。而其容量也从最初第一版的200多页增加到最后一版的3000多页。显然，在这一部作品以及他的其他作品中，他不得不面对一系列的复杂问题，包括：犯罪人中相当一部分无法被认定为"返祖"（这些人的犯罪行为如何解释）？犯罪行为是否全部源自行为人的（病态）的遗传特征？那些已被确认具备这些遗传特征的人，即所谓"天生犯罪人"，是否都会真的犯罪？如果他们不都最终参与犯罪，应如何解释？等等。

对这些问题的反思是龙伯罗梭最终提出了犯罪人的四大分类。第一类是返祖性犯罪人，就是前面讨论的那类天生犯罪人；第二类是精神失常犯罪人，包括我们今天说的具有学习障碍的犯罪人，以及酗酒者和癫痫症病人；第三类被冠以一个有意思的名称"倾向犯罪人"（criminaloids），意指那些犯罪带有机会主义趋向的行为人；最后的第四类被称为类犯罪人（pseudo criminals），即受到强烈情绪，如嫉妒、愤怒等，影响而犯罪的行为人。③ 龙伯罗梭确实逐渐修正了他的生理学/遗传学理论模式，对社会和环境因素的重要性予以了一定程度的认同。但是即使如此，天生犯罪人的概念仍然是他的学术思想的重要组成部分，他坚称大约1/3的犯罪人都可以被认定为具有返祖性。在上述的四个类别中，前三个都与遗传因素有关，从这个意义上来说，都可以算是"天生犯罪人"。

---

① Cesare Lombroso, Introduction, in Gina Lombroso-Ferrero (ed.), *Criminal Man According to the Classification of Cesare Lombroso*, New York: Putnam, 1911, p.14.

② Cesare Lombroso, Introduction, in Gina Lombroso-Ferrero (ed.), *Criminal Man According to the Classification of Cesare Lombroso*, New York: Putnam, 1911, p.14.

③ Randy Martin, Robert J. Mutchnick, and Timothy W. Austin, *Criminological Thought: Pioneers Past and Present*, New York: Macmillan, 1990, pp.29-32.

龙勃罗梭对于犯罪之人类学返祖性解读，结合其提出的历史时期，可以看出带有相当明显的种族主义色彩。我们注意到，当时很多持这一观点的学者认为在北美及欧洲大陆之外的南美、非洲、亚洲与大洋洲有很多较落后的原始部落种族，处于欧洲列强的殖民主义统治之下，一方面其行为模式往往带有野蛮、粗暴的特点，攻击倾向明显，另一方面由于人种原因而在生理外观上与欧美人种有着明显的差异。这些人群被殖民主义者描述为"蛮族"，并认为其整个族群均符合所谓"未进化"或者"返祖"的特征。这一观察为龙勃罗梭的犯罪人类学理论提供了证据支撑。但实际上，现代人类学研究早已证明，所谓"蛮族"不过是当时帝国主义者和殖民主义者对其侵略扩张过程中所遭遇的当地土著的一种带有西方中心主义色彩的扭曲描述。这些土著部落族群，虽然在社会、经济、文化发展上远远落后于已经进入工业社会的欧美各国，但是族群个体成员与西方列强所谓"文明社会"的居民在人类学意义上并无实质性差异。其行为上存在的暴力攻击倾向实际上不过是其固有恶劣生存环境与其在面临殖民主义掠夺时自然的防卫反应相结合的产物，其社会学意义远大于生理学意义。

这在一定程度上正揭示了早期实证主义犯罪学研究的一个重要局限性：在应用新兴的实证主义研究方法的同时，由于对其研究对象本身的认识依然十分有限，导致即使通过相对科学准确的手段观察到了具有客观真实性的行为学现象，却因为在理论与观念上的粗糙而产生了错误的归因理论学说。这一局限性另一个明显的例子就是龙勃罗梭对文身的特殊兴趣。在其关于天生犯罪人生理和心理学特征的列表中，文身被作为一项生理性预测指标而列出。这在很多学者看来有些奇怪，因为文身作为一种人为添加的外观属性与其他由于先天或后天因素而自然出现于个体的生理特征有着完全不同的产生机制。但是对于龙伯罗梭来说，文身具有特殊的意义，因为他曾花大量的时间研究文身者的行为。在他看来，这些个人比起无文身者要更加容易参与包括犯罪在内的反社会活动，因此，文身应当被视为一个具有解释力的生理学特征被纳入天生犯罪人的识别机制中来。这一看法显然是经不起推敲的，按照现代行为学和社会心理学的观点，文身与个体违法犯罪行为之间即使存在某种关联，这种关联也显然更接近社会学习的产物，而不是一种生理影响机制。

二、意大利学派代表人物：菲利

恩里克·菲利是龙伯罗梭最著名的弟子和学术继承人。菲利尽管也和后期的龙伯罗梭一样，承认环境以及社会因素对犯罪的影响，但是，他的核心学术观点依然是建立在对生理学和人类学因素的考察之上的。除了在都灵大学师从龙伯罗梭之外,菲利还曾在博罗纳大学于巴黎大学研习统计学并将其应用于对犯罪的分析之中。通过对法国1826年到1878年间犯罪数据的统计学分析,菲利认为犯罪之原因可以分为三大类,即自然因素(如种族、气候、地理位置等)、人类学因素(如年龄、性别、心理等)以及社会学因素(如人口密度、宗教、文化、经济状况等)。① 菲利的这一理论一方面丰富了龙伯罗梭早期犯罪人类学相对单薄的理论体系,同时也为龙伯罗梭的理论提供了更加全面与平衡的视野。可以说,菲利是现代犯罪学史上最早提出多因子犯罪归因的学者之一。

但是,菲利的理论在落实为刑事政策的过程中不幸地走入歧途。基于对"科学"的执着信仰,菲利认为在司法程序中依赖由非专业人士组成的陪审团的裁决毫无意义。他主张陪审团应被由医生及犯罪学家组成的专家团所取代。另外,基于科学的决定论理念,菲利不认为犯罪是人自由意志的抉择,故以报应为目的的刑罚也不具有必要性,而应该代之以预防为目的的刑法替代措施。在他的刑事政策设计中,核心理念是通过消除或抑制导致犯罪产生的因素来为国家和社会提供有效防卫。他倡导一种被称为"净化措施"(hygienic measure)的刑事政策体系,其具体举措包括:(1)社会与环境改造以及由国家提供的社会福利以减少导致犯罪发生的社会学诱因;(2)针对个体犯罪人的"治疗性处遇"以抑制导致犯罪发生的生理与心理诱因。而后者包括了诸如器官切除手术以及死刑等极端的手段。② 这些手段作为菲利刑事思想的组成部分,被称为"修补性"或"压制性"措施,用意乃是消除犯罪之原因,但是在历史上,却扮演了不光彩的角色。由于菲利在意大利刑事学领域的声望,他被邀请参与到意大利独裁者墨索里尼的法西斯政权,主持刑事政策的建构。而菲利的犯罪学理论及其刑事政策理念无疑在很大程度上了助推了二战期间德意法西斯政府臭名昭著的种族清洗政策的出台与推行。在某种意义上,意大利学派犯罪学在20世纪中后期的式微与菲利在法西斯政权中的作用不无关系。

三、意大利学派代表人物:加罗法洛

龙伯罗梭另一位著名的弟子是拉斐尔·加罗法洛(Raffaele Garofalo)。加罗法洛在其学术生涯所发展出来的犯罪归因学说秉承了意大利学派的生理学视角传统,但在某种意义上他所主张的是甚至比龙伯罗梭和菲利二

---

① Enrico Ferri, *Criminal Sociology*, New York: D. Appleton, 1901.

② Stephen Schafer, *Introduction to Criminology*, Reston, VA: Reston, 1976, p.45.

人更加纯粹的生理学归因论。加罗法洛吸收了达尔文进化论的观点,认为犯罪的原因在于"社会化适应不能"[①]。在加罗法洛看来,人类在社会的生存与动物在自然界的生存的基本机制并无区别,都是"适者生存"。所不同的是,动物对自然界的"适应"来自其肢体的基本技能:速度、力量、耐力、灵活等,而人类对社会的适应则来自社会环境对个体提出的社会化要求,比如智力、技能、社交力等,而其中尤其重要的社会化要求,是让人类社会得以延续发展的利他观念及道德准则。在这一认知基础上,加罗法洛的核心观点是:犯罪的根本原因在于个人在生理发育上的一些缺陷,这些缺陷导致个人无法像正常人那样培养出利他思想与道德准则,进而导致犯罪。

加罗法洛将这种社会达尔文主义观念进一步整合到其刑事政策理念中,认为,犯罪人之不适应社会就如同那些身体羸弱而不适应自然界的动物,其命运就是被淘汰,而刑事司法机关在人类社会所起的作用就等同于居于食物链顶端的猛兽猛禽在自然界所起的作用,以暴力手段将那些不能适应生存需要的个体加以淘汰,从而维持物种的优选和进化。在这一观念的指导下,加罗法洛认为对犯罪的处遇应包括"强行修正",长期或终身监禁以及作为最终解决手段的死刑。[②]

与龙伯罗梭所主张的"返祖理论"相比,加罗法洛的"社会适应不能"理论颇具独到见解,而且与20世纪下半叶的犯罪学研究中出现并逐渐盛行的,认为人之犯罪性在于社会化适应不能的观点颇有暗合。从这个意义上说,加罗法洛的犯罪归因学说具备了一种超越其简陋研究方法及时代局限性的前瞻性眼光。

四、意大利学派之兴衰及其历史地位

龙伯罗梭、菲利与加罗法洛一起,构成了意大利学派的理论核心。他们被后来的犯罪学者尊称为"意大利学派三圣"(The Holy Trinity of Italian School)。他们的影响遍及全欧洲,只是在英国的影响力稍弱,因为在英国纯粹的心理学实证主义(包括精神病学)占据了主导地位。就这样,到19世纪末,将犯罪人看作追求快乐的享乐主义者,在自由意志的基础上权衡犯罪与守法之间的利弊而最终选择犯罪的经典犯罪学,就基本上被实证主义犯罪学所取代了。在今天,自由意志已经不再是犯罪学犯罪原因研究的

[①] George B. Vold, and Thomas J. Bernard, *Theoretical Criminology*, (3rd ed.), New York: Oxford University Press, 1986, p.44.

[②] George B. Vold, and Thomas J. Bernard, *Theoretical Criminology*, (3rd ed.), New York: Oxford University Press, 1986, p.44.

题目。犯罪人被认为是决定论的产物，其犯罪行为被归因于其自身控制能力之外的生理或心理因素。

如前所述，经典犯罪学派主张犯罪人在司法处遇上一视同仁，即基于平等和一致性观念的罪刑相适应原则，这就在实践中排除了任何考量（以个人差异为基础的）减轻刑责因素的可能。与之相对的，实证主义由于主张犯罪行为来源于环境的力量，就在理论上打开了（在同等罪行严重性基础上）减轻刑事责任的大门。换句话说，在实证主义犯罪学眼中，犯罪人并不应真正为他们的犯罪行为而受到指责（也就不应该为其犯罪行为负全责）。于是，这就将刑法的关注重点由罪刑相适应，转向了刑罚（这里作为改造手段）与犯罪人相适应。当然，在实践中，刑事政策和法庭的具体量刑往往是这两种观念的混合体。

在这一时期实证主义的发展得益于其他领域的一系列发展进步。在整个欧洲，科学的各个分支领域都日益得到接受和重视，于是当犯罪学家们承诺要"科学地"探究犯罪的根源时，他们的声音就变得日益诱人。与之相伴的是科学的日益发展所带来的技术进步，鼓励了科学教育和培训的发展，并通过各类科学组织和出版物，极大地推动了知识的传播（从而壮大了社会科学学者的队伍）。当然，还有一个不可忽视的因素就是，当时在各地不断增加的监狱，为犯罪学的实证研究提供了不请自来的实验研究机会和场所。

第三节　现代实证主义犯罪学理论发展

一、现代实证主义犯罪学之基本理念

实证主义犯罪学广泛借鉴了生理学、心理学和社会学的理论成果（而且在今天其理论结构比 19 世纪末期显然又更加复杂），它也具备一些将自身与其他犯罪学理论流派区分开来的显著特点。这些特点总结起来包括下面这些：

（1）科学的方法论：应用科学化的研究手段来积累关于人类社会客观的、现实的知识。这些知识广泛存在于我们的主观意识之外，等待我们去发现。这一方法论的重点是不带感情色彩的观察与测量，以及在观测过程中排除所有个人观点与价值判断。（2）因果—改造导向：利用科学化数据来确立犯罪行为的原因，进而发展出相应的干预手段来改造这一（导致犯罪发生的）问题。（3）行为学上的决定论：犯罪行为不是发源于自由意志

的主动选择。个人在某种意义上是"被迫"实施犯罪的,这些"强迫"来自生理的、心理的以及社会的各种超出个人控制范围的力量。(4)强调个人差异:犯罪人被看作与非犯罪人存在着量化差异。(5)病理学视角归因:犯罪人与非犯罪人之间的差异是由某些生理的、心理的或社会的"病态"或失常导致的。(6)强调刑事处遇的治疗/矫治要素:既然实施犯罪的个人本身并没有责任,其犯罪行为也不是自由选择的结果,刑事惩罚(作为犯罪的后果)就缺乏逻辑合理性了。对犯罪的反应应该转向对那些导致犯罪的病理根源进行改造,并向那些受到影响的个人提供治疗。

二、意大利学派理论传承之延续

应该注意到的是,返祖性犯罪人的概念已经被现代基因遗传学者完全证明为谬误。而且,目前为止还没有任何可以证明所谓"犯罪基因"存在的证据。不过,从意大利学派开始的为犯罪寻找生理学根源的努力(或者说,在个人的生理构造中寻找致罪特征的努力)在整个20世纪一直在继续并延续到21世纪。一些生理学实证主义学者,尤其是19世纪末20世纪初的一批学者,对所谓"罪犯家族"的谱系学尤其感兴趣。他们认为犯罪的基因是代代相传的。这一领域最著名的两个研究是在美国进行的:道格戴尔1877年发表的"尤克家族研究(the Juke family)"[①]和戈达德在1914年发表的"卡里卡克家族研究"(the Kallikak family)[②]。这一类型的研究,着力展现不当行为的遗传性基础,充满了"低能"(feeblemindedness,这也是戈达德专著的书名),"低智能"(low intelligence)以及"退化"(degenerate)之类的术语。加上那一历史时期的其他犯罪生理学研究,促成了在美国和其他一些国家的优生学运动。这一运动的参与者们从上述研究中得出他们认为是符合逻辑的结论:政府部门应该采取干预措施来阻止那些被插上"退化"之类标签的个人生育小孩。作为这一运动的结果:

"成千上万的美国人,由于被政府视为有'恶劣的血缘',显示出'低能'的迹象,来自错误的'族类',或者'行为不轨',等等,被禁止生育。至少6万人被强制绝育,数千人被错误地关进精神病院,被禁止结婚,或在有些情况下被政府官员宣布'结婚无效'。这一运动直到在纳粹集中营里发现种族灭绝的证据才逐渐失去其影响力。到二战结束时,那些原来的优生学机

---

① Richard Louis Dugdale, *"The Jukes": A Study in Crime, Pauperism, Disease and Heredity; Also Further Studies of Criminals,* Vol. 14. GP Putnam's Sons, 1895.

② Henry Herbert.Goddard, *The Kallikak Family: A Study in the Heredity of Feeble-Mindedness.* New York: Macmillan Company, 1912.

构都转型成为遗传基因学研究机构。"①

三、意大利学派影响下的现代犯罪学理论发展

实证主义学者长期以来也进行了大量对于体型与犯罪之间的关系的研究。这类研究的主要手段就是对大量采样取得的犯罪人体型进行测量然后将测量数据同非犯罪人组成的控制组进行比较。这一领域最著名（同时备受争议）的早期研究由胡顿（E.A. Hooton）在 1939 年发表。他的基本论点是在强壮程度和能力方面，犯罪人的身体是劣于非犯罪人的。这一论点的潜台词就是体格特征在一定程度上反映了个人的遗传性的犯罪特征。另一位学者舍尔顿（Sheldon）发表于 1949 年的研究聚焦少年犯，提出这些青少年的不良行为是通过遗传从其本身也往往是不良行为人的父母那里继承的。他还提出，与正常同龄人相比较，不良青少年多数为运动型、肌肉发达体格（这一点上其发现与胡顿的正好相反）。格鲁克夫妇在 1950 年发布的研究也有类似发现。对此，一些批评者认为，尽管这些青少年继承了其父母的运动型肌肉发达体格，我们仍然无法看出这与遗传的犯罪与不良行为倾向有什么必然联系。从互动主义观点来看，有些看起来似乎是遗传性的行为表现其实可以通过社会过程加以解释。首先，一个人的体格与体型在其成长过程中会影响到与他人进行社会交往的方式，这又进一步会塑造其自我认识，在有些情况下就会发展出不良的自我认识。其次，与其说特定体型是遗传性的犯罪动机的证据，还不如说具备特定体型的个人更容易融入不良行为亚文化并在其中如鱼得水。

长期以来，很多研究都致力于在犯罪行为和个人的生理学特性间建立因果链条。比如有的学者聚焦于 XYY 异常性别染色体症，有的关注大脑功能异常及精神病，有的则试图探索犯罪行为的生理化学基础，其研究分析涉及类似性激素荷尔蒙或血糖指标等方面。几年来的一个较有影响的发展是社会生理学。这一研究方向重点研究个人生理学特性与其社会和生活环境之间的交互影响。社会生理学领域的一个重要人物是梅德尼克（Mednick）。他的研究主要涉及个人尽管社会化成长过程基本正常，却仍然从事反社会行为的情况。在这类案例中，他的观点是这些反社会行为来自行为人相对迟钝的自主神经系统。其他的一些社会生理学家则重点研究行为人的生理学特性如何与其生活环境（比如居住社区的严重污染等）发生负面交互影响，最终引发犯罪。

---

① John Tierney, *Criminology: Theory and Context*, Harlow: Pearson, 2006, p.60.

四、作为实证主义行为科学的犯罪学

在实证主义犯罪学发展史上，对于早期受到意大利学派传统影响的生理学实证主义的批评意见总结起来主要有以下几点：

1. "犯罪"和"犯罪人"的概念被绝对化地接受，似乎他们本身就具备什么内在的，实质的属性。而实际上，犯罪是一个相对概念。犯罪的定义因不同的社会和不同的时代而异。所以那种认为"犯罪行为"反映了绝对的、客观的道德观和是非观，或体现了公认的社会危害性的看法本身就是具有误导性的。实际上，犯罪所涵盖的行为在不同时代是不固定的，而且对某一行为是否属于犯罪的判断变化非常大。

2. 在某一个司法管辖范围内定义为犯罪的行为种类极其多，所以就"犯罪"的原因作出一个通用的论断是不可能的。在实践中，犯罪学研究通常只研究一个相当狭窄范围的犯罪行为——国家犯罪，公司和白领犯罪通常都被忽略了。

3. 生理实证主义犯罪学的研究多是在已经逮捕并判刑的那批犯罪人中进行的。这些人却未必可以完全代表全体犯罪人，也无法代表各个不同类型的犯罪人。

4. 生理实证主义犯罪学并未将个人对自身的行为及其与外界复杂的互动过程的理解作为考量因素之一。这就使得这一方向的研究对社会行为的理解流于机械决定论。

5. 社会结构，包括权力结构和冲突结构，以及社会生活的文化与亚文化层面都被（生理实证主义犯罪学研究）所忽略了。

6. 犯罪行为及其环境所涉及的一些重要因素，包括数量巨大的社会学和心理学因素，是非常难以分离出来加以单独测量的。

7. 有时政客与决策者乐于接受生理学的或心理学的犯罪原因理论，因为这些理论往往可以将注意力从那些存在于社会结构，甚至由政府政策导致的因素上转移开。

第五章　心理学异常行为归因理论之发展沿革

第一节　心理学理论对行为归因之基本主张

从行为人的心理侧面出发解释犯罪的做法古已有之，如果以宽泛的，不以科学性为准绳的定义考察，对于犯罪的心理侧面解释要远远早于对于犯罪的社会侧面解释。人类在共同观念上将社会性因素，如阶级、种族、经济地位、文化等，视为个人行为的重要影响因素并系统地加以论述其实是启蒙运动时期才成为主流思潮的。而将个人的思想活动作为行为的重要决定性因素加以考察的做法则可以一直上溯到有文字记载的远古时代。作为第一种具有体系化意义的犯罪学理论的经典犯罪学，其核心其实就是一种基于心理侧面的犯罪解释理论，认为具有理性能力的人类基于自身利益最大化的考量，自由地选择通过犯罪来实现其功利目的。在此描述的心理过程是一个极其简单的，类似数学公式的推理过程。但是，即使在这一理论得到最广泛承认的时期，社会经验仍然会注意到相当数量的犯罪人的行为完全违背其个人利益之最大化原则，难以通过理性选择与自由意志这一心理过程加以解释，于是将其归于"魔鬼附体"或者"疯癫"。排除前者的迷信成分，这其实就是最原始的以精神疾病或者心理疾患解释犯罪行为的例子。这类对越轨行为的原始解读不论是在西方古希腊、古罗马时代以来的历史典籍，还是中国古代文献、史料中均有出现。

在本章中，我们会简要梳理以心理学或者精神病学为其理论基础的异常行为归因理论的发展，并会对这些理论与那些以生理学、生物学或医学为基础的归因理论之间的区别加以辨析。当然，将这两种理论倾向截然分开的做法是不明智也不必要的，因为现代心理学与精神病学在很多方面都与对人类的特定生理构造，尤其是大脑及神经系统的研究密切相关，这一点在现代遗传学的影响上尤为明显。

总体来说，基于心理学视角提出的关于异常行为的归因理论之发展是一个不断自我否定与自我更新的动态过程。而且心理学在最近一个世纪以来的理论更新速度惊人，往往一个理论提出后经历十数年便面临被证伪或边缘化之境地。在这一独特的知识积累与更新模式面前，很多学习心理学（包括犯罪心理学）的学生会有"那些过去的理论既然已经被抛弃，学来又有何用？"的疑惑。面对这一问题，我们必须对心理学理论发展的历史性、阶段性和继承性有一个客观的认识。

从最初弗洛伊德为代表的心灵学派所倡导的"发现潜意识中的隐藏力量"，到通过行为主义心理学逐渐认识到个体微观环境对于心智发展及行为习得之重要意义，再到二战以来以认知心理学为导向的对于个体习得过程之复杂性、自主性与互动性的日益深刻理解，最后又通过遗传心理学及脑神经心理学的最新发现，将上述心理过程与人类大脑之特定生理结构性状建立联系。在其最新发展阶段，犯罪被认为是人类主动认知性思维过程与特定社会化环境因素发生某种不良互动的产物。

在这一发展过程中，每一个阶段都是通过对前一阶段的继承与扬弃而得以建构自身的理论框架的。从这个意义上讲，每一个发展阶段，不论以现代心理学认识水平来评价是多么的不合理，在其特定历史时期都是有着不可或缺的价值的。而要达至对犯罪学心理学视角的全面认识，对上述每个阶段所提出的重要理论以及各阶段主流理论之间争鸣、融合与更新的具体过程，就必须有一个透彻的了解。

一、心理学视角对犯罪人的基本假设

在此，我们先就心理学视角的共同理论假设做一个概括性的总结，一方面帮助读者建立对心理学视角的总体理解，同时也为之后本章所作的各理论的归类与梳理作出解释性铺垫。

理论假设1：在个体差异中发现犯罪之原因。对于犯罪的心理学视角归因在一点上与生理学视角相同，即均试图发现个体之间可能引致犯罪性的差异。生理学试图寻找的差异是解剖学、生理学或遗传学意义上的，而心理学试图寻找的差异则一般不具有直接的可观察性，这些差异或者是直接存在于个体的情绪、思维及行为模式中（异质心理学），或者是存在于那些与个体情绪、思维及行为模式密切相关的情境与微观环境中（过程心理学）。

理论假设2：犯罪原因之产生是一个动态的过程。现代心理学认为，人类情绪、思维及行为在最重要的方面并不由先天生理遗传因素所决定，而是源自个人成长、学习及社会化的过程中的经验。个体成长需要经过一系列的精神、心智以及性成熟阶段，如果在这些阶段中出现了异常因素，如人格障碍、心理困扰或者创伤性经历，这些异常因素将对个体成长经验造成显著影响,最终或者(按照人格特质理论)导致个体的特定乖离性格,或者(按照学习理论或过程理论)被个体建构为面对特定微环境时的不当行为反应策略。

理论假设3:犯罪性不完全等同于犯罪行为。绝大多数持心理学视角的犯罪学家认为,上述心理障碍或异常构成潜在犯罪行为人思维的一部分,但并不必然时刻表现出来,而是需要一些社会化或环境性因素的触发。一旦被触发,就会以高度反常行为,甚至犯罪行为的形式表现出来。而作为心理学视角的一个重要分支,精神病学为犯罪行为之起因提供了一个更为激进的解释:在极端的情况下,不良成长经历或创伤性经历可以直接造成反社会人格障碍等严重精神疾患。而这类精神疾患的症状表现就是"攻击性及反社会性行为模式"以及对"社会伦理规范的公然漠视"。毋庸置疑,这类症状之外显的最激烈形式就是犯罪行为,在这一语境下,犯罪性与犯罪行为之实现具有高度之重合。即便如此,这两者在概念上仍是相互独立的。

理论假设4:犯罪性与犯罪原因之观察应通过科学设计的实证手段完成。在心理学研究中,尤其是在异质心理学研究中,学者非常重视各类测量工具的发展与应用。最典型的测量工具包括心理测试量表,心理测试分类表以及心理测试问卷等。借助这类测量工具,研究者可以较准确地将存在心智与精神异常者与正常人区分开来,并对心理障碍进行分类与描述。灵敏而精确的测量工具对于心理学研究无疑意义极其重大,因此,心理学学科的发展历程本身也就是心理学测量工具不断丰富、完善与推广应用的过程。

理论假设5:犯罪之心理原因需要也可以通过矫治加以消除。因为心理学视角相信犯罪行为乃是源自心智发展过程中出现的异常及缺损,其所支持的犯罪预防及犯罪矫治策略在指导思想上就与医学中的疾病预防与治疗非常接近,即一方面试图消除或扭转导致缺损的异常发展过程(预防),另一方面对确认的缺损根据其产生机理予以修正(治疗)。当然,在这一总体指导思想之下,具体的预防与矫治策略与手段会由于不同理论对犯罪原因的理解而各异。这些差异我们将在后面对诸理论进行分类评介时予以重点关注。

二、心理学视角与生物学视角之差异

根据心理学与精神病学对个体行为选择机制的基本认识,人与人之间并不存在如经典犯罪学所推想的平等。相反,个体与个体之间的差异性不仅显著，而且已经显著到足以影响行为选择的程度。基于这样一个认知，心理学与精神病学视角认为个体在心理特质和精神病病理属性上的差异是犯罪行为的原因，同时犯罪人与非犯罪人可以在心理特质和精神病病理属性上作出有意义的区分。

在这个问题上，心理学视角与生物学视角是完全一致的。实际上，站在唯物主义立场，我们可以认为人类的心理学范畴其实只是人类生物学的衍生范畴：人类的思维活动归根结底乃是神经中枢系统通过其生物化学传导机制所实现的功能。如果对人类生理结构，尤其是神经系统的基本构造与功能系统缺乏了解，我们几乎是不可能进行任何有实质意义的心理学研究的。在认识论和研究方法上，早期犯罪心理学研究在很大程度上是以医学、生物学甚至解剖学研究手段为基础进行的。比如实证主义犯罪学研究的先驱者龙伯罗梭，就是通过对犯罪人的医学解剖、身体测量等人类学、医学手段来获得对犯罪行为的心理学认知的。不过，还是有学者提出心理学视野下的行为科学研究与生物学基础上的行为科学研究之间存在客观的学科分界。

在最初，有学者将犯罪的生物学研究与心理学研究之区别简单化地表述为所谓"自然对养育"（nature vs. nurture）的二元对立，[1] 即：生物学视角着重考察个体基于遗传及生理原因，先天或后天形成的身体形态与器官机能与犯罪之间的关系；而心理学视角则重点强调以家庭养育为核心的外部经验的重要性，强调正是环境因素对人的行为与心理带来的重大影响导致犯罪。如果将生物学视角等同于龙伯罗梭的意大利学派，而将心理学视角等同于弗洛伊德的精神分析学派的话，这一界分还是比较准确的。但是，现代心理学研究的视野早已大大拓展，远远超出了精神分析理论的关注领域。根据现代心理学对越轨行为原因的主流表述，越轨行为既可以由个体神经中枢系统的缺陷特质导致，也可以源自个体社会化过程中出现的问题性要素。这一表述同时涵盖了"自然"与"养育"两类要素，由是观之，早期学者在生物学与心理学之间所设定的界限显然已经不再有效。

随着心理学学科的逐步发展成熟，对于人类心理现象的考察与研究逐渐形成独立的认识论与研究方法体系。但是即使这样，心理学研究与生物学、医学研究依然存在着大量的重叠。这种重叠在当代犯罪学研究前沿最典型的代表就是关于犯罪人攻击性基因的研究。在这种研究中，基因学者尝试着在严重暴力犯罪人的 DNA 结构中寻找某些变异基因，他们相信正

---

[1] Kenneth F. Schaffner, Nature and Nurture, *Current Opinion in Psychiatry*, Vol.14, Issue 5, 2001, pp.485-490.

是这些变异基因导致位于犯罪人神经系统的腺体无法分泌足够的抑制愤怒情绪的神经递质或过量分泌引发愤怒情绪的神经递质，从而导致攻击行为的出现。[①] 在这里，基因医学研究是当代医学的最前沿领域，而其研究成果却是极具心理学意义的人类情绪的调控机制。这说明，那种认为与人类大脑神经中枢功能相关的研究就是心理学范畴的观点也是不准确的。

当然，如果秉持对人类行为研究的跨学科理念，本不必过于纠结学科之间的界限鸿沟。在此所作的辨析，只是为了对两者研究范式与基本研究对象上的微妙区别予以明晰，以便加深读者对心理学研究范式与旨趣的理解。

如果考虑现代心理学日益拓展的视野，一个具有一定实践意义的划分方式是将人类心理学现象和生物学现象各自予以定义，并在此基础上得出两者间柔性的学科界限以及犯罪学研究在这两个学科领域不同的关注对象：心理学视野的行为学研究聚焦人类内在的思维过程，尤其是潜意识为主的思维过程，并在此基础上考察人类的情感、思维与理智的产生及作用机制；而生物学视野下的人类攻击性行为则主要来自人类身体（包括大脑神经系统）更为低级的基础功能构造对外部环境的简单应激反应。如果要举一个例子的话，罹患狂躁症而对自己行为完全失去控制，实施了攻击性行为的个体应是生物学研究的对象，而基于复杂但是有瑕疵的逻辑推理，最终选择以暴力攻击行为来实现自身利益诉求的个体则是心理学研究的对象。前者行为的特点是"可知而不可控"，即行为人对于源自人体基础本能或精神病理性的无意识行为驱动要素缺乏有效的控制，但是个体对于这种意志以外要素对行为的影响力有明确的认识。而后者的特点是"不可知而假可控"，也就是说，当心理学要素导致特定行为时，这些要素的影响往往并不为行为人所知，行为人会错误以为自己对自身行为具有足够的控制力，是在自由意志的驱使下实施的特定行为。心理学视野行为解释的一个核心概念乃是"潜意识"，即对人类行为具有重要影响力而不为行为人所知的内在思维过程，正是这种"不可知而假可控"的行为影响机制的集中体现。

三、心灵学派与行为学派

心理学史在考察心理学学科发展演变历程时，由于基本研究范式和学

[①] Andreas Meyer-Lindenberg, Buckholtz J. W., Kolachana B., et al, Neural Mechanisms of Genetic Risk for Impulsivity and Violence in Humans, *Proceedings of the National Academy of Sciences,* Vol. 103, No. 16, 2006, pp.6269-6274.

说基础传承的不同而分划成多个不同理论流派。并非每一个流派均在犯罪学领域拥有同等的影响力。实际上，在犯罪学研究中引入心理学视角以来，两个大的理论流派的学说构成了犯罪心理学的主流。这两大流派被不同学者冠以不同的名称，不过对两者间之界限分划的基本认识是一致的。这两个流派中，较早兴起的一派被称为"心灵学派"（Mentalism）。这一流派在心理现象的基本属性上持所谓"心身二元论"立场，即认为心理的机能是心理结果的主动决定因素，心理的主动性与身体的机能不是一回事，因此心理不能被还原为身体的物理基础和机制。心灵学派在研究方法上主要采用所谓的"内省法"，即通过被观察者感受自己的思维体验并向研究者进行描述来收集关于思维的信息。弗洛伊德开创的精神分析理论是这一流派的重要代表。与心灵学派并立的是"行为学派"（Behaviorism），其出现时间较晚，但是在进入20世纪后迅速发展并取代心灵学派成为现代心理学的主流。行为学派的出现与崛起在很大程度是建立在对心灵学派的批判的基础上的。行为学派的早期代表人物约翰·华生（John Watson）认为心灵学派以内省为主要手段试图认识和研究人类意识的研究范式是错误和无意义的，也是心理学发展遭遇瓶颈、科学性遭到质疑的根本原因。人类情绪与思维其实是人类作为有机体的身体的特定部分对环境刺激所作出的反应的组合形式，其本身是具有客观性的，而这种客观性在既有技术条件下只有外化为行为时才可能被真正观察和认识。因此心理学研究应该研究行为。

同时，在摒弃了心灵主义对意识的带有浓厚唯心主义色彩的解读之后，行为主义认为意识其实不过是人类经验的积累，而人类经验的来源则是环境对个体各种感官机能的刺激。了解了环境的各种刺激因素对人类经验积累过程的影响，也就了解了人类意识的形成机制。因此，环境刺激与行为之间的相关性就是行为主义心理学研究的关注焦点。

行为主义心理学对犯罪学最主要的贡献就是学习理论。这一理论认为个体行为的来源乃是过往经验及意识之关联。学习理论这一观念可以说是现代犯罪学得到最广泛支持的行为归因机制，在很多重要的犯罪学理论中都可以或多或少地找到其影响。

学习理论本身的发展也经历了一个从早期被动学习模式到后来主动判断学习模式的转变。其早期的主要成果就是行为学习理论，而其后期发展出的最主要理论包括社会学习理论和认知学习理论。

第二节　心灵学派的主要行为归因理论

一、精神分析理论

（一）弗洛伊德及其精神分析理论

奥地利心理学家、精神病医生西格蒙德·弗洛伊德在心理学史上最重要的贡献是其精神分析理论确立了潜意识对人类行为发展的重要意义。就其本身而言，精神分析理论是一个关于人类思维发展模式的复杂体系，其中几个关键的支撑性理论假设并未得到有效的证明，而且从其逻辑架构的基本构成来看，有些理论假设至今仍是不可证伪的。但是这似乎并没有影响其理论在提出后迅速得到广泛的认可、接受与应用。弗洛伊德本人并未在犯罪成因方面有过多的著述，但是其理论被支持心理学视角的犯罪学家广泛应用于对各类越轨及犯罪行为的解释中，所以很多早期的犯罪心理学理论都与弗洛伊德的理论体系有着或多或少的关系。根据这一理论的基本表述，犯罪行为是人类意识深处中埋藏的内在冲突的表达方式之一。而从来源上看，这种具有罪因性质的内在冲突是行为人幼年或青少年时期的创伤性经历（traumas）或欲求不满（deprivations）之堆积作用于潜意识导致的心理后果。

在此，具有重要指导意义的是弗洛伊德对人类意识的图式性建构。他认为意识可以被划分为显意识和潜意识两大部分。他将人类思维之显意识部分称为"自我"（ego）。自我是人类意识与现实世界的联接点，主要作用是调和潜意识中产生之欲求与现实环境约束之间的关系。而潜意识又可以进一步被划分为"本我"（id）与"超我"（superego）两个互相对立的部分。本我是人类与生俱来的所有基本生理与心理需求的来源。对于本我的基础属性，不同心理学家有不同的看法，弗洛伊德认为其最主要的成分是被称为"力比多"（libido）的性欲，另外还包括被称为"厄洛斯"（Eros）的求生本能，以及被称为"桑纳托斯"（Thanatos）的破坏本能。本我的基本特征就是所谓"行乐原则"，即只追求欲求满足之快乐而不考虑其余。与本我相对的，超我被认为是社会道德与行为规范内化的产物，负责对本我的行乐趋势进行压制。超我是个体社会经历在潜意识的反映，并由此成为自控能力的来源。超我与本我在潜意识层面的直接对立由自我在意识层面加以调和，并最终表现为人的有意识行为。[1]

---

[1] 张书义：《弗洛伊德人格理论述评》，载《天中学刊》1998年第4期。

潜意识中欲望与道德的激烈冲突在意识层面的主要表现就是所谓的"负疚感"。弗洛伊德在其理论中描述了个体在面对负疚感时的两种心理应对策略（又称心理防卫机制）。第一种被称为"升华"（sublimation），即将来自本我的欲求引导向一个可以满足超我道德要求的方向，比如将攻击欲望引导向竞技体育运动等；第二种被称为"压制"（repression），即直接否定这种欲求的存在。显然，后一种策略是多种反常行为的潜在诱因。比如，对欲求的压制会导致一种被称为"反向成型"（reactive formation）的心理机制，即对欲求的过度压制最终导致压制本身成为一种欲求。而压制的另一种潜在的不良心理后果是"投射"（projection），即个体将自身不获认可的欲求想象为在别人身上同样存在，以此减轻自身所面对的内在冲突。一个典型的例子就是一个意图出轨者倾向于认为人人皆有出轨之强烈欲望。[①]

为了更为具体地解释潜意识中内在冲突对人行为的影响机制，弗洛伊德极具创意地提出了意识发展的五阶段说。该学说认为，个体从出生到成人，其意识的发展经历了五个各具特色的阶段，个体的生理性欲求因每一个阶段而异：第一个阶段称为"口唇期"，因初生婴儿这一阶段主要通过吮吸母亲乳房获得基本满足；第二个阶段称为"肛门期"，此阶段幼儿开始学习自主排便，并通过肛门括约肌之收缩与扩张获得快感；第三个阶段称为"性器期"，男女儿童各自开始出现第一性征，并开始从性器刺激获得快感；第四个阶段称为"潜伏期"，为性征被惩罚之恐惧掩盖的阶段；第五个阶段为"生殖期"，随着第二性征出现及与家庭成员外异性接触的增加，个体再次对性之欲求满足提出要求。[②]

显然，上述每一个阶段均面临该阶段特有的欲求表达形式与规范压制的冲突。个体如果在每一个阶段均能较好地平衡这种冲突，就能最终成长为具有正常心智特征的成年人。而如果在某一阶段的冲突没有得到有效的应对，则这一冲突就会在潜意识中造成扭曲，并最终在成年阶段以与之对应的人格障碍或心理疾患的方式表现出来。基于这一认知，精神分析理论对于犯罪的原因作出了解释：犯罪与严重越轨行为均源自个人潜意识中本我与超我冲突的调和失败。这一解释的一个具体应用就是关于缺乏父母关爱的儿童容易成为不良少年甚至成年犯罪人的论断。精神分析理论的解读是，儿童时期遭到父母之忽视导致其意识中超我的发育不足，从而缺乏将社会行为规范加以内化的能力，于是其行为就会表现为本我的过度

[①] ［奥］弗洛伊德：《弗洛伊德精神分析引论》，商务印书馆1984年版，第9页。
[②] ［奥］弗洛伊德：《弗洛伊德心理哲学》，杨韶刚等译，九州出版社2003年版，第220页。

表达，即罔顾法纪的自我满足行为。

（二）弗洛伊德精神分析理论之学术史地位

弗洛伊德的理论在成型后不久就迅速达到其对非学术公众兴趣之吸引力的顶峰，但是同时也表现出神秘主义倾向，导致其理论在学术上的贬值。其精心构建的五阶段概念极度缺乏实证的可证伪性，同时很多基础性事实存在严重的错误。最终，该理论由于缺乏有效的实证数据支持而遭到来自心理学界主流学者的批判。其对公众的影响力在弗洛伊德个人魅力的支撑下多年维持不坠，但是理论本身在学术上却日益边缘化。

从某种意义上讲，弗洛伊德在心理学界以外所享有的声誉要远远超越其在当代心理学界所公认的学术地位。对于接触心理学不多的非专业学生及大众而言，弗洛伊德几乎就是心理学的代名词，而通过大众媒体的塑造，公众心目中"心理医生"的标志性印象也多数脱胎于弗洛伊德及其著名的精神分析疗法。这一现象在心理学界内部引致的反应更多的还是严肃学者群体的无奈甚至抵触，因为在现代心理学学科中，弗洛伊德的精神分析学派早已被边缘化。虽然弗洛伊德理论中的一些关键概念，如潜意识、依恋、创伤性经历以及心智发展阶段性等，仍是现代心理学研究的重要着眼点，但是其概念组成与解读语境早已发生实质性的转换，而与其当初在精神分析理论中的性质相去甚远。

不过，在其出现的19世纪后半叶，弗洛伊德的学说无疑是具有划时代意义的。虽然之前也有心理学家试图对人类之意识的基本特性进行图式性描述，但是弗洛伊德所倡导的"自我、本我、超我"三位一体论在当时是最完整也最具说服力的一种描述。而他对于人类思想行为的基本驱动力、潜意识与显意识之关系，以及人类个体意识发展阶段的看法，也是极具想象力和创见的。另外，与其同时代、同层次的其他著名心理学家的代表性学术成果相比，弗洛伊德所提出的理论及其所撰写的数本专著均更为通俗与"有趣"，因此极受大众喜爱。这种特质本身并无助于其理论的学术价值，但是却成功地将心理学置于公众关注焦点之下，极大地推动了这一学科的发展。

这种助益现在看来主要表现在两个方面：

首先，公众之高度兴趣必然促进有关学科的科研资源之投入。19世纪正是西方社会工业化与城市化带来的各种社会问题集中凸显时期，公众渴望对社会问题的学术研究能够提供可以有效解决这些社会问题的现实方案。而当时包括传统的政治学、哲学、史学以及新兴的社会学、心理学在内的诸多学科门类均试图向公众及决策者证明自己的学科握有这些社会问题之最终解决方案并以此为依据争夺相对有限的科学研究资源。作为饱受质疑的后来者,心理学正是由于弗洛伊德这样的"重量级学术明星"的存在,引发了公众的高度关注,才在这一资源争夺中占据了相对有利的地位,成为现代社会科学的主流领域之一。如果没有弗洛伊德,以其当时发展水平下所展现出的概念体系及研究方法上的诸多严重缺陷,心理学要取得其当时的学科地位无疑要困难很多。

其次,弗洛伊德的个人魅力及其理论在学术性之外的高可读性,客观上吸引了大批学子投身心理学,为心理学的发展奠定了坚实的人才基础。弗洛伊德在其学术声誉最著时,出版的几本专著一度洛阳纸贵,而他在各地举行的讲座如今日的流行音乐巨星演唱会一般场场爆满,可见其吸引力。一个潜心科研的严肃学者也许会对这种与学术无关的吸引力嗤之以鼻,但是对于一个正在思考自己未来职业或者学术生涯的年轻学子来说,无疑是一种极大的鼓励,从而促使其在诸多潜在就学方向中选择心理学专业。当时欧美各个大学心理学系均出现了不同程度的高速扩张,部分就是得益于弗洛伊德所掀起的"全民心理学热潮"。在此不应忽视学科吸引力为学科发展本身所能带来的潜在助益。在科学研究高度社会化的今天,一个无人问津,仅有少数人苦苦坚持的学术领域,是几乎不可能获得高速发展的驱动力的。只有当一个学科专业人才数量储备达到一定水平时,科研活动才会趋于兴盛,学术争鸣随之广泛深入,进而学术竞争激烈,最终带来学术成果的密集产出和学科的高速发展。从这个意义上讲,弗洛伊德为心理学学科发展所作出的历史性贡献,远远超越了其精神分析理论之表述。

二、人格特质理论

(一)人格特质理论的基本观点与重要学说

与精神分析学派不同,人格特质理论认为反常行为源自行为人的反常甚至犯罪性人格特质,而这些人格特质的产生原因是多方面的:环境因素、大脑生理病理损伤、精神疾患、药物滥用等,而并非来自潜意识中的心理失衡。在一些理论中,人格特质被认为直接源自个体的遗传生理特性,试图在一定程度上整合对犯罪的生理学与心理学解释。

所谓"人格特质"(personality traits),心理学上指的是个人思维中的那些具有持续性的,并在其行为的多个层面上发挥导向性作用的那些模式化特征。著名心理学家戈登·奥珀特(Gordon Allport)在其论著中对"人格"

作了如下定义：人格就是"由个人先天性心理/生理系统构成的动态组织对于特定环境触发机制所作出的反应"[①]。这一定义极其抽象，但对"人格"这一重要人类心理机制作出了非常精确而全面的界定。根据这一定义，所谓人格是个人一种带有趋势性的思维反射模式，其主要特点是：（1）以人的生理构造为其物质基础，其发展与性态均受个人先天生理条件的决定与限制。（2）其发展受制于先天生理条件，但先天仅是起决定作用的诸因素之一，在此基础上思维发展还会受到诸多环境因素的影响。（3）是一个动态的复杂体系。人格作为一个整体可以被分拆为许多个各自独立存在的"性格特征"，个人在成长过程中会形成一系列性格特征，不同的性格特征之排列组合就形成了各异的人格。（4）人格的内质在形成之后，还需要特定环境触发要素才会外显为代表性情绪与行为。站在人格特质理论的角度来看，心理学的一个重要研究目标就是对各种常见的性格特征进行分类、甄别与测量，以此发现在不同个体身上的不同性格特质组合以及这些组合对于个体行为的影响。

人格特质理论被广泛应用到犯罪学领域，其对犯罪行为所作出的解释认为犯罪行为其实是个体潜在问题人格的外显。一般来说，以人格特质理论为指导的犯罪学研究重点关注个体性格中那些与犯罪及攻击行为关系密切的特征：易冲动、攻击性、外倾性、神经质、精神病质、刺激喜好、敌意以及感情波动等。在这一研究方向中，精神病学有着非常重要的地位。实际上，以人格特质中的变异或变态特征作为犯罪行为原因最初就是由精神病学家提出的。

早期精神病学通过人格障碍等变异/变态人格解释犯罪行为的最重要贡献是由赫尔维·克莱克利（Hervey Cleckley）提出的精神病态（psychopathy）这一概念。[②] 所谓精神病态，是一种在具有长期且重复的严重暴力犯罪记录的犯罪分子人群中大量被识别出来的一种极端性人格特质。与传统观念中将这一群体标签为极度道德败坏或生性邪恶不同，克莱克利认为这些人中相当一部分的行为其实是精神病态这一严重精神障碍的外显形式。但与一般意义上的精神病不同，精神病态以及其他一些类似的精神障碍并不会表现为严重的官能性失常（即刑法上构成限制或无刑事责任能力的精神疾病），而是以一种极端异质人格的方式存在，因此被称为"人格障碍"。

[①] Gordon W. Allport, Personality: A Psychological Interpretation, *American Journal of Sociology*, Vol. 45, No. 1, 1937.

[②] Hervey Milton Cleckley, *The Mask of Sanity: An Attempt to Clarify Some Issues about the So-Called Psychopathic Personality*. (5th ed.), St. Louis, MO: Mosby, 1988.

由于精确地概括了当时广受关注的一些严重刑事案件中犯罪人的共同心理状态与行为特征，精神病态这一概念一经提出就在精神病学与犯罪心理学领域大受欢迎。在基本概念基础上，其症状表述几经演变，其名称也历经数次变化，先是一些学者提出了"反社会病态"（sociopathy）的叫法，之后在美国心理学会编写的《心理疾病诊断与统计学手册》后期版本中被正式改为"反社会人格障碍"（antisocial personality disorder），不过，其基本内涵并没有太多偏离克莱克利在其1941年出版的《疯狂之面具》（*Mask of Insanity*）一书第一版中对精神病态所作出的定义：极度自恋人格，完全无视他人，并与社会体系处于高度对立状态。在其最高形态时，行为人完全去社会化，无法与其他人建立持久的亲密关系，极易冲动并极具攻击性，（对其危害他人行为）极少或毫无愧疚感。[①]

在欧美国家刑事司法系统内，精神病态与严重暴力犯罪之间的已知密切联系受到了充分的重视，对精神病态的诊断工具与方法被广泛应用于刑事程序实务的多个环节之中作为人身危险性测试的组成部分。对于存在明显精神病态症状的犯罪人，不论是在量刑、收押、监管以及减刑假释等环节均会严格把控，务必保证因精神病态导致的高度人身危险性不至于给监所及社会公众带来二次危害。但与其在司法实践中所受到的高度重视相比，在精神病态这个与犯罪归因密切相关的概念基础上却没有真正发展出一套有影响力的犯罪学理论。究其原因，一是因为精神病态概念仅仅能够覆盖所有犯罪行为中的一小部分（尽管是关注度最高的那一小部分），因此在此概念上发展出来的理论对犯罪作为一个整体缺乏全面的解释力；二是精神病态概念研究到目前为止依然停留在深度现象（症状）描述层面，对于导致精神病态产生的病理性与生理性原因目前尚无令人信服的权威性学说，更谈不上预防与有效治疗。而犯罪学的根本任务乃是寻找犯罪行为的根本原因从而指导对犯罪的预防与矫治。从这个意义上讲，以发病机理尚不明晰的精神病态为基础的犯罪学理论都面临着无法深层归因的问题。在有些学者看来，所谓精神病态之症状描述不过是严重犯罪行为特征的集中概括，所以以精神病态作为犯罪的解释就犯了以现象解释现象的循环论证的毛病，因此不可能产生有说服力的犯罪学理论。

从心理学研究的整体来看，对人格的研究视野非常广阔，对于精神病态的关注只是人格特征研究中比较特殊的视角。而以人格特质的整体性视角来观照犯罪学问题同样取得了大量的学术成果。

[①] Hervey Milton Cleckley, *The Mask of Sanity: An Attempt to Reinterpret the So-Called Psychopathic personality*, Oxford, UK: Mosby, 1941，p.12.

在试图通过犯罪人的人格特质来解释其行为的学者中,汉斯·艾森克(Hans Eysenck)是最有影响的先行者之一。[①] 他和克莱克里的出发点相似,都是试图对犯罪人进行一个基于人格特质的心理画像,但他的犯罪归因学说以具有普遍性的人类性格分类为基础,目光并不局限于犯罪人,更不仅仅是少数严重暴力犯罪人,这反而使其具有了更广泛的解释力。

艾森克借鉴并发展了著名心理学家卡尔·荣格(Carl Jung)所提出的"内倾"(introversion)与"外倾"(extroversion)性格特质分类,认为组成人格的诸性格特质可以以其近似性与关联性被归纳成"性格簇"(clusters of traits),以性格簇为基础进行排列组合对人格进行分类鉴别相比较于直接排列组合数量繁多的单个性格特质显然要有序和合理得多。根据艾森克的总结,人格的基本构成存在两个重要维度,即性格内外倾维度(temperament)与情绪稳定度维度(neuroticism)。每个维度在结构上均是两个性格簇的二元对立形式:性格内外倾维度由内倾性格簇(introvert)与外倾性格簇(extrovert)构成,情绪稳定度维度则由神经质性格簇(neurotic)与稳定性格簇(stable)构成。这样,两个维度上两两对立的性格簇组合形成四种基本人格:内倾与神经质共同构成的抑郁质人格(melancholic);外倾与神经质共同构成的胆汁质人格(choleric);内倾与稳定共同构成的黏液质人格(phlegmatic);以及外倾与稳定共同构成的多血质人格(sanguine)。 艾森克稍后又在此二维结构中加入了一个相对独立的第三维,称为"精神病质"(psychoticism)。这一维度考察行为人性格中较极端的因素,以此为依据来衡量其出现病态式的精神崩溃的倾向。[②] 这一维度与克莱克里的精神病态概念有一定的近似之处。

艾森克在其学术生涯后期尝试从神经医学与神经心理学角度对其性格簇的形成机制作出进一步的解释。在他看来,内—外倾性格特质与大脑皮层唤醒水平有关。具有外倾性格簇的个体其大脑皮层唤醒程度偏低,对外界刺激不敏感,因此为达致较高的情绪兴奋度,必须通过各种手段增强外界刺激水平,由此养成外向、爱表达、爱热闹的性格特征,内倾性格簇则正相反。神经质—稳定性格特质则与交感神经系统功能水平有关。人体的交感神经与副交感神经系统主要控制机体的紧张状态程度,其作用机制一正一负,制约平衡。交感神经发达者,身体的各自主系统经常处于无意

[①] Hans J.Eysenck and Michael W. Eysenck, *Personality and Individual Differences,* New York, NY: Plenum, 1987.

[②] Mark M. Lanier and Stuart Henry, *Essential Criminology,* Boulder, CO: Westview Press, 2010, p.138.

识的紧张亢进状态,如瞳孔散大、心跳加快、汗腺加速分泌等,这些生理反应在意识层面会导致情绪的波动,表现出典型的神经质性格特征。副交感神经发达者正相反,身体系统不易进入亢进状态,在意识层面则表现为情绪稳定,不喜形于色。

根据艾森克的观察,正常人的人格应是稳定性的,同时不会严重内倾或外倾。而具有高度神经质并高度外倾者犯罪的趋势会较明显,而如果其人格中精神病质指标较高的话,这种趋势会更加明显,其极端的表现与前文介绍的反社会人格障碍(精神病态)相似。这类个体行为上有较强的刺激寻求趋向,而暴力、攻击行为、毒品以及其他犯罪行为往往是其寻求满足的途径。另外,其情绪上的不稳定使其行为自控能力较差。艾森克在此同意很多学者对智力能力作用的看法,认为低智商会影响到具有上述人格的个人领会社会规范要求、正确预期行为后果、容忍不愉快经历与痛苦的能力,最终作出错误的决定。艾森克是最先清晰地描述了"刺激寻求者"(sensation seeker)这一犯罪高发类型的犯罪学者,这被认为是他对犯罪学类型化体系的一个重要贡献。[1]

艾森克出版于1964年的专著《犯罪与人格》(1977年再版)[2]被认为是犯罪学研究的一个重要里程碑,是20世纪以来第一次有学者系统地将生理学因素重新引入犯罪学的考察中,将人体生理机制,尤其是与思维意识有密切关系的神经学融入对犯罪的心理学解读,对犯罪学和犯罪心理学之后的发展方向产生了深远的影响。

(二)人格特质理论的学术价值及重要贡献

在以人格特质为基础进行犯罪学研究的学者们对犯罪学所作出的诸多贡献中,公认最具独到价值的是他们创制并大量使用的复杂的心理诊断工具。比如,斯塔克·哈达威(Starke R. Hathaway)在1939年所创制的,用于甄别异常人格的明尼苏达多相人格量表(MMPI)[3]至今仍然在犯罪心理学以及其他异常心理研究中被广泛使用。MMPI量表总共包含了550条测试问题,分别被统合进入10个分量指标,测量诸如抑郁、歇斯底里、精神病态以及冲动性等人格特质。该量表被广泛用于刑事犯罪人的人格分类,为司法实务与犯罪学研究提供信息支持。另外一种被广泛应用的人格特

---

[1] Mark M. Lanier and Stuart Henry, *Essential Criminology*, Boulder, CO: Westview Press, 2010, p.139.

[2] Hans J. Eysenck, *Crime and Personality*, Abingdon, UK: Routledge & K. Paul, 1977.

[3] Starke R.Hathaway, and John C. McKinley, A Multiphasic Personality Schedule (Minnesota): I. Construction of the Schedule, *The Journal of Psychology*, Vol. 10, Issue 2, 1940, pp.249-254.

质测量工具是哈里森·高夫（Harrison G. Gough）创制的加利福尼亚心理学量表（CPI）[①]。与MMPI关注异常人格特质不同，该量表主要用于测量个体人格中一些非变异的特质，如支配力，容忍力以及合群度等。利用这些复杂的测量工具，犯罪学家可以通过实证数据采集而不仅仅是逻辑推演的方式研究犯罪的心理学产生机制。在一些最近的研究中，学者在数据中找到了大量证明人格与犯罪之间相关关系的证据，反复证明了诸如冲动性、刺激寻求、反传统价值观、攻击性态度、社会剥离感以及对抗性态度与犯罪之间的固有联系。

另外，在犯罪类型化研究中，人格特质理论也找到了相当广泛的证据支持。比如在一项1999年进行的青少年性犯罪研究中，研究者发现犯罪人中存在着明显高于正常人群的麻木与缺乏感情流露的人格特质。而在一项针对青少年杀人犯的研究中，96%的被试者诊断出精神异常，主要表现为混乱无序的行为模式与难以控制攻击冲动，同时往往还伴有早期遭受暴力虐待经历，以及极低的接受心理治疗与辅导的比例。这一因子组合被研究者称为"神经精神病学脆弱点"，而这类脆弱点的大量存在与暴力攻击行为有着极高的相关关系。

通过应用各种人格测量工具对犯罪人群进行量化研究，犯罪学家为以特定变异人格特质解释（主要是）暴力犯罪行为的学说提供了坚实而充分的数据支持。在此基础上，发展出了一些具有较全面解释力的人格特质理论。

正如前面在介绍精神病态学说时提到的，以人格特质为基础的犯罪归因理论主要的局限性在于其在归因能力上的欠缺。犯罪行为之定义中天然包含"违规行为"、"越轨行为"或"异常行为"等要素，而这些要素又是人格异常诊断的基本考察点。这样，使用人格异常解释犯罪行为时就出现了严重的循环论证问题。比如，人格特质理论对惯偷行为的解释是其行为的冲动性与缺乏控制能力，而在诊断冲动性与低控制力人格特质时，经常性的小偷小摸行为又是一个重要判断指标。又比如，经常对他人实施暴力攻击被作为缺乏移情能力的重要诊断指标，而在犯罪学中，缺乏移情能力却又被作为暴力攻击行为的原因。这就导致了用现象解释现象，而无法进一步深入归因。

造成这种局面的主要原因还在于目前主流的人格特质理论还基本停留在对"人格"进行全面分类描述的现象论研究层面，而在个体人格的形

[①] Harrison G. Gough, and California Psychological Inventory. *Manual for the CPI, California Psychological Inventory*. Palo Alto, CA: Consulting Psychologists Press, 1957.

成机制原因方面尚无有实质意义的突破，这就导致尽管可以对各类异常行为进行细致的描述，却不能对这些行为进行归因。这也限制了这一理论视角在犯罪学研究中的地位。

随着心理学对人类思维意识形成机制认识的日渐深入，对一些人格或性格模式的形成机制开始有了一定的认识，并在神经心理学、认知心理学以及环境心理学的多维度支撑下具备了一定的归因解释力。随着这一方面研究成果的逐步系统化，人格特质理论的犯罪归因能力可望得到实质性的提高。

第三节　行为学派的主要行为归因理论

一、行为学习理论

早期的行为学习理论主要奠基于伊万·巴普洛夫（Ivan P. Pavlov）与伯尔赫斯·斯金纳（Burrhus F. Skinner）的相关研究，视犯罪为特定环境下通过鼓励特定行为而诱发的行为学习之结果。巴普洛夫通过对犬类行为之研究，发现了被称为"经典条件反射"（classical conditioning）的行为现象。在这一现象中，反复实施具有同样因果机制的刺激可以塑造特定行为。其最著名的例子就是反复在给狗喂食前敲响音叉会最终使狗在听到音叉声时，即使没有食物也会分泌唾液。这一被动学习机制同样适用于人类，令其通过学习而对特定环境诱因作出特定的行为反应。

斯金纳在巴普洛夫的理论基础上进一步发展出一个更具能动性的行为学习模式，即"操作性条件反射"（operant conditioning）：通过有意识操纵行为之后果而对前行为进行塑造，引发特定行为模式的学习。[①] 行为人在这一模式中的角色更为主动，不再是如经典条件反射中那样等待环境刺激之发生，而是通过自己的行为主动引发特定环境刺激，并根据环境刺激的性质调整自己的行为模式，以期获得其最倾向获得的效果。操作性条件反射的核心是"强化"（reinforcement），即行为人根据环境刺激的"暗示"增强其反复实施某种行为的趋势。强化又可以分为两种："积极强化"，即行为可带来好处时，增强其重复实施的趋势。比如对他人使用暴力后获得满足感会强化使用暴力解决问题的行为趋势。"消极强化"，即行为可以避免不愉快经历时，同样会增强其重复实施的趋势。比如儿童如果可以通过

[①] Burrhus F. Skinner, Preface to the Behavior of Organisms, *Journal of the Experimental Analysis of Behavior* Vol. 50, No. 2, 1988, pp.355-358.

撒谎成功逃避惩罚将强化其重复撒谎的行为趋势。

应当注意的是，斯金纳多次指出常识中的一个错误，即认为可带来不愉快经历的惩罚本身也是强化的一种。实际上，惩罚本身并没有强化行为趋势的效果，但是对惩罚的有效规避则是消极强化的一种作用基础。这一认知看似文字游戏，但是对于理解行为学习理论的实际应用非常重要。当试图通过强化机制来对行为人的不良行为实施矫正时，惩罚的使用本身并不是目的，尤其是那种只有不愉快经历，却没有提供规避策略的惩罚，对行为的养成将不会起到任何作用。只有将可带来不愉快经历的惩罚与可有效规避惩罚的行为策略紧密结合，并充分引导行为人认识和应用规避惩罚的行为策略，才能有效地使行为人通过消极强化习得作为矫治目标的正确行为模式。

二、社会学习理论

不少学者对行为学习理论中关于行为学习的机制提出批评，认为其将人类行为形成描绘得过于简单与被动。而与之相比，社会学习理论则要复杂一些且考虑了行为人的主观能动性。这一理论的最初表述其实出现得很早，可以追溯到塔尔德（Tarde）提出的模仿机制。① 而这一基本概念在阿尔伯特·班杜拉的研究中得到了进一步的发展。② 与行为学习理论不同，社会学习理论对行为习得的认识不是基于惩罚与奖励的直接效果。它认为个人不仅仅是机械地对环境刺激作出反应，而是会能动地观察与分析环境，并根据其主观判断来决定行为。行为学习的过程中一个重要的机制是榜样学习。与基于奖惩的直接学习不同，榜样学习可以不需要直接经验，只要个人可以通过其主动观察分析将榜样之行为理解为有积极效果的，即可达成类似行为趋势强化的作用。榜样的识别与判定首先需要一个社会化沟通环境，使得行为人可以从身边或者大众媒体获取有关可资学习的榜样之行为模式的信息并最终选择学习的对象。这种对榜样行为的模仿学习本身不需要通过强化机制设定其方向。但是一旦行为习得初步完成，奖惩的环境刺激仍然可以通过强化机制对其后续发展起到重要作用。比较典型的例子就是，青少年可以通过看电影、电视，在没有实际体验的情况下，认可并习得帮派犯罪团伙的行为模式。但是，如果家庭、学校、社会及时介入，对青少年模仿帮派分子实施的不良行为予以惩罚，则青少年仍然

---

① Gabriel Tarde, *The Laws of Imitation*, trans. Elsie C. Parsons, New York: H. Holt, 1903.

② Albert Bandura, Social Learning Theory of Aggression, *Journal of Communication,* Vol. 28, Issue 3, 1978, pp.12-29.

可以纠正其通过模仿学习沾染的不良习气。同理，青少年在模仿正面榜样时习得的行为模式如果得不到有效的鼓励，那么这种行为模式的重复趋势将难以强化，很可能最终出现已习得行为趋势的退化与消失。

总的来说，社会学习理论认为观察以及接触不良行为榜样将导致对不良行为的模仿与重复。这一认知与我们的常识性观念非常接近，因此被广泛接受。但同时，由于大众一般性认识中模仿学习的粗浅概念早已根深蒂固地存在，对社会学习理论简单表述的广泛接受却往往伴随着对其深刻理论内涵的忽视甚至扭曲。比如，对于学习理论的一个简单解读就是所谓"近朱者赤近墨者黑"的古语。但是，这一在民间广泛流传的关于行为习得的朴素认识却与另外一个同样广泛流传的古语直接对立——"出淤泥而不染"。前者表述了在恶劣环境下习得不当行为的普遍性规律，而后者却指出这一普遍性规律存在着显著的例外，实际上这种例外的发生频率如此之高，已经到了动摇前者普遍性规律地位的程度。由此引出问题：如果不是所有在恶劣环境下接触不良榜样者都必然习得不良行为，那么这些"出淤泥而不染"的例外的产生条件又该如何限定？对此班杜拉在其理论中有比较细致的解说。而对这种习得条件与习得结果之间复杂关系描述的最为全面和有说服力的，当属萨瑟兰提出的差异接触理论（Differential Association Theory）。

第六章　心理学犯罪归因之视角1：犯罪人格及精神障碍

与精神分析学派不同，人格特质理论认为反常行为源自行为人的反常甚至犯罪性人格特质，而这些人格特质的产生原因是多方面的：环境因素、大脑生理病理损伤、精神疾患、药物滥用等，而并非来自潜意识中的心理失衡。在一些理论中，人格特质被认为直接源自个体的遗传生理特性，试图在一定程度上整合对犯罪的生理学与心理学解释。

总的来说，作为一种犯罪归因理论的人格理论并不存在一个完整而严密的概念或理论体系，而主要是作为一种具有较强临床应用性质的诊断与分类体系存在的。当然，也有犯罪学者或者心理学者尝试将人格概念作为基础来发展一种犯罪学理论，但是这种尝试总的来说是不成功的。其主要原因是现代心理学和精神病学在异常人格成因机制方面的研究尚不成熟，导致大量的临床实证观察结论得不到具有说服力的归因机制的支撑。显然，一个只能描述而不能归因的犯罪学理论是不完整的，也是难以得到主流理论界认可的。

但是，即使没有得到体系性归因理论的有力支撑，犯罪人格的测评以及人格障碍的诊断在欧美刑事司法实务中却依然被广泛地应用于对犯罪人再犯可能性的预测与犯罪矫治效果的评估。即使特定心理异常及精神障碍的成因目前尚无有说服力的理论加以解释，在现代人格心理学研究发展出的复杂而相对准确的性格测量及心理测评工具的帮助下，心理异常及精神障碍与特定犯罪行为之间的统计学相关性得到了反复验证，而在识别犯罪性和行为模式预测领域的相关应用也并不以全面准确解释行为模式生成机制为必要前提。因此，在统计学数据基础上进行有一定准确性的行为预判，进而指导以失能、隔离、社会防卫为主的刑事处遇决策，在现有研究发展水平来说，也还是有一定的犯罪学实用价值的。

第一节　关于犯罪人格是否存在之争议

考虑到归因论发展尚不完善的客观局限性，人格特质理论作为一种犯罪学理论的价值完全依赖于其对个体未来犯罪趋势的预测能力，而这一能力的根本前提在于"犯罪人格"这一概念的有效性：行为由性格决定，性格相对固化且可以观测，因此可以通过观测性格来判断行为趋势，而不必过分纠结性格之形成机制；当特定的人格结构具有相对稳定的越轨行为预判能力时，这种人格结构就构成了"犯罪人格"。比如，美国心理学家艾森克曾断言：表现出高度神经质，高度外向性，或高度精神质的个人更容易出现暴力犯罪行为。这可以看作是对犯罪人格特质最简约的概括性描述。

所谓"人格特质"（personality traits），心理学上指的是个人思维中的那些具有持续性的，并在其行为的多个层面上发挥导向性作用的那些模式化特征。著名心理学家戈登·奥珀特（Gordon Allport）在其论著中对"人格"作了如下定义："由个人先天性心理/生理系统构成的动态组织对于特定环境触发机制所作出的反应。"[1] 这一定义极其抽象，但对"人格"这一重要人类心理机制作出了非常精确而全面的界定。在此，"动态组织"一词可以作两个层面的解读：第一个层次是指性格的相对稳定性，发展心理学研究证明，个体在幼年及童年的个性之可塑性远远高于成年后。而一般认为人在成年之后其人格特征就不再轻易发生显著变化。性格之稳定性是人格特征理论认为可以通过对性格的识别预测未来犯罪趋势的前提，但同时这也在一定意义上印证了青少年犯罪矫治的重要性，因为对青少年针对问题性格进行的行为矫治成功的概率会显著高于成年人。而在第二个层次，"动态结构"一词还包含对于人格的复杂多维度构造的基本认知。主流的人格心理学研究将人之性格最多分为 16 个各自独立的维度[2]，而最为广泛接受的"大五人格模式"支持 5 个维度的人格特质结构[3]。这在犯罪倾向预测实务上就要求避免以单一指标为判断基础的简单化的倾向。而这一定义的另外一个关键词是"环境触发机制"。这指的是人的性格只是一种内在潜质，必须将之放在特定环境中，以对环境刺激的行为反应的形式才能显现出来并加以观察和测量。因此，当以人格特征理论所提供的测量工具考察行为人时，可能得出"特定个体存在具有犯罪性的人格特质"的结论，但对这句话的理解并不是"特定人是犯罪人"，因为可能存在具犯罪性的人格由于缺乏相应环境触发机制而不会诱发犯罪行为的情况。换句话说，当对某人的心理学测试测得极明显的问题人格特质而对其需要采取相应的刑事司法处遇措施时，这种措施既不是对现实犯罪的报应，更不是对未来犯罪

---

[1] Gordon W. Allport, *Personality: A Psychological Interpretation*, Oxford, England: Holt, p.5.

[2] Raymond B. Cattell, Validation and Intensification of the Sixteen Personality Factor Questionnaire, *Journal of Clinical Psychology*, Vol. 12, Issue 3, 1956, pp.205-214.

[3] 李红燕：《简介"大五"人格因素模型》，载《陕西师范大学学报》（哲学社会科学版），2002 年第 1 期。

的前置惩罚，而只能被理解为对未来发生犯罪之高盖然性的预防。

在作为犯罪学理论的人格特质理论的发展历程中，一个不可忽视的话题是主流犯罪学界在相当长的一段时期里对犯罪人格概念的抵触和无视。毫无疑问，20世纪中后期世界犯罪学的主流是犯罪社会学视角。而在犯罪社会学对犯罪的解读中，个体在心理特质上的差异并不是导致犯罪的核心要素。正如很多支持社会学视角的犯罪学家所言的：犯罪是正常人对非正常环境的正常反应。尤其是在19世纪末、20世纪初对西方社会城市化、工业化进程中出现的犯罪问题的研究中，结构性的社会、经济、文化，甚至历史因素对犯罪之发生以及犯罪之分布展现出极强的解释力。而心理学对人类个体行为模式形成机制的研究在经历了世纪之交的高度繁荣之后，遭遇了研究方法及证据有效性方面的多重困境。在此消彼长之下，社会学视角成为犯罪归因论的绝对主流，以精神病或心理异质为基础的犯罪行为归因研究则遭到了质疑、批判甚至打压。

而最终人格特质理论以及犯罪人格的概念能够得以建构完成并在一定范围内得到认可，心理学人格理论研究所坚持的实证主义方法论及心理学研究长期以来发展出的一套细致、完善而精准的性格观察与测量方法起到了至关重要的作用。归根到底，犯罪学作为一门崇尚实证主义的行为科学，尊重事实，尊重证据的态度超越了不同学术视角的门派之争。当对人类性格特质的实证观察以大量的客观数据无可辩驳地证明了具有犯罪学意义的异质人格的存在并得到来自不同研究视角的反复验证时，犯罪人格的存在就是一个具有科学性的客观存在，这是不以个别犯罪学研究者的主观意志或个人喜好为转移的。在这个意义上，对于犯罪人格概念从质疑，到反复验证，再到认可接受，正是犯罪学作为一门行为科学的科学内核的最佳证明。

一、从龙勃罗梭到萨瑟兰之争议

自从经典犯罪学式微以来，主流犯罪学就不再将犯罪行为视作人类自由意志驱使的产物。但是，在决定论的大前提下，不同理论学说对于犯罪行为之决定因素来源看法是不一致的。一部分学者更多关注个体所身处的社会结构性因素，如社会阶层、文化差异、意识形态冲突等；而另一部分学者则更多关注个体本身所具备的生理或心理差异如身体构造、遗传变异、极端人格或精神障碍等，并断言这些才是导致犯罪的原因。如果将这一分歧置于中国较传统的话语体系，就是所谓"外因"（社会环境）与"内因"（个人内在素质）之对立。

而即使在关注个体差异,强调"内因"的学者中,又可以分为强调先天性生理因素和强调后天培养过程的两个阵营,这在西方犯罪学语境中被称为"Nature vs. Nurture"。但是无论怎样建构个体差异对个体行为的影响力,只有当个体差异因素可以相对独立且稳定地导致越轨行为模式时,"内因"对于犯罪的解释力才具有实际意义。在惯常的解释模式中,常会出现认为犯罪是"外因与内因相结合产物"的提法。但是,当我们尝试着整合社会结构性要素与个体生理与心理要素对越轨行为模式的归因作用机制时,最后的结果往往是社会结构性归因机制占据核心地位而个体差异要素被边缘化。因为在考察与行为外显特征联系时,人格本身的内显特质往往难以识别。对此,美国犯罪学家赫希认为,在对致罪因素解释力的考察中,犯罪行为和犯罪性往往被混淆,我们可以用某个犯罪学概念来解释犯罪性的累积、生成,但不能用来解释犯罪行为,因为犯罪性必须依靠环境触发机制方能外显为犯罪行为。[①] 这一论断看似对社会结构性要素与个体差异性要素均适用,但是进一步分析却会发现,社会结构性要素之影响一旦具体到个人,几乎毫无例外会表现为某种环境触发机制。也就是说,特定越轨行为与社会结构性要素之间的联系实际上是直接而外显的,只有与个体差异性要素相联系时才表现为内显和不稳定。这一逻辑上的特性导致犯罪学对"内因"之致罪机制的建构面临先天性不足。这种先天性不足从实证主义犯罪学的萌芽阶段就一直困扰着关注个体差异性要素的犯罪学研究,因此受到主张社会结构性要素的犯罪社会学的全方位批判。

作为公认的实证主义犯罪学的先驱者,切萨里·龙伯罗梭的犯罪人类学在其理论的核心以特定可测量的生理异常特征作为个体犯罪趋势的重要预测因子,这毫无疑问应被归于主张个体差异性解释之列。在其代表作《犯罪人论》中,龙勃罗梭提出犯罪人具有特定显著且不同于非犯罪人的道德特征及智力特征,而这些道德特征及智力特征在龙勃罗梭看来,得自个体的先天性遗传缺陷,即所谓"返祖论"[②]。上述特征站在人格特质理论视角看来,已经初步具备了以人格特质解释犯罪行为的基本概念性特征:首先,在先天性生理特质基础上形成的道德特征和智力特征具有明显的稳定性;其次,并非某一个特质,而是一系列特质的组合奠定了个体未来犯罪趋势的基础,这又符合了人格结构概念的多维度特征。

在龙勃罗梭之后,受其影响,延续其实证主义犯罪人类学传统的一犯

[①] Travis Hirschi and Michael Gottfredson, The Distinction between Crime and Criminality, *Critique and Explanation: Essays in Honor of Gwynne Nettler*, 1986, pp.44-69.

[②] [意]龙波罗梭:《犯罪人论》,黄风译,中国法制出版社2005年版,第6页。

罪学家往往致力于对犯罪人进行类型化描述。当然，对类型的源起观点各异，很多学者并不完全同意龙勃罗梭关于犯罪人心理特质源自遗传上的生理变异。但这些描述在相当程度上表现出尝试从越轨行为人纷繁芜杂的性格取向中总结出可以稳定而准确地预测未来犯罪行为趋势的那些特质的意图。在这一阶段，尚不能说已经产生了严格意义上的人格特质理论，但是在犯罪归因论上致力于考察个体化、类型化和结构性要素的努力无疑与之后的人格特质理论不谋而合。

但是，囿于当时对人类生理、心理结构的科学认识极其肤浅，且这一时期的实证主义研究方法也极不完善，龙勃罗梭及其追随者的归因努力很快被证明是不成功的。基于龙勃罗梭犯罪人理论的大规模验证研究并未发现能支持其所主张的犯罪人与非犯罪人之间存在显著生理特征差异的证据。其追随者在类似逻辑框架上提出的包括"体型"、"染色体"、"脑部畸形"等要素与犯罪行为之间的联系也难以通过基于大规模实证数据的验证考察。

在经过以早期人类学为基础的个体人格特质犯罪归因不成功的尝试后，现代心理学研究迅速进入西格蒙德·弗洛伊德开创的精神分析时代。而作为这一时期居于绝对主导地位的心理学理论流派，精神分析理论的核心概念体系并不支持以人格结构为基础的犯罪归因。与犯罪人类学所秉持的，天生犯罪人[①]与正常人存在生理上的显著差异的观点不同，精神分析学家认为犯罪人与正常人之间不存在重要的质量上的区别，尤其是不存在生理上的显著差异。因此，在精神分析学派统治心理学研究的这一段时期，对犯罪的心理学视角归因研究基本上排除了人格概念的应用。

而在20世纪上半叶犯罪学发展的进程中，对以人格特质和其他心理学要素组成的个体差异性归因机制最沉重的打击来自著名犯罪学家艾德温·萨瑟兰对以心理学视角展开的犯罪归因研究的批判和压制。作为20世纪最重要的犯罪学家之一，同时又在美国犯罪学会等学术机构常年担任领导人物，萨瑟兰在很早就表现出强烈的反心理学倾向并在其所主导的学术平台上对当时走在犯罪心理归因研究前沿的几位犯罪学者的学术成就展开不遗余力的批判。其批判的主要矛头指向了当时在哈佛大学从事犯罪学研究的两位犯罪学家：谢尔顿·格鲁克与诶兰诺·格鲁克夫妇。[②] 格

---

① 在后期，龙勃罗梭等人面对来自各方面的批评和质疑，在其立场上有所后退，不再坚持天生犯罪人概念作为犯罪原因的绝对主导地位，而认为天生犯罪人只是犯罪人中的一个类型。

② John H. Laub and Robert J. Sampson, The Sutherland-Glueck Debate: On the Sociology of Criminological Knowledge, *American Journal of Sociology,* Vol. 96, No. 6, 1991, pp.1402-1440.

鲁克夫妇当时的研究主要聚焦于对那些拥有漫长的重复犯罪记录的所谓"生涯犯罪人"的成因作出基于心理学以及人类学要素的解释。在其研究视野中，所谓"生涯犯罪人"具有比一般犯罪人具有持续更长的犯罪历史以及更稳定的再犯率，同时在其维持其犯罪生涯的过程中，往往不会受到外部环境变化的过多影响。通过长达40年，覆盖上千名犯罪人样本的纵向追踪比较调查研究，他们发现相当部分的犯罪人从青少年起就表现出稳定的持续犯罪倾向并在其再犯机制和行为模式上与偶犯及非犯罪人表现出明显的区别。

格鲁克夫妇的研究遭到萨瑟兰批判和质疑的一个重要原因是，根据他们的研究发现，个体化的心理学、生理学要素与结构性社会学要素均对"生涯犯罪人"的形成具有重要的影响，而且一旦"生涯犯罪人"的持续犯罪趋势开始成型，能够对其犯罪趋势波动产生实质性影响的只有一个年龄因素。而如果对年龄因素加以解构，其核心内涵不外乎心理成熟度和问题性格演进等心理学要素，因此他们的研究即使不是完全排斥社会结构性要素，至少也是将其置于一个不那么重要的位置。而作为出身现代社会学著名的芝加哥学派大本营——芝加哥大学社会学系，在美国社会学界举足轻重，并致力于建立社会学视角在犯罪学研究统治地位的萨瑟兰来说，格鲁克夫妇的研究显然是与其所期望的犯罪归因研究发展方向背道而驰的。于是，充分运用其在犯罪学界的权威地位，萨瑟兰对格鲁克夫妇的研究展开了全方位的批判和质疑。其结果就是格鲁克夫妇的研究成果在犯罪学界成为众矢之的，其研究方法遭到广泛、近乎偏执的质疑，最终在相当长的一段时间里面，他们的研究为主流犯罪学界所忽视。一直到20世纪70年代，萨瑟兰的影响逐渐散去，学者们重新审视格鲁克夫妇的研究，才开始给予其数据收集、分析方法及研究发现公正的评价，开始认可他们对于理解"生涯犯罪人"这一特殊群体的产生机制的独特贡献。[1]

虽然萨瑟兰的攻击主要只是针对格鲁克夫妇等少数几位犯罪学家，但是由于其在犯罪学界地位崇高且门徒众多，他对基于心理学视角的犯罪归因的否定基本上奠定了一个时代欧美犯罪学研究重社会学、轻心理学的基调。很多犯罪学者对潜在的心理学方向研究避而远之，而主流心理学领域的学者也往往不轻易踏入犯罪学这一为社会学所"垄断"的领域。尤其是格鲁克夫妇所重点关注的，将"生涯犯罪人"与非犯罪人在心理特质层面上加以区分的这种犯罪归因路径更加成为被"盖棺定论"的谬论。由此引

---

[1] John H. Laub and Robert J. Sampson, The Sutherland-Glueck Debate: On the Sociology of Criminological Knowledge, *American Journal of Sociology*, Vol. 96, No. 6, 1991, pp.1402-1440.

申开来,那种主张特定犯罪人的持续犯罪行为主要是其异于常人的人格结构所导致的立场也就在相当长的一段时间里难以得到犯罪学归因论研究应有的重视了。

二、《犯罪人格》:一次无心插柳的犯罪人格研究

一个有趣的现象是,尽管心理学以及精神病学归因视角在犯罪学理论界受到普遍的忽视,心理学与精神病学指导下的犯罪矫治临床实践却在欧美刑事司法体系内颇有影响。这一方面是因为社会学视角在概念体系上过于宏大,难以有效地指导针对个体犯罪人的矫治实务,因此具体的犯罪矫治工作只能求助于有着深厚临床传统的心理学和精神病学;另一方面心理学与精神病学对异常与越轨行为的解释虽然缺乏完善的概念与理论体系,但是其简单直白的表述方式却较相对艰深的理论更能获得一线刑事司法实务工作者的认可,这也在客观上促进了其在实务部门的推广应用。

这就造就了一个颇为矛盾的现象:一方面20世纪中后期在犯罪学主流理论中难以看到具有实质性影响力的心理学视角学说,社会结构论,冲突犯罪学以及激进犯罪学占据了犯罪归因讨论的中心舞台,而另一方面,美国的法院、监狱及青少年司法机构却在相当长的一段时间里坚信犯罪乃是一种心理异常或精神疾病,致力于在刑事处遇机制中尽可能地应用所谓"医学模式",以心理矫治和心理治疗代替纯粹的报应性刑罚,同时大力引入心理评测手段来作为量刑、减刑与假释制度中的人身危险性评估的技术支撑。

同时,即使在心理学/精神病学主导的犯罪矫治与犯罪趋势评估实务中,也还是存在着两种不同的理论倾向的,即努力延续弗洛伊德精神分析传统的临床心理学与抛弃了精神分析传统,专注于发展高精度心理测评与心理障碍诊断工具的人格心理学与精神病学。

如前所述,精神分析学派否认一个具有结构稳定性的"犯罪人格"的存在,认为犯罪人与非犯罪人的区别主要在于社会化适应与心理成熟过程中经历的标志性事件与重大体验。至少在不承认存在一个具有犯罪归因意义的"犯罪人格"这一点上,精神分析学派与犯罪社会学的意见是一致的。

而人格心理学/精神病学尽管通过其创制的一系列性格测量工具能够相对准确地识别个体的正常或反常性格特质,在相当长一段时间里却依然无法明确地找出那些可以稳定地预测犯罪行为趋势的个性维度或心理机构。早期关注人格障碍与犯罪关系的精神病学家热衷于对基于实证观察的犯罪人中存在的"病态人格"进行分类。比如,库尔特·施耐德(1923年)

将病态人格分为 10 类。而卡尔·比恩鲍姆（1931 年）则将犯罪人依精神病病理学特征分为 2 大类 7 小类。

这种分类至少在概念上存在两个方面的缺陷：第一，这种分类无视刑法对于犯罪的基本定义要求行为人至少具有一定程度上的责任能力，而这些分类中既包含了那些由于严重官能性精神病在丧失责任能力情况下实施攻击行为的个体，也包含各项心智指标基本正常，在具有完全责任能力前提下，基于严重人格障碍实施犯罪越轨行为的个体。这样的分类实际上扭曲了犯罪行为的核心定义。第二，这种分类看似兼收并蓄，涵盖尽可能多的行为类型，但是细分之下的各种异质人格与犯罪行为之间的相关性反而受到削弱。同时，这种将已经确认实施了犯罪行为的个体后知后觉地加以分类，再以这些分类来解释之前的越轨行为，在归因机制上存在明显的瑕疵，从而影响了其解释的说服力。

当然，到 20 世纪 60 年代，随着各种心理测量与诊断工具的不断完善以及精神病学对人格障碍概念的日益明晰，在日益增长的临床观察数据的基础上，犯罪人格之全面而准确的归纳已经呼之欲出。而其中一种比较有影响力的犯罪人格概念却是以一种颇具戏剧性的方式发展而来的。这就是萨缪尔·约克尔森（Samuel Yochelson）与斯坦顿·萨米诺（Stanton E. Samenow）从 1962 年到 1978 年间所开展的犯罪人心理治疗研究。[1]

约克尔森和萨米诺是弗洛伊德精神分析理论的忠实信徒，接受了精神分析学派研究方法的严格训练。但当时弗洛伊德的精神分析学派正处于日渐式微的境地，弗洛伊德提出的关于个体潜意识发展机制的异质个性归因理论被认为在研究方法上存在严重缺陷而广受质疑。抱着拯救精神分析学派的希望，约克尔森和萨米诺在华盛顿特区关押严重暴力犯罪人的圣伊丽莎白精神病院展开了一项野心勃勃的研究计划，希望在应用精神分析基本操作方法的基础上，通过有针对性地深入观察一个具有典型犯罪学意义且规模可观的严重犯罪人样本群，为精神分析理论寻找有力论据，提升该理论的可信度，帮助其在心理学领域重获认可。[2]

这一研究项目的观察人群几乎全部由重度暴力犯罪分子组成，根据访谈记录，研究对象所犯罪行足够每人平均叠加服刑 1500 年，由于他们行为的极端性和非常理性，法院判定他们存在严重的精神障碍，而不得不在精

---

[1] Stanton E. Samenow, Forty Years of the Yochelson/Samenow Work: A Perspective, in Stuart Henry, (ed.), *The Essential Criminology Reader*, Oxford, UK: Routledge, 2018, pp.71-77.

[2] Stanton E. Samenow, Forty Years of the Yochelson/Samenow Work: A Perspective, in Stuart Henry, (ed.), *The Essential Criminology Reader*, Oxford, UK: Routledge, 2018, p.72.

神病院接受治疗而非监狱服刑。该项目总共历时15年，其中前7年由约克尔森一人独立展开，萨米诺于1970年获得博士学位后加入进来，两人又继续了长达8年的以精神分析理论为基础的暴力犯罪人长期临床观测和心理治疗。作为心理学家，他们应用最经典的精神分析临床手段，通过自由谈话、随机联想和心理分析等方式，对病人开展心理咨询和心理治疗，并记下了详细的诊断笔记。项目的整个进程在很大程度上与二人的预期相符。在经历了最初的抗拒后，当心理医生成功地与病人建立了信任关系后，这些病人开始逐渐对心理医生敞开心扉，并开始回忆起被埋藏在潜意识中的童年的惨痛经历。这些表现均符合弗洛伊德精神分析理论所建构的临床治疗模式。病人对潜意识的重新认知被认为是精神分析法临床治疗模式中非常重要的"突破（breakthrough）"概念——压抑的记忆变成潜意识的一部分导致潜意识严重失衡，最终导致越轨行为，而一旦找到压抑的记忆之后便达成"突破"。达成突破的病患符合预期地向心理医生表达了希望获得帮助的愿望，而这之后的治疗就可以帮助病人完成心理上的康复，进而重获自由。在研究进程的中前期，一切迹象均预示着项目在向着最终的成功稳步推进。为了表达对两位心理医生的感谢，病人甚至自发的在医院里为两位医生举行答谢晚会。[①]

但是，随着相关信息的进一步汇总，疑点也开始浮现。仔细的背景审查发现参与研究的病人实际上并没有在医生面前所表现出的那么坦诚和脆弱。在两位学者后来的叙述中，他们发现很多参与项目的病人精心编造出一系列的谎言来使自己的故事符合弗洛伊德精神分析理论的预期，同时也使得自己的犯罪行为具有了精神病学上的借口，以此来尝试逃脱或减轻其所受到的惩罚。很多病人在接受治疗期间并未如其所表现出来的那样洗心革面，而不过是通过精心的伪装来为自己争取更多的监所自由以及可能的提前释放。而在这期间，很多病人甚至利用其参与项目的便利在医院内实施盗窃、诈骗甚至吸毒等行为。具有讽刺意义的是，连病人们为两位医生举办的晚会后来也被证明是用他们偷来的物资举办的。[②]

因此，在项目的后期，两位学者被严重的挫折感和困惑感所包围，因为在历经十余年的艰苦工作后，他们所有的努力很可能会归于无用。最终，

---

① Robert B.Mills, Book Review: New Perceptions of Old Patterns: The Criminal Personality: Volume I, A Profile for Change, by Samuel Yochelson and Stanton Samenow, *Correctional Psychologist,* Vol. 4, No. 3, 1977.

② Robert B.Mills, Book Review: New Perceptions of Old Patterns: The Criminal Personality: Volume I, A Profile for Change, by Samuel Yochelson and Stanton Samenow, *Correctional Psychologist,* Vol. 4, No. 3, 1977.

在某种意义上是两位学者所受过的严格的心理学研究方法之训练挽救了这一研究项目。虽然由于观察对象的撒谎与弄虚作假导致采集的数据完全无法用于原定的支撑精神分析理论的分析，但是两人长期以来对数百名严重暴力犯罪人长达数万小时的观测与接触形成的深度描述和分类总结为了解犯罪人心理活动提供了宝贵的第一手资料。8年的时间里他们对每一位研究对象展开精神分析治疗时所写下的访谈笔记虽然记录内容缺乏真实性，但是如果将之视作对犯罪人的扭曲的道德观与思维逻辑的反映的话，却成为这些病人对其行为之自辩逻辑以及其使用谎言掩盖过错之行为模式的客观而准确的描述。通过这些笔记的内容，两位学者得以深入地分析这些严重暴力犯罪人的思维模式，并从中总结出具有普遍意义的、严重暴力犯罪人所共同具有的人格特征。当然，此研究从某种意义上也宣告弗洛伊德的精神分析心理学正式退出心理学研究的中心舞台。

三、犯罪人格拥有者之心理画像

根据其在圣伊丽莎白医院长期观察研究的结果，约克尔森和萨米诺出版了《犯罪人格》一书。他们此书的初始目的是反驳与否定几乎所有的既成心理学理论，尤其是精神分析学派理论，并提出其自成一派的"认知理论"和"认知行为疗法（Cognitive Behavioral Therapy）"，认为犯罪人并非由于环境或者先天性因素而犯罪，而是其意志选择的结果，犯罪人与非犯罪人的区别不在于生理或者潜意识心理机构，而是其显意识的思维过程[1]。但是，对于为什么犯罪人具有异于常人的意识与思维过程，该理论语焉不详。由于其行文中强烈的情绪化表达、对主流心理学、犯罪学理论的全盘否定以及自身理论建构缺乏说服力，该书在学术界争议极大。这也导致其所提出的认知理论最终影响极其有限。但是其对严重暴力犯罪人的症状性总结描述却备受重视。两人专著的初始目的是否定对严重暴力犯罪的精神病学解释，但是其实证数据却对这一方向的精神病学研究，尤其是"犯罪人格"之存在起到了侧面印证作用。其后很多关注严重犯罪人群的研究者均注意到了《犯罪人格》一书中对其研究对象群体具有高度共性的性格特质结构所作出的归纳与描述。多位学者甚至直接指出，其对犯罪人格所作出的总结与精神病学领域通过临床观察所识别出的一种严重行为性人格障碍症状"精神病态（Psychopathy）"的基本特征不谋而合。

约克尔森与萨米诺两人以他们积累的临床笔记为基础，对其研究进行

---

[1] Stanton Samenow, *Inside the Criminal Mind*, New York: Crown, 2004.

了深度反思，提出了犯罪人格的概念并进行了极为细致的描述。根据两人的观察，他们所考察的犯罪人群体虽然出身、种族、文化背景、犯罪情节各异，其个性在多个维度上也呈现出多样化特征，但是，在一些关键性的个性维度上，这些犯罪人却表现出高度的一致，以至于任何研究者都不能忽视这种一致性背后所体现出来的相关性。

根据两人的总结，"犯罪人格"主要包含以下核心要素：①

第一，从幼年（15岁之前）就开始出现的暴力倾向以及与之配合的道德观模式。早年出现的暴力倾向可以体现为虐畜、破坏财物、纵火或者持械行凶，且具有相对稳定的再犯频度。同时，行为人对自己的侵害行为全无愧疚，对受害人缺乏移情能力，对因侵害行为所受到的惩戒保持一种以推卸责任为导向的"受害人解读"。

第二，性格冲动而善变，对自身行事缺乏长期计划性，经常会漫无目的地流浪迁移，居无定所。在个人生活以及有限的职业生涯中表现出极度缺乏责任感与同情心。无法维持稳定的人际关系和感情，对临时或长期的生活伴侣及子女缺乏关心且经常施以虐待与压榨。

第三，性生活无节制并往往伴有虐待倾向。另外，与常人不同的是，其性生活的最高追求往往是通过对性伴侣的控制、压制以及虐待来获得其权力欲满足，而不仅仅是性快感。

第四，喜怒无常，无理由的反社会行为，经常性的空虚感或无聊感；青少年时往往有频繁的醉酒驾驶及危险驾驶记录。

第五，具有典型的自我中心主义性格特质同时自我意识极不稳定；自暴自弃与自我膨胀情绪往往交替出现，对轻微批评也会反应过激；需要以一种夸张的方式来表达其自我之重要性，渴望得到他人关注及尊崇却对他人缺乏移情；具有强烈的特权意识，自认特别而无须为其行为负责；经常陷入无休止的对个人成功及权力的幻想，并会对他人的成就感到强烈的嫉妒。

第六，撒谎成性而多疑，待人严而待己宽；在与他人交往过程中缺乏真诚而纯粹以满足其需要为念，习惯于通过各种手段操纵他人为自己个人目的服务。

第七，多数智力正常或高于常人，往往具有肤浅的迷人外表并善于以此为条件欺骗和操纵他人。

正如本节标题所言，《犯罪人格》所取得的为犯罪学界重视的研究成果

---

① Stanton Samenow, *Inside the Criminal Mind*, New York: Crown, 2004.

在很大程度上是一次失败的研究背后的意外收获。但是，约克尔森与萨米诺的观察与总结的客观真实性却是无可辩驳的。同时，该研究与之前及同时代的其他类似研究相比，还具有一些独特的优势，进一步凸显了其价值：

首先，该研究历时之久，研究对象代表性之高，数据采集之全面在犯罪人格学研究中都是不多见的。高密度的犯罪人样本群，相对稳定的研究环境与研究方法以及缜密的研究笔记为研究者提供了充分的数据支撑。虽然犯罪学界对于《犯罪人格》一书的最终理论建构褒贬不一，但是对于其数据以及在此基础上所作的总结归纳却都是充分肯定的。

其次，由于约克尔森与萨米诺发起该研究项目的初衷与最后的研究结果完全南辕北辙，尴尬之余，却使得该研究意外地收获了极高的可信度。与很多类似设定的犯罪人格研究在"发现、定义、描述犯罪人格"的预设前提下对犯罪人群展开观察，并后知后觉地对其观察作出总结和分类的操作不同，约克尔森与萨米诺抱着发现精神分析理论证据的初衷展开研究，最后在无可辩驳的证据面前不得不承认失败。但同时，他们得出否定结论的数据基础反而由于没有先入为主的观念预设而更具可信度。

第二节　反社会人格障碍概念的发展

在电影《美国杀人魔》中，美国影星克里斯蒂安·贝尔扮演了一个隐藏于我们身边，披着迷人外衣却暗地里无恶不作的恶魔。主人公的公开身份是华尔街炙手可热的股票经纪人，年轻有为的他每天给自己的客户们赚进无数的美元。他受过良好教育，英俊迷人，谈吐风趣幽默，是纽约金融圈的骄子与宠儿。但是当夜幕降临时，他却展现出完全不同的另一面：他利用自己的魅力诱骗年轻女子，将一个个猎物绑架到他的豪华公寓，施以折磨并最终杀死，看着受害者鲜血慢慢涌出，极度痛苦地死去，他会从中获得一种莫名的快感。这一虚构角色直接脱胎于精神病学对于精神病态（Psychopath）的定义。可以说，精神病态是除了弗洛伊德的精神分析理论之外，在好莱坞影视文艺作品中出现最多的心理学概念。在精神病态概念基础上，好莱坞得以在"连环杀手"这一深受欢迎的犯罪题材作品中对重复严重暴力犯罪人角色的性格作出具有可信度与真实性的刻画，创作出诸如《美国杀人魔》、《沉默的羔羊》等经典犯罪类型影片。毫无疑问，艺术源于生活而高于生活，没有精神病学研究在长期临床观察的基础上对精神病态这一异常人格结构所作出的全面而准确的描述，影视文艺作品中的这类犯罪人的描写也就不会那么的真实可信了。

一、精神病态概念的提出及其名称沿革

其实，精神病学与犯罪学研究中很早就已经注意到一部分严重暴力犯罪人在行为模式上的特别之处。但是，早期的观察与研究尚不能将基于自主意志而反复实施犯罪行为的犯罪人与由于罹患严重官能性精神病，丧失自由意志而实施暴力攻击性行为的无责任个体严格区分开来。这种具备精神病态雏形的早期概念最初提出时，在大而化之的症状描述之下，往往伴随着表述上的混淆、扭曲甚至神秘化倾向。

随着20世纪中后期精神病学对心理障碍的分类体系日趋成熟与复杂，人格障碍作为一种独立的精神疾病症状体系得以确立。站在犯罪学研究视野来看，这是一个特殊犯罪人群，他们并没有明显的、传统意义上的心理疾病症状，却表现出严重的、难以控制的反社会和自我中心行为模式，同时，大量数据还表明通过刑罚与矫治手段对其行为模式进行干预几乎没有任何实际效果。而美国精神病学家赫尔维·克莱克利一般被认为是精神病态概念的发明者和精神病态系统研究的先驱。为了有助于准确表达所指，并于传统意义上的精神病区分开来，克莱克利将英语词根"精神（psycho）"和词根"病态（path）"合并而成一个新词"psychopath"，即精神病态用来指代其所要研究的这一特殊人群。在其著作《心智健全的面具》（*The Mask of Sanity*，1941年初版）中，克莱克利首次对精神病态给出了完整的定义：精神病态是指在精神病学意义上各项心智指标均正常，但是个人生活却极具破坏性的一种特殊心理状态。[①] 如前所述，这一概念的提出在很大程度上回答了当时大众兴趣浓厚而尚无明确答案的一个问题，即在当时那些经常刊登于小报头版头条，引起街头巷尾热议，耸人听闻的连环杀人案件中，那些惨无人性的冷血杀人恶魔的内心世界到底是一种怎样的图景？在更早些时候，犯罪人类学尝试以"返祖的野蛮人"或者"丧失人性的野兽"这样的概念加以解读，但是却难以解释很多连环杀手犯罪手段超乎常人的巧妙以及其在正常人与杀人魔两种身份之间游刃有余的转换。而精神病态这一概念尽管并不仅仅适用于连环杀手类型，却近乎完美地诠释了这一特殊人群的心理特质与人格结构，于是这一概念迅速得到学术界乃至公众的认可。之后，随着媒体的推波助澜，"风度翩翩的杀人狂"的描述激起了社会大众无限的想象，这甚至反过来影响到精神病学界对这一人群的客观深入研究。有鉴于此，克莱克利在后来的研究中建议放弃"精神病态"一词，

---

① Hervey Milton Cleckley, *The Mask of Sanity: An Attempt to Clarify Some Issues about the So-Called Psychopathic Personality* (5th ed.), St. Louis, MO: Mosby, 1988.

改为使用相对较中性的"社会病态"以降低其主观评价色彩。

另外，对这一类型人群的名称随着后来研究的深入又出现多种不同的提法与分类法：第一种分类是以人格障碍在外显上的细微差异分为精神病态（psychopathy）和社会病态（sociopathy），但是这一分类过于微妙，以至于在后来两种叫法的区分丧失了实际意义，到了几乎可以互为替换的地步；另一种分类是以人格障碍的推断成因为依据，划分为原发型（primary psychopathy）、继发性（secondary psychopathy）和逆社会行为型（dyssocial psychopathy），不过，由于对精神病态成因尚无有说服力的理论，这种分类也就难以体现出应用价值。对于精神病态概念的发展与完善，美国精神病学会起到了关键性的作用。在其出版的行业指导性工具书——《精神障碍临床诊断与统计手册》（DSM）中，美国精神病学会对精神病态的症状进行了详细的表述。另外，所使用的术语名称也随着版本的更新有所变化。在其第四版中，正式建议停止使用"精神病态"或"社会病态"，而统一改称"反社会人格障碍（Antisocial Personality Disorder）"。[①] 至此，精神病态概念经过一系列修正和提炼，最终被"反社会人格障碍"所吸收，并且在一定程度上与"犯罪人格"概念相互印证，成为一个在刑事司法实务中具有重要作用的概念化工具。而精神病态一词也就不再具有纯学术性意义，成为一个更多在大众文化语境中使用的非专业性词汇。

二、精神病态的定义与测试

另一个对精神病态研究作出重要贡献的学者是美国心理学家罗伯特·黑尔（Robert Hare）。黑尔是一位具有极丰富实务工作经验的临床心理学家，他在其学术生涯的重要阶段曾长期担任美国联邦调查局绑架儿童及连环谋杀调查资源中心高级顾问，主要负责收集、整理和分析绑架儿童与连环杀人这两类具有明显变态人格驱动的犯罪行为与行为人的相关数据。他的这一职位显然对其在精神病态研究领域的非凡成就起到了关键作用。黑尔因为其在精神病态临床诊断与测试工具发展方面的贡献而被很多学者称为精神病态测试工具之父。他创制了著名的"精神病态核查表"（"Psychopathy CheckList"，简称PCL）并以此为基础发展出一整套精神病态核查工具体系。PCL至今仍是最权威的精神病态诊断工具并被译成多国文字，为全世界多个国家的刑事司法机构所使用，被公认为对再犯可能、暴

---

① Christopher J.Hopwood, et al, DSM-5 Personality Traits and DSM–IV Personality Disorders, *Journal of Abnormal Psychology*, Vol. 121, Issue 2, 2012, p.424.

力倾向及犯罪人对矫治反应具有良好的预判能力。①

作为一种异质人格测量工具，遵循人格心理学心理测量技术的惯用标准，PCL核查工具的使用有严格的技能与程序要求。首先，核查工具的使用者必须拥有心理学学位，受过心理评估技术的正规训练并经过针对PCL工具使用的正式培训。其次，PCL评估所使用的信息与资料来源多样，既包括问卷调查，行为观察，心理访谈记录，还要包括个人行为历史，家庭与社会关系调查访谈以及官方违法犯罪记录审查，整个过程复杂耗时。

在严格遵循操作程序的基础上，PCL的每个核查项目的赋值体系则相对简单明了：每个项目均按照"0=完全不符、1=部分符合、2=完全符合"的三阶体系进行打分，并最终以累加分数表示被试个体的精神病态严重程度。以最新修订版PCL-R为例，该核查量表共包括20个核查项目，累计得分低于12分者基本排除精神病态，得分在21至29分为中间型及存在一定心理问题但尚达不到精神病态的程度，而一旦累计得分在30分及以上者则会被认为具有精神病态之症状。

在概念结构上，PCL核心的考察聚焦两个因子体系。因子1一般被称为性格特质上"侵略性的自恋狂"，其具体表征包括：轻浮的个人魅力、极度自我膨胀、习惯性说谎、擅操纵与利用他人、毫无自责与负罪感、缺乏持久感情投入、缺乏同情心、不能对自己的行为负责（认为一切都是别人的错）等；而因子2则被定义为个人历史上的"不良的社会生活方式"，具体表征包括：需要持续感官刺激以摆脱无聊感、寄生生活方式、行为自控能力差、缺乏可行的长期计划、易冲动、行事不负责任、青少年不良行为史、早期行为问题、曾被取消假释。此外，PCL-R的核查项目中还有几个无法在概念上被归入上述两个因子的一些独立行为特性，包括：性滥交、多次短暂婚史/同居史、犯罪行为多样化等。

细心的读者应该可以注意到，PCL核查量表中所列出的行为与性格特质在很大程度上与前文介绍的约克尔森和萨米诺在《犯罪人格》中归纳的犯罪人格之核心特质吻合。要知道，黑尔与约克尔森/萨米诺的学术发展轨迹并无明显的交集，我们没有理由认为任何一方的研究成果是在参考了另一方的研究之后取得的。也就是说，在对重复严重暴力犯罪人群的人格心理学研究中，不同的学者基于各自的初始概念框架所展开的临床实证观察最终得出了大体上一致的结果。由此，犯罪人格（精神病态）这一概念就获得了有效的多重验证，其客观性与科学性具有了坚实的基础。

---

① 刘邦惠、黄希庭、吕晓薇：《罪犯精神病态的初步探索》，载《心理科学》2010年第1期。

三、《精神障碍之诊断与统计手册》及其对戏剧化人格障碍群之界定

如前所述,"犯罪人格"这一概念最初遭到主流犯罪学界的重重质疑,认为一个在心理学意义上相对独立的,可不依靠外在环境作用而稳定地引致犯罪行为的异质人格结构是不存在的。但是,随着临床心理学和精神病学的实证研究数据的积累,多个学者沿着不同的考察路径均观察到了一个具有稳定致罪效应的犯罪人格结构,于是这一概念在 20 世纪中后期逐渐得到承认,在犯罪学的归因研究中拥有了一席之地。可以说,犯罪人格概念的发展历程充分体现了心理学/精神病学作为实证主义行为科学实事求是的学术理念以及问题导向的研究旨趣。

而作为对犯罪人格概念的进一步系统化认可,精神病学研究在进一步完善其精神障碍临床诊断体系的基础上,将人格障碍作为一种具有病理学意义的精神异常症状加以确立,进一步巩固了犯罪人格作为一种越轨行为独立归因要素的地位。这一体系性的发展主要体现在美国精神病学会出版并持续修订的行业指导性工具书《精神障碍之诊断与统计学手册》(DSM)的症状体系建构及完善。

根据 DSM 的定义,人格障碍(personality disorders)是指个体在思维、行为和情绪方面表现出的一种具有长期性的不良模式,在社会化环境下,这些不良模式主要表现为异常人格结构,其行为性外显可能对个体或周围其他人产生不利影响。根据定义,人格障碍的特定症状必须从青春期或成年早期开始出现,并一直持续到成年期方能加以确诊。[①]

人格障碍的理论研究存在颇多争议且在成因解释方面尚无定论,但作为一种客观存在的心理异常症状,DSM 对人格障碍给予高度重视,并在第 4 修订版(DSM-IV)中将其作为心理障碍症状系统的一个重要维度独立出来,与官能性精神病加以区分。

1. DSM 之历史沿革。《精神障碍之诊断与统计手册》,即 DSM(*Diagnostic and Statistical Manual of Mental Disorders*)由美国精神病学会整理出版,目的是为精神障碍的诊断和研究提供一个标准的术语及指标体系,避免临床实务以及理论研究由于概念上的不统一而出现不必要的混乱。DSM 第 1 版于 1952 年出版,目前已更新至第 5 版(DSM-IV,1994,DSM-V,2013)。[②]

---

① Robert D.Hare, Stephen D. Hart, and Timothy J. Harpur, Psychopathy and the DSM-IV Criteria for Antisocial Personality Disorder, *Journal of Abnormal Psychology*, vol. 100, Issue 3, 1991, p.391.

② Mark F.Lenzenweger, and John F. Clarkin, Personality Disorder, *American Journal of Psychiatry*, Vol. 148, 1991, pp.1647-1658.

考虑到体系的成熟性，本书的介绍主要依据 DSM-IV 相关内容。在 DSM-IV 的症状体系中，一共列举了 297 种心理/精神疾病的名称、症状与诊断标准，所有的症状诊断被分别归入 5 个维度，称为"轴（Axis）"，分别代表心理疾病或精神障碍的不同方面。[①]

DSM-IV 的症状体系中最重要的当属第一轴和第二轴。其中，第二轴被称为"人格障碍与心智残疾"。这一轴与第一轴"器质性与官能性精神病"之间的区别主要在于个体意识与现实间联系的扭曲程度不同。简单来讲，第一轴中所列举的精神障碍症状患者在某种意义上出现了其内在意识与外部现实之间的割裂，由于幻觉、癔症或机能失控等原因，行为人的意识或者无法正确感知其周围的现实环境，或者其意识无法有效控制其行为与现实环境进行有意义的互动，这就导致常识意义上的"发疯"或"精神失常"。而第二轴所列人格障碍患者，其意识与现实并未完全脱节，环境信息依然可以通过感官系统抵达个体神经中枢的意识部分，同时个体的意志也可以有效地控制其行为与环境进行互动。但是，个体意识的关键性认知结构出现了严重异常，导致其意识无法对现实环境信息作出正确的解读与判断，最终引发完全不符合社会常理的行为反应。换句话说，人格障碍患者知道自己想做什么和在做什么，但是对于自己为什么要这样做却有着完全异于常人的解读。

该轴中的人格障碍又分为三个群：怪异人格（odd-eccentric personality disorders）、戏剧化人格（dramatic-emotional disorders）和焦虑—恐惧人格（anxious-fearful personality disorders）。其中戏剧化人格群列出了四种人格障碍：反社会人格、自恋型人格、边缘型人格和表演型人格，这四类人格障碍的症状与前面的犯罪人格以及精神病态均存在高度的相关性，很多心理学者认为这一人格群的存在是犯罪学人格特征理论的实证依据。

2. 人格障碍概述之诊断标准。相较于器质性精神障碍的诊断标准，人格障碍的诊断标准更加模糊，误诊的可能性也更大。在考察是否存在人格障碍迹象时，应当注意不要被环境因素干扰，同时应当注意失常行为的发生频率、行为是否是良性等限制性要素。

戏剧化人格障碍（dramatic-emotional personality）的患者表现出富于表演性和冲动的行为，并且表现出对自身及他人的安全毫不在意的态度，其核心特征之一是缺乏对他人的关心。该类人格障碍包括四种类型：反社会人格障碍、边缘型人格障碍、表演型人格障碍和自恋型人格障碍，前两种人

---

① Theodore Millon, and Roger O. Davis, *Disorders of Personality: DSM-IV and Beyond*, Hoboken, New Jersey: John Wiley & Sons, 1996.

格障碍已有大量研究支持，后两种的研究相对来说要少一些。

（1）反社会人格障碍（Antisocial Personality Disorder）。在之前的DSM版本中被直接称为精神病态人格（psychopathy）或社会病态人格（sociopathy），指的是从幼年或早期青少年时代就开始的，对他人的权益完全漠视与随意侵犯的行为模式一直延续至成年的人格障碍。反社会人格障碍在男性中的盛行率为3%，女性中为1%，该种人格障碍的成因不明，推测可能是遗传或教养因素。

反社会人格障碍行为症状表现列举如下，在诊断标准上，首先要求被诊断者出现下述行为症状的年龄在18岁以上，另外，以下7项问题行为症状中应至少符合三项方可确诊：[①]

①不遵守法律及社会规范，表现为反复出现的足以导致被逮捕的行为；

②欺诈，表现为反复说谎，用假名，为自己的利益或者快乐而欺骗他人；

③冲动，事先无计划；

④易怒的、具有侵犯性的，表现为反复出现的斗殴或者富于攻击性；

⑤做事不计后果，无视自己或者他人的安全；

⑥一贯的不负责任，表现为反复出现的不能坚持工作或者无视经济责任；

⑦缺乏愧疚感，表现为伤害、虐待或者是偷盗他人之后，觉得心安理得或是无所谓。

（2）边缘型人格障碍（Borderline Personality Disorder）。通常症状为超出常规水平的情绪波动，极端非此即彼的思维模式及分裂样人格。患者常在极端自我膨胀与极端自我否定之间来回摇摆，且人际关系、自我形象、自我定位以及行为非常混乱与不稳定。该人格障碍成因复杂，目前尚不完全清楚其具体成因机制。不过，很多研究者认为可能与遗传以及童年时遭受虐待有关。

边缘型人格障碍行为症状表现如下，诊断标准为9项问题行为症状中

---

① James S.Wulach, The Criminal Personality as a DSM-Ⅲ-R Antisocial, Narcissistic, Borderline, and Histrionic Personality Disorder, *International Journal of Offender Therapy and Comparative Criminology*, Vol. 32, Issue 3, 1988, pp.185-199.

至少 5 项符合:[1]

①极度地努力避免真实的或想象中的被抛弃（注：不包括第五项的自杀或自残行为）；

②不稳定的、激烈的人际关系模式，具有极度理想化和极度贬低对方，在两者间摇摆的特征；

③认同混乱：显著和持久的不稳定的自我印象和自我感受；

④至少有两个方面的潜在的自我损伤冲动（比如：乱花费、性乱、药物滥用、暴食、飞车等）（注：不包括第五项的自杀或自残行为）；

⑤重复的自杀行为、自杀姿态、自杀恐吓或自残行为；

⑥由于显著的心境不稳导致的情感不稳定（如：激烈的持续的烦躁不安、易怒或常常持续数小时，很少超过几天的焦虑）；

⑦慢性的虚无情感；

⑧强烈的令人生厌的愤怒或难以控制的愤怒情绪（例如：时常发脾气、持续的愤怒、经常的肉体攻击）；

⑨短暂的、与应激相关的偏执意念或严重的分离症状。

（3）表演型人格障碍 (Histrionic Personality Disorder)。该人格障碍的特点是过度情绪化及寻求别人的注意的冲动，包括对他人赞扬的过度需求以及不分场合的诱惑性举动，具备该种人格障碍的人通常个性活泼，戏剧化，充满激情，爱调情。该人格障碍的具体成因目前也是未知的，不过有学者认为可能与家庭生活中的重大变故有关。

表演型人格障碍行为症状表现如下，有学者根据其人格特质的 8 个要素的英文首字母将其组合成一个便于记忆的短语："PRAISE ME"。其诊断标准为 8 项问题行为症状中至少 5 项符合:[2]

①如果不是注意的焦点将感到不适；

②与他人交往过程中经常表现出性引诱以及夸张的行为特点；

③情绪多变；

---

[1] James S.Wulach, The Criminal Personality as a DSM-Ⅲ-R Antisocial, Narcissistic, Borderline, and Histrionic Personality Disorder, *International Journal of Offender Therapy and Comparative Criminology*, Vol. 32, Issue 3, 1988, pp.185-199.

[2] James S.Wulach, The Criminal Personality as a DSM-Ⅲ-R Antisocial, Narcissistic, Borderline, and Histrionic Personality Disorder, *International Journal of Offender Therapy and Comparative Criminology*, Vol. 32, Issue 3, 1988, pp.185-199.

④对于自身外表持续不断的关注;
⑤说话方式给人印象深刻但内容空洞;
⑥展现出戏剧化、夸张的情绪表达;
⑦受暗示性强;
⑧考虑与他人关系的亲密程度高于实际情况。

（4）自恋型人格障碍(Narcissistic Personality Disorder)。自恋型人格障碍的基本特征是患者在行为与幻想中过分夸大自我重要性,极度渴望别人的推崇,缺乏移情能力(无法理解别人的感受),且行事及与人交往完全服务自我肯定目的。该人格障碍在一般人群中的盛行率为1%,目前同样成因不明。另外,在DSM-V中,这一人格障碍面临诊断标准的重大修订。

自恋型人格障碍行为症状列举如下,其诊断标准为9项问题行为症状中至少5项符合:[1]

①夸大自身的重要性(例如,夸大自己的成就和天赋,虽然没有相应的成就,但是期待被看作是非常优秀的);
②对无止境的成功、权力、荣誉、美丽或理想的爱情有非分的幻想;
③相信自己是特殊和唯一的,而且相信自己只能被其他同样特殊或高地位的人理解,或相信自己也应该属于这一类人;
④渴望持久的赞美;
⑤认为自己属于特权者(例如,无根据地期待自己会受到特殊的、好的对待,认为他人应该主动顺从自己);
⑥在人际交往中爱利用别人(例如,利用他人来达到自己的目的);
⑦缺乏同感心,不愿意承认或认同他人的情感和需要;
⑧经常嫉妒他人或相信其他人也嫉妒自己;
⑨表现出高傲自大的行为或态度。

---

[1] James S.Wulach, The Criminal Personality as a DSM-III-R Antisocial, Narcissistic, Borderline, and Histrionic Personality Disorder, *International Journal of Offender Therapy and Comparative Criminology*, Vol. 32, Issue 3, 1988, pp.185-199.

四、人格特质研究与精神病态研究的犯罪学意义

站在犯罪学宏观的理论建构视角，对犯罪人格研究以及精神病态概念的意义应有以下几点认识，方能客观而辩证地看待这一领域犯罪学归因研究的价值。

首先，一个客观事实是精神病态与犯罪人格并不是一个可以用来解释全部犯罪行为的普遍性理论，而只是在一个相对狭窄的范畴内具有较高解释力的局部性理论。相当多的犯罪人，尤其是初犯与偶犯往往并不具有明显的犯罪人格特质，遑论精神病态症状。但是，数据无可辩驳地显示，严重暴力犯罪和严重累犯中精神病态者的比例极高，因此，在这一特殊群体中，犯罪人格概念是具有归因力的。

其次，目前的犯罪人格研究在归因论方面是不彻底的。虽然可以在特定人格特质机构/精神障碍与持续严重犯罪行为之间建立统计学相关性，但是这类人格特质的成因目前几乎没有具有说服力的归因理论。在刑事司法实务中，这一缺陷的政策性含义就是，以精神病态核查表为代表的临床诊断与心理测量工具对再次犯罪，未来暴力行为趋势，以及矫治措施的成功可能有极强的预测能力，可以为刑事司法部门适用刑罚和改造策略，以及裁定是否缓刑与假释提供重要的参考，但是由于无法解释心理异常的成因机制，而难以为犯罪矫治措施的设计与操作提供有意义的支撑。

最后，从学术发展的视角来看，作为心灵学派学风的延续，人格特征理论与精神病态研究努力弥补其观测对象上的先天不足，由此发展出大量高度复杂和精密的人格/精神病学测量工具。但是这两大理论仍然无法从根本上避免循环论证的弊病。虽然提供了大量的观察数据，却没有能力提供有实质意义的解释性理论。这一缺陷在心理学界的认知革命兴起后，伴随脑神经外科对大脑研究的逐步深入出现了改变。应当承认上述两个方面的进步使得对人类意识活动的结构性理解有了实证基础。

第七章　心理学犯罪归因之视角 2：学习理论

　　正如本书在前文第三章"心理学异常行为归因理论之发展沿革"的讨论中所言，当代心理学在犯罪学领域的行为归因理论建构已经日渐远离传统的、以弗洛伊德精神分析理论为代表的"心灵学派"，而为强调科学实验观测方法、聚焦环境刺激与外在行为之间因果机制考察的"行为学派"所主导。这其中，早期及中期行为主义心理学所发展出的"行为学习理论"在以伯尔赫斯·斯金纳（Burrhus F. Skinner）为代表的"新行为主义"达到其理论建构和影响力的高峰。对此，前文已有详细的介绍，不再赘述。

　　但是，即使是新行为主义在精心设计的实验观察基础上提出的"刺激—反应"与"刺激—强化"等以条件作用为支撑的学习理论体系，在尝试全面深度解释人类异常行为的生成机制时，也仍然面临重重困难。一方面，基于行为主义强烈的"反心灵主义"立场，新行为主义者拒绝任何探讨内部心理机制的尝试，导致其对人类心理和行为机制的研究始终无法摆脱"描述性"的局限，在面临日益复杂的人类行为解读需要时，显得尤为苍白；另一方面，斯金纳等人在行为学习理论基础上提出的人类行为修正与引导机制，即所谓的"程序教学"，实践效果也并没有如理论所预计的那么理想。[①] 可以说，在二战后不久，以相对机械的行为学习理论为核心的新行为主义在理论和实践上均面临着严峻的挑战，很多学者开始将视角跳出行为学习理论，为心理学视角犯罪归因寻找更具说服力的概念框架基础。而这一时期开始兴起的认知心理学以及在其基础上产生的认知学习理论与社会学习理论逐渐引起犯罪学研究者的浓厚兴趣。

　　本章所介绍的犯罪学意义上的学习理论是一个得到广泛接受，但是却同时被广泛误读的理论。行为，尤其是越轨行为的习得来源是一个在心理学和社会学研究中很早就被提出的理念，同时这一归因思路也具有简单易懂、经验性认识基础扎实的优势，因此在实证主义犯罪学兴起后迅速成为犯罪学的主流理论倾向。但是，行为的习得显然不是如一般常识性观念上"近朱者赤，近墨者黑"那么简单。在行为学习对象、学习过程、学习内容

---

① 谢应宽：《B·F·斯金纳强化理论探析》，载《贵州师范大学学报（自然科学版）》2003年第1期。

以及学习结果等多个环节上,人类行为习得均呈现出复杂性和差异性的特征。而早期相对简单化的学习理论对犯罪行为习得的归因解释往往过于粗线条,难以有效勾勒出行为学习的内在心理机制细节。

第一节 二十世纪以来行为主义心理学的发展及理论建构

一、传统行为主义心理学之局限性

在其理论体系的最基础层面,心灵学派心理学与行为主义心理学之分歧就在于人类意识之本源的这一颇具哲学意义的追问。心灵主义虽然在对于意识的具体表现形式上依然存在不同的看法,但是基本上坚持认为存在着一个具有独立属性,相对先于环境刺激存在的"意识体"。而这一观念在唯心主义哲学那里得到了强大的理论支持。比如,康德就认为人类认识虽然以感觉经验为素材,但是知识只能通过独立于经验之外的先验理性方可获得。而与之相对的,行为主义在坚持科学方法的基础上,根据所能观测到的人类行为之外在表现得出人的意识本质上是与环境互动所获得的经验之堆积的结论,认为人类的思维过程其实不过是人体神经系统对于外界环境刺激所作出的机能性反应。在某种意义上,两派的学说均存在不能令人完全满意之处:心灵学派反复尝试对意识之本来面目作出具象化的描述使其具有一定程度上的可观测性,而这些尝试基本上是不成功的;而行为主义虽然通过坚守只对外在行为进行观察而符合了科学之操作主义要求,但是,传统行为主义即使是在最高形态时,其所主张的纯反射性行为习得机制也远远不能解释人类极其复杂的行为系统。针对这两派学说各自的短板,心理学内部有很多学说也试图在两者之间建立一种调和性理论,但在二战之前,这些尝试均是不成功的。而在二战后,随着认知心理学的兴起,在一场被称为"认知革命"的学术转型的推动下,行为主义心理学与心灵学派的一些理论要素被有效地结合起来,由此产生了现代行为主义心理学的一个全新归因理论:社会学习理论。

二、认知革命

所谓"认知革命",一般来说特指自20世纪50年代开始的,一股重新发掘心灵学派结构主义心理学的理论价值,挑战传统行为主义心理学统治地位的心理学理论发展潮流。有心理学者认为这一提法带有夸大其词的成分，因为认知心理学的兴起并不至于给心理学整个学科领域带来颠覆性的改变，而仅仅是丰富了心理学的研究内涵，拓展了心理学的研究视野，打通了心理学之前两个学派之间的范式壁垒。[①] 但不论心理学发展史对其作用是如何评价的，认知心理学给心理学在行为归因理论体系方面的影响无疑是深刻和全面的。

认知心理学概念与理论体系的发展在很大程度上得益于二战中及之后的计算机技术的发展，而尤其是伴随着计算机技术发展起来的人工智能概念为认知心理学重新认识人类意识的内在特质提供了必要的认识基础，而在20世纪后期脑神经学的高速发展进一步巩固了认知心理学在人类意识与行为机制研究领域的核心性地位。

认知心理学一方面继承了早期心灵学派心理学中颇具影响的格式塔心理学的一些基本理念，另一方面又将其理论建立在唯物主义科学认识论的基础之上。认知心理学认为，人类大脑其实就是一部由无数生物化学运算单元组成的高度复杂的计算机，人类的思维过程其实在某种意义上就是一个高度智能化的逻辑运算过程。[②] 在计算机和人工智能领域取得的研究与技术进步使得拥有极高运算能力的超级计算机可以通过运行人工智能程序来模拟特定的人类智力思考过程，也就是说，计算机程序中通过代码所建构逻辑运算过程与人类的思考过程具有了一定的相似之处。那么，通过对人工智能软件内在逻辑结构的反向工程解读，心理学家就有了一种对人类意识过程内在机制的大致了解，同时可以将思维过程解构为能够以科学方法加以定义和测量的意识要素，并可以通过对人类行为的观察来考察这些意识要素与人类行为模式之间的关系。在这个意义上，认知心理学既具有心灵学派对人类意识之内在属性的把握，同时又在很大程度上满足了行为主义心理学科学定义、观察及测量的要求。在这个意义上，可以认为认知理论以及由其推演出的认知学习概念极大地发展了行为主义心理学的学习理论，促使其从早期的机械学习论，到中期的操作学习论，演变到了社会学习论。

三、认知心理学的范式与观点

从研究范式上讲，认知心理学不同于传统行为主义心理学完全放弃对

[①] 陈勇成：《认知心理学未来发展趋势——读〈"认知革命"与"第二代认知科学"刍议〉感想》，载《科教导刊》2011年第4期。
[②] 王黎楠、马高才：《认知心理学：困境及其变革》，载《山西高等学校社会科学学报》2017年第2期。

意识的内在考察，只聚焦于人类与动物类似的初级反射过程，而是直接将研究的目光投向人类的高级心理过程，比如：注意、直觉、表象、记忆、思维和语言等。这类高级心理过程过去是心灵学派聚焦的领域，但是却由于缺乏一个有支撑力的概念体系而始终不得要领。认知心理学基于对人类思维过程基本要素的理解，获得了远远超出心灵学派理论的解释力。

认知心理学研究广泛吸取了早期心理学、心理哲学以及唯心主义哲学的研究成果，比如康德的图式概念，格式塔心理学的思维组织、结构原则等。从某种意义上讲，认知心理学将心理学的关注焦点从行为主义的纯外在反射机制又拉回到心灵学派所聚焦的内部心理机制与过程上来。但是，认知心理学得到了现代计算机与信息技术的有力支撑，从而使其观察与分析具有了科学性与操作性。

在认知心理学看来，认知思维过程应当用信息加工的视角来分析。思维过程就是对信息的加工以及反馈：首先，个体从外界环境刺激获得感官信息，这些信息构成感觉输入的编码；之后，人之意识要对编码信息及其判断结果进行储存，这就形成了记忆；在之后，在与环境的后续互动中，记忆中的信息及其判断分析结果被不断地提取以获得对环境输入的解读和进一步判断与储存；最后，行为人根据所提取的信息作出情绪性或者行为性反应。整个思维过程由此变得可以观察，也有利于结论的推理了。

第二节　班杜拉的社会学习理论

传统行为主义理论对于行为的归因解读均存在简单化的缺陷，不论是桑代克的试错说，还是斯金纳总结的操作条件反射过程，虽然在一定程度上均有效地描述了动物及人类行为学习的一些基本环节，但是一旦将其置于整个人类意识与行为系统的全局视野中，就会对其复杂性一筹莫展。而以班杜拉为代表的新行为主义正是在二战以来的心理学研究弥补传统行为主义理论解释力缺陷，拓展行为主义对人类复杂社会化行为中的学习机制的理论认识的尝试中，通过吸收新兴认知心理学理论养分发展起来的。

一、班杜拉对斯金纳的批判

在传统行为主义主导的学习理论中，否定内在思维过程对行为的影响力，而将外显的行为单纯解释为对环境刺激的特定反应及其通过条件作用的强化。在此基础上，不论是犯罪行为还是日常生活中的习惯性行为，在习得机制上都没有实质性的区别。这种习得机制通过斯金纳等人的不断发展完善，最终体现为"刺激—反射"的行为学习模型。斯金纳通过对动物的行为学习过程的实证研究发现，动物（包括人类）的学习行为一般都是紧随一个起强化作用的环境外部刺激而发生的。如果把观察到的动物学习行为模型应用到人类的学习行为上，这种随刺激而发生的，基于操作性条件作用的学习模式同样有效，只不过人类学习行为比动物学习要复杂得多。操作性条件作用（即操作性条件反射）的特点是：强化刺激既不与反应同时发生，也不先于反应，而是紧随反应发生。有机体必须先作出所希望的反应，然后得到来自环境的积极响应后果，这种积极后果构成了对先前反应的强化刺激，使这种反应得到强化进而固化成为习得的行为模式。学习的本质不是刺激的替代，而是反应的改变。斯金纳认为，人的一切行为几乎都是操作性条件强化作用的结果，在了解了环境强化作用与行为反应的对应关系之后，就有可能通过强化作用的影响去改变别人的反应。在此基础上，对犯罪人的矫治其实就是通过制造对守法及悔过行为的强化刺激来促进上述行为的固化。

如前所述，斯金纳的"刺激—反射"模型，在面对真实社会化环境下的人类学习时存在着明显的缺陷。班杜拉在其对传统行为主义学习理论的批判中，认为"刺激—反射"模式的理论解释力缺陷主要有以下几个方面：[①]

首先，一个具有解释力的行为学理论应当具有可复制性，及在理论模型所描述的条件下，只要具备理论中的"因子"，就可以相对稳定地产生理论所预见的"结果"，从而体现出理论的解释力。"刺激—反射"模式虽然可以在实验室环境下，或者在相对简单的动物学习情境下复制其所描述的因果过程，但是一旦将其应用于现实人类行为，其实际表现出的复杂性却难以使用"刺激—反射"学习模式加以复制。换句话说，"刺激—反射"模式所描述的学习模式过于简单化，难以涵盖人类实际行为学习中所有的影响因子。这种简单化倾向在描述与预测人类行为对环境刺激所作出的反应时表现得尤其明显。根据"刺激—反射"模式，在给定的条件刺激作用下，环境刺激与行为反应之间有相对比较固定的对应关系，即一种可以识别的环境刺激应该可预测地激起一种行为反应。而在人类现实行为中，即使将细节因素尽可能考虑在内，不同主体对完全相同的环境刺激所作出的行为反应依然呈现出明显的，超出统计学误差范围之外的多样性特征。这就导致按照"刺激—反射"模式建构的行为学习模型无法有效地预测特定环境刺激到底会诱发怎样的行为习得，根据既有观察建立的"环境—行为"

---

① Albert Bandura, Social Learning Theory of Aggression, *Journal of Communication,* Vol. 28, Issue 3, 1978, pp.12-29.

相关性也无法稳定复制，从而严重削弱了理论的归因效力。

其次，"刺激—反射"模式将人类的行为完全视为是外部环境刺激的结果，因此否定了人类在无外部刺激，不通过反复试错的被动学习自主地创制某种行为的可能性。然而，不论是在对现实的人类行为发展还是对实验环境下动物行为发展的研究中，都发现了行为主体（人类或动物）能动地调整其行为，并最终发展为一种全新的，对环境更具适应力的行为模式的现象。比如，在美国心理学家爱德华·托尔曼所进行的白鼠迷津学习实验中，发现白鼠并非只是机械地，通过对不同通路的经验性试错及其与获取食物的环境刺激之联系来学习迷津中的正确觅食，而是对其走过的路径进行了带有能动性的分析和识别，并最终得以在已习得的通路被堵塞，需要重新学习觅食路径时，跳过对各条通路的试错，直接选择了之前并未习得的一条最佳觅食路径。对于这种不依赖于环境刺激而产生的新行为，"刺激—反射"模式并不能给出合理的解释。

通过对传统行为主义学习理论的批判，一批心理学家在 20 世纪中叶先后提出了带有认知学习要素的新行为主义学习理论。这其中比较典型的包括托尔曼的符号学习论以及班杜拉的社会学习论。其中，班杜拉的社会学习论由于其理论框架覆盖面较宽，对多种不同的行为习得情景均作出了较有说服力的解读。

二、班杜拉社会学习理论的核心内容：三元交互决定论

班杜拉社会学习理论主要包括三个核心内容，即：三元交互决定论、观察学习机制以及自我效能决定论。其中前两者可以看作是对传统行为主义学习理论的重要发展。同时在以行为习得为基础的犯罪归因理论体系中，也居于核心地位。故本章在此将其基本观点加以详细介绍。

首先，三元交互决定论可以看作是对以斯金纳为代表的行为学习理论的批判与改良。如前所述，在斯金纳的"刺激—反射"模式中，环境（刺激）因素与行为（反射）发生作用，前者的特质诱发并决定后者的发展，但这一理论在面对复杂的社会性行为时缺乏解释力。班杜拉通过对"刺激—反射"模式的批判，指出这一归因理论模型的主要问题在于仅仅关注人类思维的外显性而对其内在结构缺乏认识。而随着认知概念的提出，研究者可以相对准确地把握个人思维的基本发展路径，就不应当再将思维过程简单地解读为环境刺激到行为反应的信息传递媒介，而应该看到主体思维在行为习得过程中的积极作用。在这个基础上，提出了个人、行为和环境三者

之间交互决定的行为归因模型。班杜拉指出,"对行为主义者而言,要想真正理解行为结果如何改变行为的心理机制,就必须分析认知等主体因素与它们之间的交互影响过程"①。在这个意义上,应当将三元交互决定论看作是对"刺激—反射"学习模式的发展和完善,而非全盘否定。而其核心,依然是强调外部刺激的强化作用对行为反射的形塑,并没有背离学习理论的基本观点。当然,在原来的"环境"和"行为"之外,加入"主体"因素,同时强调因素之间的交互影响关系,使得原来简单直白的二元单向模式变得复杂而多维,这也就显著提高了对复杂的社会化行为的解释力。

在这一模型中,个体具有能动性,通过观察并解读其环境,有目的地建构认知体系,并有意识地对自身的行为作出调节,以应对环境的激励及威胁。② 在此基础上形成的个体行为,首先是受到其所处的社会化环境的影响,但更重要的是受到其个体的能动认知与其社会化环境之间的相互作用的影响,这种相互作用主要体现在,个体会以自身过往经验以及固有社会化目的来形塑其对环境刺激之具体含义的解读,因此,认知结构上的差异,会导致不同主体对于雷同的环境刺激作出完全不同的解读,进而引致完全不同的行为反射。最终,我们就看到一个"环境"、"主体"以及"行为"三种要素互相影响,互为依托的行为学习模式。③

具体来讲,这包含六层交互关系:(1)环境影响主体认知。环境作为外部刺激信息的起点,构成个体过往经验体系的基本内容,最终来自不同环境背景的个体就具有了差异化的经验体系,比如,一个生性多疑者往往出自一个尔虞我诈的环境,从而形成一个以欺骗与自我保护为主题的经验体系。(2)环境影响行为。另外,环境刺激又在每一个具体的条件作用周期中直接构成行为动机来源。比如,当个体面对环境产生的利益诱惑时,需要个体作出恰当的回应,而这种回应不论具体策略如何,必然都是以这一利益为焦点的。(3)认知影响行为。环境刺激与个体差异化的经验体系相结合,共同形成个体的认知结构,决定哪些环境事件将会被知觉,并以此为基础将环境刺激解读为特定结构性需要,成为行为决策的输出依据。(4)行为影响环境。社会化环境本身不是一成不变的。对于相同环境刺激的不同认知解读导致的不同行为反射,而由此形成的行为模式必然导致个

---

① 阿尔伯特·班杜拉:《社会学习理论》,陈欣银、李伯黍译,辽宁人民出版社1989年版,第39页。
② Albert Bandura, *Social Foundations of Thought and Action,* Englewood Cliffs, NJ: Prentice Hall, 1986, p.10.
③ Albert Bandura, *Social Foundations of Thought and Action,* Englewood Cliffs, NJ: Prentice Hall, 1986, p.23.

体社会化环境的相应改变。比如对抗性行为导致社会化环境中的敌意和冲突性提高,而善意与和解的行为则可以有效地降低社会化环境中的敌意与冲突性。(5)行为影响认知。个体对环境所作出的具体反应以及由此带来的环境反馈,将在一个条件作用周期完成后成为个体经验体系的一部分,因此不同的行为所带来的不同环境反馈将日积月累地影响个体的认知结构。比如,积极进取行为所带来的成功体验将成为自我认知中自信心的经验基础。(6)认知影响环境。一方面,认知通过影响行为间接地影响个体的环境。另一方面,认知结构决定了个体自身性格、气质上的特定倾向,而这些特质会激活不同的社会环境反应。

应该看到,尽管班杜拉的三元交互决定论可以被分解为三个元素各自的两两交互机制,但是班杜拉更倾向于将这三个因素之间的多元互动视为一个整体考察,而人类主体因素在这个整体中起到了枢纽和核心的作用。如班杜拉所说,"外部环境刺激因素主要是以认知过程为中介而影响行为的"。要理解人类行为的形成机制,就必须深入考察认知因素对行为的调节与形塑作用。

三、班杜拉社会学习理论的核心内容:观察学习机制

如果说班杜拉提出三元交互决定论是对斯金纳"刺激—反射"模式的完善,那么他通过对儿童行为模仿的研究所总结出的观察学习机制则是对"刺激—反射"模式的一种突破。因为,在"刺激—反射"模式中,环境刺激向主体认知体系输入的信息并不包含具体行为的限定或指导,主体通过其认知结构感知并解读出环境刺激所包含的利益需要后,还要通过一种被称为"试错"的策略选择机制来最终决定正确的行为反应。所谓"试错"(try-and-error),就是尚未完成行为习得的主体在不知道特定行为可能引发的后果的情况下,从其自发的行为选项中选择一个其认为可能带来积极后果的行为,再根据其行为引发的环境反馈来决定是继续该行为还是放弃该行为,尝试其他行为策略,直到最终识别并习得正确策略[①]。在"刺激—反射"模式中加入认知因素所形成的三元交互模式,并没有在实质上摆脱学习对"试错"的依赖。因为认知因素固然可以使主体比较高效的解读环境事件,

---

① 比如,在美国心理学家爱德华·桑代克(Edward Lee Thorndike)著名的试错实验中,被放进一只盒子里的饥饿的猫对其环境作出的习得后的反应是拉动机关打开箱门。但是作为环境刺激的基本内容,饥饿以及封闭的盒子本身并不提供正确行为的任何限定和指示,猫只能通过不断尝试各种它认为可以令其脱困的手段并经历反复失败,最终排除带来消极环境反馈的(打不开箱门)的行为选择,习得可以带来积极环境反馈(可以打开箱门)的正确行为。

从而更快地排除错误策略，识别正确策略，但是认知本身还是不能从环境事件中直接得到对行为的限定和指示。

而在观察学习机制中，环境给予主体一个直接的关于行为的具体指示，主体通过模仿的方式就可以迅速习得特定的行为。[①] 毫无疑问，观察学习相对于试错学习具有明显的效率优势，以至于班杜拉认为社会学习语境下绝大多数的人类行为都是通过观察学习而习得的。

对于观察学习，班杜拉的定义是"一个人通过观察他人的行为及其强化结果而习得某些新的反应，或使他已经具有的某种行为反应特征得到矫正，同时，在这一过程中，观察者并没有对示范反应作出实际的外显操作"[②]。而在对观察学习机制的总结中，班杜拉非常重视认知因素的作用，尤其是在主体认知结构基础上产生的符号性示范作用。班杜拉以认知心理学的信息加工理论来对主体认知结构形成过程中所进行的符号操作等内部认知机制加以解读，认为行为主体可以将其所观察到的来自示范榜样具体的、多变的和外在的物理操作的行为结构转化为抽象的、相对稳定的内部认知结构加以保持，并在恰当的环境刺激下能动地转换成具体的、物理的反应操作过程，进而表现为特定行为。这一过程不需要主体有任何实际的行为操作即可完成行为的习得。

班杜拉对观察学习机制的研究是建立在对儿童行为模仿的实验观察基础之上的，而其一系列实验观察中最著名，也是最有影响力的就是被称为"波波玩偶实验"的一次攻击行为模仿实验。在这一实验中，儿童被安排分别观察两组不同的成人对一个充气玩偶实施的一系列行为，一组为攻击性行为，另一组为非攻击性行为，之后让他们自己进入放置有玩偶的房间，观察他们是否会模仿之前看到的成人行为。尽管儿童会模仿成人行为已是公认的事实，但是显然儿童并非简单模仿其观察到的所有行为，同时其对不同来源的行为表现模仿的程度也不尽相同。为了认识这些关于观察模仿的细微差异及其在主体认知层面的特性，班杜拉的实验通过对成人模仿对象行为的精心设计来控制儿童通过观察获取不同类型环境刺激信息，从而描述出观察模仿机制的细节。这一实验得出了关于儿童模仿成人行为的一系列观察结论：(1)男孩比女孩具有更强的攻击性；(2)观察到攻击性行为的儿童表现出更强的攻击倾向；(3)儿童更倾向于模仿同性别

[①] Albert Bandura, Vicarious Processes: A Case of No-Trial Learning, *Advances in Experimental Social Psychology*, Vol. 2, New York: Academic Press, 1965, pp.1-55.

[②] Albert Bandura, *Social Foundations of Thought and Action*, Englewood Cliffs, NJ: Prentice Hall, 1986, p.70.

模仿对象的行为。显然，除了第一条，后面两条观察结论均在一定程度上揭示了观察模仿机制背后的认知要素的作用。在此后的一系列实验中，通过不断微调环境刺激（模仿对象行为）的认知属性来考察模仿机制的诸多细节，班杜拉最终对观察学习机制作出了具体而完整的描述。根据班杜拉的总结，观察学习的核心是模仿，但是这并不是如录影机拍摄并重放那样的简单复制，而是一个主体对其所获取的示范行为信息进行认知加工并形成特定的符号表征，并在适当的条件刺激下，能动地转化为具体外显行为的复杂过程。在此基础上，班杜拉将观察学习分为四个具体过程：注意过程、保持过程、运动再现过程以及动机过程。[1]

首先，注意过程是观察学习的起点。学习者仅仅会对其注意的示范行为启动观察学习，而对其不加关注的行为则不会进行学习。正如班杜拉的儿童模仿实验揭示的那样，儿童对其注意对象是有选择的，那些具有身份认同、利益相关性、个体魅力或者保证了排他性的示范者的行为更容易引发注意过程。其次，保持过程即通过话语符号及形象符号的形式将对注意对象的观察所获取的信息转换成稳定而抽象的表象存储于记忆中。显然，认知结构对于信息的转换以及存储的内容起到了决定性的作用。对相同的示范行为的模仿会由于主体认知结构的差异而导致不同的表象的保持，进而影响之后的行为再现的具体内容。此后的运动再现过程就是在适当的环境刺激下，将记忆中所存留的，与该环境刺激相联系的表象被提取出来，能动地转换为具体的行为，并根据环境的反馈来确定是否对这一表象作出相应的调整以使其更加有效地应对环境的刺激。一般来说，对行为的观察学习在行动再现过程后就完成了。但是，单纯通过观察学习获得的行为往往是短暂的，其在行为习得的整个流程中略等于通过试错过程刚刚被识别出来的正确行为。只有通过环境反馈的强化，即模仿示范行为所带来的奖赏性结果，方能真正固化为习得的行为并在以后经常地出现。这种通过环境反馈的条件强化作用，就是学习者习得相对稳定的行为模式的动机过程。关于动机过程的意义，班杜拉认为"人们并不一定实际表现他们所学到的所有行为。对于某些示范行为而言，尽管人们可以获得并保持娴熟地执行这些示范行为的技能，但却很少或绝不实际表现出这些行为"[2]。

关于观察学习的四个过程的论述体现了班杜拉将传统行为学习理论

---

[1] Albert Bandura, Vicarious Processes: A Case of No-Trial Learning, *Advances in Experimental Social Psychology*, Vol. 2. New York: Academic Press, 1965, pp.1-55.

[2] Albert Bandura, *Social Foundations of Thought and Action*, Englewood Cliffs, NJ: Prentice Hall, 1986, p.75.

与认知心理学要素相融合所得到的拓展的理论框架，将条件作用机制与信息加工理论有机地结合在一起，最终形成了现在为我们所熟知的社会学习理论框架。

四、社会学习理论对犯罪行为之解释

与之前行为主义心理学相对简单的归因机制不同，班杜拉所提出的三元交互决定论以及观察学习机制认识到个体不仅仅是环境影响的被动接受者，同时也在能动地观察其环境并以其行为能动地影响环境，在一个交互影响的网络体系中，为其自身的动机、行为以及人格发展提供功能性基础，而人的行为模式正是在这样一种互动的作用过程中获得强化并得到形塑。这一观念并未完全抛弃传统行为主义"环境塑造人"的基本立场，但是却极大地增强了其对复杂社会化行为的解释力。

在班杜拉看来，由于主体具有能动地解读和认知其环境的能力，因此就具有在采取特定行动之前思考其行为选项并根据其目的选择行为模式的能力。行为人可以有意识地根据其动机、目的、行为预期后果以及社会规范评价来约束和引导自身的行为。同时，他们还具有依据前行为的社会化后果有意识地调整其后行为以使其更有效地实现其社会化目的的能力。

因此，虽然社会学习理论依然认为犯罪行为是习得的结果，但是这种习得过程绝不是如巴普洛夫或者桑代克动物实验中观察到的那样，由环境的简单刺激而被动地形成一系列机械的行为反射。行为习得的核心内容在于认知结构，包括对环境刺激来源的注意选择、对环境刺激信息的解读方式，以及将存储与记忆中的符号化表象再现为具体行为操作时的创造力。

班杜拉作为一名心理学家，其关注的焦点主要是一般性人类行为，因此其社会学习理论并不是一个专门为解释犯罪行为而发展出来的犯罪学理论。但是其关于行为，尤其越轨行为的习得机制的详细描述毫无疑问对犯罪归因论研究具有重要的指导意义。总的来说，犯罪学理论界大体上接受班杜拉的社会学习理论对行为人习得不良行为过程中主体性要素的作用的关注与强调。但是一般是将其作为一个相对独立的行为归因理论来看待的，而并未真正意识到其与主流犯罪学理论之间千丝万缕的联系。而在笔者看来，班杜拉的社会学习理论关于三元交互决定论和观察学习机制的表述实际上奠定了主流犯罪学中以行为习得为基础的多个重要理论的底层概念性基础。对于社会学习理论核心内涵的深刻理解，可以极大地帮助我们更加全面和深入地认识主流犯罪学中学习理论这一重要流派的基本学术思想。

第三节　萨瑟兰的差异接触理论

一、差异接触理论与社会学习理论

总的来说，社会学习理论认为观察以及接触不良行为榜样将导致对不良行为的模仿与重复。这一认知与我们的常识性观念非常接近，因此被广泛接受。但同时，由于大众一般性认识中模仿学习的粗浅概念早已根深蒂固地存在，对社会学习理论简单表述的广泛接受却往往伴随着对其深刻理论内涵的忽视甚至扭曲。比如，对于学习理论的一个简单解读就是所谓"近朱者赤，近墨者黑"的古语。但是，这一在民间广泛流传的关于行为习得的朴素认识却与另外一个同样广泛流传的古语直接对立——"出淤泥而不染"。前者表述了在恶劣环境下习得不当行为的普遍性规律，而后者却指出这一普遍性规律存在着显著的例外，实际上这种例外的发生频率如此之高，已经到了动摇前者普遍性规律地位的程度。由此引出问题：如果不是所有在恶劣环境下接触不良榜样者都必然习得不良行为，那么这些"出淤泥而不染"的例外的产生条件又该如何限定？对此班杜拉在其理论中有比较细致的解说。而对这种习得条件与习得结果之间复杂关系描述的最为全面和有说服力的，当属萨瑟兰提出的差异接触理论（Differential Association Theory）。

埃德温·哈定·萨瑟兰（Edwin Hardin Sutherland）是犯罪学领域当之无愧的巨人。他被认为是西方犯罪学史上具有里程碑意义的人物和20世纪最具影响力的犯罪学家。在美国，他被称为"犯罪学之父"。萨瑟兰对于犯罪学理论的发展有两个划时代的贡献，一个是提出了"白领犯罪"概念，突破了在当时犯罪学研究中将犯罪与社会下层紧紧联系在一起的传统观念。[①] 另一个就是提出了差异接触理论，以一种全景式的表述结构，将犯罪的原因锁定于个体从其接触的人群中选择性学习之过程。差异接触理论在犯罪学领域占据了极其重要的历史地位，它以及它的诸多后续学说至今仍是最具学术影响力的犯罪学理论传统。

[①] ［美］埃德温·萨瑟兰：《白领犯罪》，赵宝成等译，中国大百科全书出版社2008年版，第5页。

二、差异接触理论之 9 大命题

差异接触理论之雏形是在萨瑟兰 1939 年出版的《犯罪学原理》一书中提出的。1947 年该书再版时萨瑟兰对其进行了重要的调整,并形成了以下面 9 个命题为核心的理论表述:①

1. 犯罪行为是习得的。差异接触理论首先开宗明义地否定了生理学、遗传学因子在犯罪归因中的作用。同时,通过否定犯罪行为是来自个人内在因素而与精神分析理论划清了界限。

2. 犯罪行为之习得乃是通过与他人的互动沟通实现的。这种互动沟通既可以是语言性的,也可以是非语言性的。

3. 犯罪行为习得的主要部分发生于关系亲密的个人群体以内。这一命题遭到了后来学者的挑战,因为它否定了通过媒体习得犯罪行为的可能性。萨瑟兰本人在其理论中并未正面回应这一质疑,其理论体系的原初形态也没有将媒体纳入其中的逻辑空间。而在班杜拉后来提出的社会学习理论与认知学习理论中,通过"注意对象"概念将媒体作为习得来源与亲密个人群体作为习得来源的属性统一起来,可以看作是对萨瑟兰理论的重要修补。

4. 当犯罪行为被习得时,这种习得包括(1)犯罪技巧(或简单,或复杂),以及(2)与特定犯罪相关的目的、动机、合理化借口与态度之指向。实际上,从接下来的几个命题的内容中可以看出,萨瑟兰认为后者对于犯罪习得的重要性要远远大于前者。不是所有的犯罪都需要特定的技巧,而且很多通过合法途径习得的技巧可以轻易转化为犯罪技巧。但是如果一个人缺乏实施特定犯罪所需要的驱动和心理态度的话,犯罪是不可能实现的。

5. 指向越轨与犯罪行为的驱动和心理态度的习得是通过习得对相关法律禁令性规范所作出的"可接受"(favorable)与"不可接受"(unfavorable)的定义来实现的。这一命题是最能代表萨瑟兰之符号互动主义理论背景的命题,同时也是在不熟悉符号互动主义的学生当中引起最多歧义的命题。根据这一命题,行为人在作出行为选择时并不需要在"做什么"这一具体问题上花费太多精力,因为个人的技能、知识基础以及行为时的情境在很大程度上决定了可供选择的行为选项,个人真正需要决定的往往是"做还是不做"这样一个问题。而行为人在思考这一问题时,其参照系乃是

---

① Sutherland Edwin, H. and R. Cressey Donald, *Principles of Criminology*, Philadelphia, PA: J. B. Lippincott, 1947, p.19.

对这类行为作出评价与规定的社会行为规范。当面临抉择的行为具有潜在越轨或违法犯罪可能时，行为人需要考察的就是相关法律对这类行为的禁止性规定。但对行为禁令的文本性了解并不足以导致放弃该行为。按照本命题，行为人的最终选择取决于其在当时情境下对该禁令的定义。如果对该禁令的定义为"可接受"，则行为人会选择守法；而若定义为"不可接受"，则对其予以违反就成为合理的行为而被加以实施。

6. 如果行为人接触到的对法律禁令的"不可接受"之定义压倒了"可接受"之定义，则行为人就会倾向于实施违法犯罪行为。本命题是对前一命题的重要说明，被称为"差异接触原则"，是萨瑟兰差异接触理论的核心。它强调了，绝大多数行为人的习得环境都不会纯由某一个方向的影响构成，而往往是一个多种竞争对立的意识形态共存的复杂环境。在这一环境中，对任何法律禁令都会有两个方向的解读，行为人最终的选择取决于哪一个方向的解读对其施加了更有力的影响。这一命题在原则上解释了为什么有的人会习得犯罪，有的人却不会习得犯罪这一问题。在法治正常之情况下，守法之意识形态占据主导地位，法律的任何规定都应被定义为可接受从而具有禁制不法行为的效果。但是，如果某些行为人的微观环境中对某一法律禁令的不可接受之解读占据优势，其行为习得就会指向对该禁令的不可接受之定义，作为结果，他就习得了违法行为所需要的驱动和心理态度。第5和第6命题对于认识我们作为预防犯罪的一项重要措施的"普法工作"的实际效果具有重要的指导意义。如果普法工作仅仅满足于让对象了解法律禁令的基本内容，是不足以真正令潜在犯罪人放弃犯罪之意图的，因为受其所处的环境决定，他很可能会将这一法律禁令解读为"不可接受"，从而出现"知法犯法"的情况。所以，普法之重点，不在于对法律之文本内容的知识性宣讲，而是要促进对法律文本之认同观念，对抗那种质疑法律、蔑视法律的社会文化与意识，从而防止对法律禁令的"不可接受"之解读的传播。

7. 差异接触之"差异"可在四个层面上加以量化：频率、持续、优先度和强度。通过第5、第6命题基本上奠定了差异接触理论通过量化考察个体习得环境影响力来解释犯罪行为的基调，但是这一量化考察需要具体指标才具有可操作性。萨瑟兰在本命题中就提出了上述4个指标。如前所述，行为人通过与个人微环境（亲密个人群体）的接触而习得他人对特定法律禁令的态度，并以此指导其实施或不实施犯罪行为的抉择。但是其在个人微环境中同时会接触对法律截然不同的态度，只有在量上取得优势的接触才会左右个人的行为选择。而某种态度是否具有量上的优势，可以通过一个包含了四个因子的函数公式加以确定：
$$Ea=\{f,d,p,i\}$$

其中，Ea代表接触之实际效果，f（频率）与d（持续）代表差异接触在纯粹时间总量上的指标，显然，接触频率越高，每次接触持续时间越长，则接触的效果越明显。而p（优先度）与i（强度）则是差异接触的认知特征指标而与时间量无关。其中，优先度代表特定接触发生的时间先后，按照"先入为主"原则，在其他因素相等的前提下，特定接触发生时间越早则效果越明显。这一指标显然对父母以及早期教育的作用作出了重要说明；强度代表行为人对接触来源重要性的认知，行为人对接触来源越重视，其接触影响之效果越明显。这一指标从侧面解释了为什么习得主要发生于亲密个人群体，因为这一群体成员在行为人认知中往往具有较高的重要性。

8.通过差异接触习得犯罪行为之过程会应用到在其他正常行为学习过程中出现的所有习得机制。这一命题再次重申了萨瑟兰对犯罪的学习理论立场，同时，将犯罪习得机制与行为主义心理学用于解释正常行为的习得机制统一起来，实际上是间接承认了差异接触理论的心理学基础。

9.尽管犯罪行为是一般性需要与价值的表达，这些一般性需要与价值并不能被用于对犯罪原因的解释，因为非犯罪行为中同样会体现这些需要与价值。在此，萨瑟兰批判了早期犯罪学将犯罪归因于对财产和社会地位之追求的观点，因为人类的大多数合法的自我实现行为均以对财产和社会地位的追求为驱动。这一批判背后体现的是一个简单却常被忽视的因果关系逻辑：如果一种行为因素在合法行为与非法行为中均存在，这一行为因素显然就不能被用于作为非法行为的原因，因为这一因果联系缺乏指向性。在笔者看来，这一命题对我国犯罪学研究具有重要的启示意义，因为时至今日，仍有相当多的学者在其犯罪学研究中将"过度膨胀的欲望"之类因素作为其犯罪归因的重要命题加以讨论，却忘记了，膨胀的欲望实际上也支撑了绝大多数的合法逐利行为。而是否越轨的关键不在于欲望之强烈与否，而是当欲望与法律禁令发生冲突时，行为人是否通过差异接触习得了将该法律禁令解读为"不可接受"的态度。

三、如何将差异接触理论理解为一种心理学理论

作为犯罪学界公认最具影响力的犯罪学理论之一，差异接触理论的价值不言自明。这一理论呼应了塔尔德在19世纪末提出的行为模仿说，将犯罪解释为社会人际关系之远近作用于模仿程度的结果。在萨瑟兰的解读中，他对犯罪之习得机制提出了两个重要论断：（1）行为学习之内容，尤

其是那些带有符号意义的内容对行为之养成极其重要;(2)行为学习是一个以符号化互动沟通为形式的社会过程。正是因为这一论断,差异接触理论有时被冠以社会过程论的标签,与莫顿代表的社会结构论并列为犯罪学之社会学视角的两大重要分支。在这一语境下,萨瑟兰及其理论一般会被划入犯罪学的社会学视角,而笔者认为这一划分至少在差异接触理论来说是值得商榷的。仅仅凭符号化互动以及社会化过程两个要素就将其纳入社会学视角未免简单化。毕竟,随着认知心理学逐渐进入心理学的主流话语体系,符号化认知与心理过程的社会化属性均已是当代心理学的应有之义,而不再为社会学所独有。

在我国的有关论述中,绝大多数学者并未在理论之流派分划上花费太多心力,即使有所提及也只是不假思索地将其定性为犯罪社会学。目前国内文献中在这一问题上有深入讨论的是吴宗宪教授所著《西方犯罪学史》。他在书中对介绍的犯罪学家及其学说均按照学术领域进行了归类。书中将萨瑟兰及其差异接触理论是放在社会心理学中加以介绍的。[①]

吴教授的上述归类是在考察了萨瑟兰本身的学术背景及其理论的理论传承后得出的,本身有其合理之处。萨瑟兰毕业于芝加哥大学社会学系,属于著名的芝加哥学派。芝加哥学派以社会学立身,萨瑟兰作为一名社会学家在学术流派上属于符号互动主义学派(symbolic interactionist school),该学派的基本理念是:行为人与物之互动形式是以其所理解的物的含义为基础的,而这些物的含义得自社会互动,为个体解读所修正。[②] 符号互动主义学派在微观社会学和社会心理学领域深具影响力。其出现早于心理学所谓"认知革命"对个体意识之内在机制所作出的突破性解读,但是这一理论已经注意到了物之存在与物之解读之间的区别以及这种区别之于正确认识个体意识思维本质的重要性,只是苦于无法从内在视角去深入剖析其机制,而只能以现象论的方式对其加以细致描述。这种现象论研究也就一直停留在相对视角较广的社会学层面。但是,随着认知心理学对符号化互动之内在机制的解读日渐成熟,这一概念遂在社会心理学领域得到更充分的拓展和研究,另外,在个体心理学研究中,得到认知心理学加强的学习理论发展出社会学习理论,对于萨瑟兰理论中语焉不详之处作出了最具说服力的细化解读。因此,即使萨瑟兰的差异接触理论在其发展初期是以社会学为其概念与理论建构之基础的,但在今天,最能够准确体现其精髓

[①] 吴宗宪:《西方犯罪学史》,中国人民公安大学出版社2010年版,第918页。

[②] Herbert Blumer, *Symbolic Interactionism: Perspective and Method*, Englewood Cliffs, NJ: Prentice-Hall, 1969.

的却是从心理学以及社会心理学中发展出来的概念体系。实际上,当萨瑟兰在其《犯罪学原理》一书的改版中,将社会失范(social disorganization)概念从其差异接触理论9个命题中剔除之后,这一理论就已经将其视角完全转向犯罪的个体差异化原因,从而完全为心理学/社会心理学的体系所包容了。萨瑟兰在之后又另起炉灶,提出差异社会组织理论(differential social organization theory)以容纳他对犯罪归因的社会学解读。他并无意以差异社会组织理论取代差异接触理论,显然也是考虑到两者实际上是在不同视角上分析犯罪问题。

有鉴于此,如果不考虑历史因素,单以对差异接触理论核心概念发展之最新形态的最充分理解的需要出发,将其作为一种基于心理学视角的社会学习理论加以认识要更加恰当一些。

第四节 中和技巧理论

一、对萨瑟兰理论的批判及深入解读

萨瑟兰的差异接触理论的提出深刻地影响了此后一个时期犯罪学的发展方向,但同时其理论的不完善之处也为学者所关注。这种关注不可避免地催生了对差异接触理论的补充以及修正理论的提出。一个值得注意的趋势是,对差异接触理论的几个重要补充修正均是以吸收心理学关于行为学习与认知学习的最新研究成果的方式进行的。这也从侧面说明了差异接触理论的心理学基因。

对差异接触理论最主要的批判集中于其核心概念缺乏操作性这一点上。后续学者对于其所提出的"互动沟通过程"、"亲密个人群体"、"法律禁令之定义"以及"频率、持续、优先度、强度"四要素等关键概念的内涵与外延存在颇多争议。定义上的模糊导致以这些概念为对象的实证研究结果难以形成统一的结论。而之所以会出现这样的局面就是因为萨瑟兰将其对犯罪的解释高度凝练于9个简短的命题之中,而并没有在其基础上作更多的扩张和解释。尽管如此,在其差异接触与社会学习概念体系基础上进行的大量实证研究仍然极大地拓展了犯罪学归因理论的视野,一些研究结果支持了其理论的核心论断,另外一些研究则指出其核心概念体系有进一步修正的需要。

差异接触理论所倚重的学习过程概念也受到了主要来自心理学领域的批评。认知心理学之研究指出学习不是一个被动接受的过程,而是有着

充分的主体性和创造性。另外，将学习之对象局限于亲密个人群体的观念也受到了来自认知心理学的挑战。正如班杜拉在其稍后提出的社会学习理论中强调的，社会媒体对于个体学习所能产生的影响绝不亚于亲密个人群体。当然，萨瑟兰对于这一点缺乏认识并不奇怪，他最初提出差异接触理论时，以对人类意识和沟通的最新研究发现为基础的心理学"认知革命"尚未发生，而对媒体之独特作用的发现正是"认知革命"的重要成就之一。

二、道德漂移与中和技巧

大卫·马兹阿（David Matza）和格雷瑟姆·塞克斯（Gresham Sykes）于1957年开始合作尝试发展一种理论来充实萨瑟兰的差异接触概念。[①]在他们看来，之前理论对于犯罪人，尤其是青少年犯罪人的行为发展之看法缺乏弹性，既不考虑行为人本身的主体性，也未说明为什么犯罪行为在习得后又会在特定条件下消失。而在青少年犯罪现象中，存在着很多按照差异接触理论的原始概念难以解释的现象，比如为什么在主流守法观念之影响力占据绝对优势的环境下，青少年依然会选择与主流价值背道而驰的行为，以及为什么在具有犯罪行为模式的青少年中，相当部分随着年龄增长而逐渐收敛甚至放弃犯罪行为回归守法。为了解释这一现象，他们提出了"道德漂移"（drift）的概念：行为在守法生活方式与非法生活方式之间游移不定的一种边缘状态，既不是坚定地自律守法，也不在违法行为中泥足深陷不能自拔，而是随情境与行为对象之不同，以某种判断标准为基础决定是跨越法律禁令之界限还是留在守法的边界以内。而行为人在选择是否诉诸道德漂移时所使用的判断标准正是萨瑟兰差异接触理论中所讨论的习得的内容：对于特定违规行为的态度与合理化解释。

在马兹阿和塞克斯看来，支撑道德漂移式越轨行为的态度与合理化解释并非如一些以社会阶层对立或文化冲突为基础的理论所认为的那样，来自对传统社会价值观的公然否定与背反。实际上，这些态度与合理化解释是传统主流价值观固有内在缺陷的产物。根据马兹阿和塞克斯的观察，主流价值观体系尽管倡导守法与道德，却充满自相矛盾和不能自圆其说之处。他们将这种潜藏于主流价值观内部的消极价值称为"潜流价值观"，认为它在青少年的日常生活中无处不在。以学校为例，学校在传授道德价值，鼓励正直、诚实、友爱、互助等主流价值观的同时，教师却可能以各种借口任人唯亲、在行事作风上口是心非、以社会等级分划区别对待学生。

---

① Gresham M.Sykes, and David Matza, Techniques of Neutralization: A Theory of Delinquency, *American Sociological Review*, Vol. 22, Issue 6, 1957, pp.664-670.

这些对主流价值的背反在面对可能的诘问时往往会被以各种借口加以合理化，成为正式行为规范之外的"潜规则"，而这种通过应用"潜规则"背离主流价值观的做法，在学校的差异接触环境下，显然会成为学生行为习得的重要内容。[①]

与那种直接否定和对抗主流价值观的越轨亚文化相比，这种潜流价值观因其隐蔽性和普遍性而尤其危险。在其影响下，青少年即使没有被暴露于违法犯罪人群之中，同样可能习得在特定情况下以道德漂移的形式实施越轨犯罪行为。

马兹阿和塞克斯通过大量的实地观察与概括总结，对道德漂移之形式及其效力作了细致的分类描述，认为行为人可以在三个层次上对自己的越轨违法行为提供道德上的合理化解读：[②]

第一个层次被称为"文饰"（rationalization）。这一般是行为人在实施了带有偶然性的越轨行为之后为自己的行为作出的合理化辩解，比如激情犯罪、过失或者事故之后的自我辩解。由于这一层次的道德漂移之正当性近乎强词夺理，故对抗道德谴责的效果并不明显，无法对自责或者他责产生足够的对抗效果，因此也就难以直接支持重复的越轨行为模式。

第二个层次被称为"表达"（verbalization）。这是行为人在犯罪行为意图已经成型但尚未付诸行动时应用的合理化解释，最终促成犯意转化为犯罪行为。表达可以帮助行为人在明知存在道德禁忌时摆脱规范的束缚。比如被老板斥责而心怀愤懑的员工盗窃公司财物时可以以老板为富不仁作为其实施盗窃行为的合理化解释，其实其对公司财物的觊觎之心早已有之，只是一直无法跨越道德底线，而老板的"不义"就为其行为提供了正当性之表达。表达作为一种支持道德漂移的自辩对抗道德自责或他责的效果明显强于文饰，但是由于往往限定于特定环境，当特定环境消失时，就不具有任何可用性了。

第三个层次，也是最重要的一个层次的合理化解释，被称为"中和"（neutralization）。这是一种无特定适用场景，而针对普遍性行为规则的合理化辩解，其作用就是将某一规范性禁令的道德谴责力完全抹杀，一如化学试验中将酸性制剂倒入碱性溶液，令其碱性完全消解，达致酸碱度平衡的"中和"效果。中和形成于犯意形成之前，是效力最高的一种道德漂移

---

① Gresham M.Sykes and David Matza, Techniques of Neutralization: A Theory of Delinquency, *American Sociological Review*, Vol. 22, Issue 6, 1957, pp.664-670.

② Gresham M.Sykes and David Matza, Techniques of Neutralization: A Theory of Delinquency, *American Sociological Review*, Vol. 22, Issue 6, 1957, pp.664-670.

机制。它可以完全抵消对于特定越轨行为的道德谴责，同时可以维持行为人针对特定行为对象的反复侵害行为而不需要以特殊环境因素为借口，因此它是青少年不良行为模式背后最为常见的一种自我辩解心理机制。

马兹阿和塞克斯进一步总结出了行为人在为自己寻找道德合理化借口时使用的五种话语技巧，他们将这些技巧称为"中和技巧"，他们这一理论被称为"中和技巧理论"，也正是由此而得名。① 这五种技巧是：（1）否定责任。行为人宣称其行为并非其自己所能左右，自己不过是其环境的受害者或偶然的参与者，其逻辑类似于中国古代民间造反时使用的"官逼民反，民不得不反"之类的口号。（2）否定伤害。行为人对其行为所造成的伤害不予认可或者避重就轻，这类合理化解释常常出现在其侵害具有某种"吃大户"性质的越轨行为中，认为被害人家底殷实，不会在意所受到的侵害。（3）否定受害人。行为人通过将受害人描述为具有道德缺陷或自陷险境，建立一种其遭遇不过是其应受之教训的话语表达，而否定其行为的可责性，使用这种话语技巧的行为人往往将自己的行为解读为某种"替天行道"来确立道德合理性。（4）谴责谴责者。在这一技巧中，行为人反客为主，对谴责其行为的社会主体之道德权威提出质疑，从而抵消其行为所受到的他责之效果，这种话语技巧往往在行为人认为执法者立场可疑或者自感遭受严重不公正待遇时被应用。（5）诉诸更高阶忠诚。这是一种类似"忠孝不能两全"的话语技巧，这里行为人将其违反社会规范的行为解读为基于对更高价值的追求而不得已为之，比如为友人而参与犯罪云云，从而为自己的越轨行为提供合理性解释。

中和技巧理论被认为在内在机制上非常类似于班杜拉在讨论行为之自我约束机制时所介绍的被称为"道德脱离机制"的心理技巧。班杜拉指出，通过应用道德脱离机制，行为人可以令自己不为其伤害他人的行为承担自我谴责之心理负担。道德脱离包括两种具体技巧：一种是合理化，在侵害行为中植入更高的道德价值从而排除自我谴责；另一种是责任弱化，通过抹杀行为人之于自己或他人的自主性来转移责任与谴责之焦点。很显然，班杜拉所讨论的道德脱离与马兹阿和塞克斯所讨论的中和技巧在很大程度上是对同一性质的心理现象的不同表述。

---

① Gresham M.Sykes and David Matza, Techniques of Neutralization: A Theory of Delinquency, *American Sociological Review*, Vol. 22, Issue 6, 1957, pp. 664-670.

第五节　解读社会学习理论宏观归因逻辑结构

首先，需要看到，学习理论作为一种犯罪学行为归因理论，并非由某一单个理论组成或者代表，而应该是一个具有多层次逻辑结构的理论群。本章中所介绍的理论也仅仅是这一理论群中较有影响力的一部分而非全部。纵观学习理论的整个逻辑结构，其在视角上至少应当分为三个层次，即最底层关于行为习得基本原理的普遍性表述，中间层关于行为习得机制的系统性表述，以及上层关于行为习得具体内容的应用性表述。而本章上文所介绍的三个理论正是依次在这三个层面上的代表性理论。

首先，班杜拉的社会学习理论通过三元交互决定论和观察学习机制解释了人类社会化环境以认知为枢纽，在一系列复杂的互动过程中形塑个体行为模式的普遍性原理。在其理论中，强调行为人的社会学习过程中主体认知结构的关键性作用，指出对人的行为模式养成起作用的不是简单机械的环境刺激，而是人对环境刺激所作出的，基于自身经验和需要的解读。

其次，萨瑟兰的差异接触理论通过其9个命题的表述系统地解释了社会学习的基本原理起作用的过程与机制。其理论的核心要义紧紧围绕人类社会化行为习得背后的符号化互动基础，呼应了班杜拉所倡导的认知心理学理念，强调通过认知习得行为的过程就是行为人学习对特定规范禁令作出"可接受"或"不可接受"解读的过程，并对这一机制发挥作用的具体环境要素作出了限定，强调行为示范对行为人之习得产生影响力大小取决于"有效接触"之程度。

最后，马兹阿与塞克斯的中和技巧理论在最表层的应用层面具体描述了行为习得的内容及其效力的具体表现形式。中和技巧以及"道德漂移"概念的解释力基础源自行为人通过差异接触习得对特定行为的道德图式这一功能性机制。而中和技巧理论的作用主要是明确了这一道德图示的具体作用在于消解规范禁令之道德谴责效力，从而为行为人实施行为提供积极的心理体验。

由这三个理论所构成的学习理论的内在逻辑结构可以表述为图3：

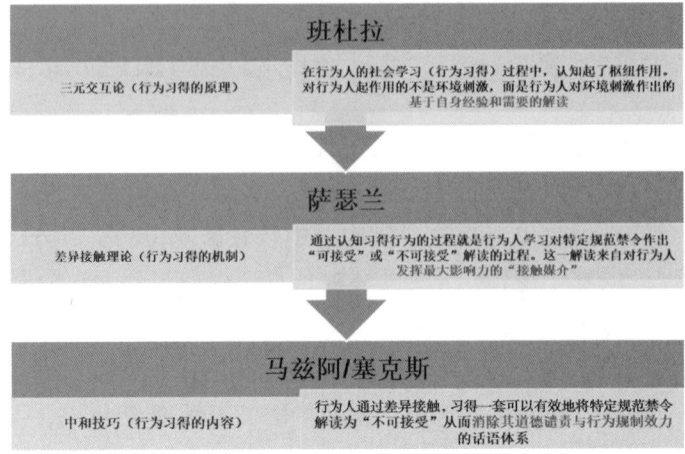

图3　学习理论的逻辑结构

如前所述，这三个理论在各自所处的逻辑结构层面并非独一无二或居于排他统治性地位的，比如在行为习得原理方面还有其他学者提出关于认知学习的不同学说，而在行为习得内容上，美国犯罪学家阿尔伯特·科恩（Albert Cohen）提出的亚文化理论同样极具影响力。[①] 即使是被公认为关于行为习得机制最全面表述的差异接触理论也同样不乏批判者与竞争者。不过，不论以何种理论为依托，对于人类犯罪行为之习得根源的归因性考察都需要全面考察上述这三个层面方能获得透彻的理解。换句话说，很多犯罪学研习者学习差异接触理论时所面临的困惑实际上是因为没有深入习得原理层面去了解差异接触理论的认知心理学和社会学习理论根源。而如果一个学者仅仅满足于站在内容层面去总结中和技巧的各种具体表现形式，那么其对犯罪行为的学术考察只能算是停留在现象论层面，而不能称作合格的心理学视角归因论研究。

---

① Albert K.Cohen and James F. Short, Research in Delinquent Subcultures, *Journal of Social Issues*, Vol. 14, Issue 3, 1958, pp.20-37.

第八章 心理学犯罪归因之视角 3：控制理论

第一节 控制理论的革命性视角

在主流犯罪学的诸理论流派中，以特拉维斯·赫希（Travis Hirschi）为领军人物的控制理论独树一帜，这一学说的创新性主要就在于其归因视角之扭转。在其之前，不论是犯罪生物学理论，犯罪社会学理论，还是传统的犯罪心理学理论，都在试图回答"人为什么会犯罪"这样一个问题。而控制理论提出了一个完全不同的问题：人为什么不会犯罪？该理论不以犯罪行为之产生为考察对象，而重点关注守法行为人是如何通过控制其内在原生的犯罪内驱力而避免走上犯罪道路的。应当看到，这绝对不仅仅是学者基于纯形式逻辑所玩的一个文字游戏。对于犯罪归因所提出的这两个不同指向的问题实际上有其哲学内涵，即西方人文主义不同理论流派对于人之原初状态的不同假定：人之原初本性到底是善抑或是恶？基于这两个不同的立场，可以对人类行为动机及发展机制作出截然不同的推演，而这两个基本立场在犯罪学理论发展的反映，就是将犯罪学划分为两个大的理论倾向：以性善论为起点的不良行为归因理论倾向和以性恶论为基础的守法行为归因理论倾向。

一、作为不良行为归因之逻辑基础的性善论与性恶论

性善论倾向相信人性本善，认为人类的天性主要成分为"天使"：有爱心，关怀他人，有秩序，无私；有的学者稍退一步，提出人性之原初状态即使非善非恶，也至少是"无邪"的。比如，著名自由主义哲学家洛克认为，人之自然状态下的本性乃是自由、平等与和谐的。在这种积极的自然属性基础上，人之行为体现为对自我权利的理性维护与对他人权利的尊重。而侵犯他人权益的违法犯罪行为是对人之天然属性的背反，因此对其产生的原因需要加以解释。从经典犯罪学开始，绝大多数犯罪归因之理论尝试均是以这一立场为出发点，努力构建关于人之善良本性发生恶质转变的机制的。比如，犯罪生物学认为是人类遗传变异导致了人原始善良本性向邪

恶兽性的转化；早期犯罪心理学（例如弗洛伊德精神分析理论）则认为是人类内在欲求之压抑导致人性的扭曲与堕落。19世纪以来，犯罪学理论已经普遍接受了犯罪行为之产生必须站在人之社会化成长与联结的语境下考察这一基本理念，而与性善论的基本假定相结合，就会得出犯罪行为乃是个体与社会环境中不良影响源的接触导致原本纯洁的人性之改变的基本主张。这一理论倾向可以被称为"问题性社会结合说"（Problematic Bonding）。

而与性善论相对立的是性恶论，倾向于相信人性本恶，认为人类原始属性的主要成分宛如"恶魔"化身，自私、贪婪、暴力且缺乏自我控制。支持这一理念学者的包括与洛克齐名的英国哲学家霍布斯，而他关于人之自然状态的看法从其一句名言中可见一斑，"人的一生：孤独，穷困，恶劣，残酷而短促"[①]。相应的，人之自然状态支配下的行为以追求自身无限度欲望满足、恣意侵犯他人权益为基本特征。在这一大前提之下，犯罪行为无非就是人之天性的自然外显，其成因本无须专门加以解释。而真正需要解释的现象反而是为什么人类社会的绝大多数成员并未循其天然劣根性走上犯罪道路。与同时期的其他犯罪学理论一样，立足性恶论的犯罪学理论同样将其犯罪归因置于人之社会化成长与联结的语境之下。这一理论倾向的最主要代表就是控制理论。不论是认为特定的社会化结构促使人压制天然劣根性而守法的社会控制理论，还是认为恰当的社会化训练使人获得抑制天然冲动的能力而守法的自我控制理论，均认为犯罪人与守法者之间的关键性差异在于前者未能经历正常的社会化成长与联结过程，而保留了其恶质的自然天性，从而发展为犯罪人。与前述"问题性社会结合说"相对应，这一理论倾向可以被称为"社会结合失败说"（Failing to Bond）。

二、控制理论的概念体系及基本观点

控制理论提出违法犯罪行为源自人类的普遍天性，是每一个人与生俱来的潜在倾向，因此"人为什么会犯罪"这个问题其实并不需要回答，或者说对其回答并非问题之关键。而显然人类的普遍犯罪倾向并没有转化为人人皆为非作歹的社会现实，真正实施犯罪行为的只是社会的绝对少数成员。那么社会的大多数成员是如何克服其倾向违法的内驱力，坚持遵纪守法，才是研究犯罪现象的学者应该追问的关键问题。对于这个问题，控制理论的回答强调了人的社会属性对人行为的影响，认为个人的成长过程的

---

① [英]托马斯·霍布斯：《利维坦》，黎思复等译，商务印书馆1985年版，第100页。

实质就是其社会化的过程,即通过与其周围的社会成员建立普遍而多样化的社会联系(social bond),最终将个人行为纳入其身处的社会组织的价值与规范体系调控范围以内的过程。通过建立社会联系而成功社会化的个体由此具备了忠于传统社会规范、抗拒越轨与违法冲动的能力。而由于未能建立社会联系或社会联系出现问题而导致社会化失败(或不充分)的个人,则会在相当程度上保持其生来的越轨倾向,并最终发展成为犯罪性与犯罪行为。

控制理论是现代犯罪学领域重要性可与社会紧张理论与社会学习(差异接触)理论相提并论的一个理论体系。而与后两者高度依赖某一个公认的理论奠基人在体系建构方面的独创性贡献[①]不同,控制理论的代表人物特拉维斯·赫希的成就更多的是体现在对他之前众多学者在以社会控制解释犯罪方面所作研究的总结、整理与系统表述。但是在他卓有成效的推动下,控制理论在实证可测性方面具有极大的优势,被认为是现代犯罪学领域得到实证数据支持最为充分的理论。

第二节　社会控制理论

"社会控制"这一概念在早期社会学研究中常有提及,主要被用于宽泛地指代所有可以提供社会秩序保障的制度与程序,在有些社会学论著中则特指强权者将其意志强加于社会的手段。但是从20世纪40年代开始,在芝加哥学派犯罪学的理论框架下,这一术语被赋予了相对中立且较狭窄的特定含义,即社会保证其成员在特定行为规范体系下实现自我行为约束,避免无政府与混乱状态的功能性手段。对社会控制的研究重点放在社会组织如何通过各种不同方式实现其成员的社会化从而接受社会控制。

一、控制理论概念体系的早期发展

早期控制理论的发展在表述个人行为之动机来源方面或多或少的受到了心理学领域精神分析理论的影响(或者是双方的互相影响)。弗洛伊德在构建人类意识的三大组成部分时,以个人行为与社会规范体系的冲突与调和为主轴来设定意识诸部分的功能:本我(id)是个人的原始与动物性冲动,超我(superego)是社会规范在个人意识中内化而成的良知与自责,而自我(ego)则是在本我与超我之间起协调作用的现实性行为控制与

---

① 如莫顿之于社会紧张理论或萨瑟兰之于社会学习理论。

意志表达。这一概念建构非常明显地体现了对行为的社会控制角度的思考。而研究社会控制理论的学者显然认同了弗洛伊德关于社会控制如何作用于个人意识的解读，站在社会学角度提出了一系列反映精神分析视角的社会控制学说。

比如，阿尔伯特·赖斯（Albert Reiss）就认为犯罪的原因之一是行为人缺乏将社会规范之要求内化为自我控制的心理能力。[1]而在赖斯的学说基础上更进一步，弗朗西斯·伊凡·奈（Francis Ivan Nye）将社会控制类型化为4种：（1）以惩戒之威胁加以实现的直接控制；（2）通过被社会化的个人所重视的人际关系对个人施加压力以实现的间接控制；（3）将上述两类外在控制机制背后的社会规范内化为个人自愿遵守的道德与行为准则而实现的内在控制（自我控制）；（4）通过对个人价值与需求的全面满足而实现的自我控制。[2]应当看到上述四类控制在控制理论体系中的重要性是有高低之分的。直接控制在客观条件具备的情况下，无疑是最有效的行为控制手段，但是现代国家一方面难以在大幅扩张直接控制的尝试中免遭成为"警察国家"的质疑，另一方面也确实缺乏足够的社会资源来实现这种直接控制对社会的全面有效覆盖[3]。所以，直接控制往往被作为确立间接控制和强化内在控制的手段加以分析，对其本身的社会控制功能在理论方面展开不多。而第4类自我控制要求人类欲求的完全满足，所以在现实中几无可能，也往往为控制理论学者所忽视。关于控制理论的讨论基本上都聚焦于间接控制与内在控制两个类型。

社会控制理论在赫希之前最具影响力的表述来自沃尔特·雷克里斯的遏制理论（containment theory）。[4]他认为，犯罪与守法选择的动力结构有两个维度：表达为内在/外在的来源维度与表达为致罪力/控制力的作用方向维度。两个维度的耦合产生外在致罪力、外在控制力、内在致罪力以及内在控制力四个类型的行为驱动力。不良青少年会因受其周围环境所产生的外在"压力"及来自其他不良行为者的外在"拉力"而产生犯罪的动

---

[1] Albert J.Reiss, Delinquency as the Failure of Personal and Social Controls, *American Sociological Review*, Vol. 16, Issue 2, 1951, pp.196-207。

[2] James F. Short and F. Ivan Nye, Extent of Unrecorded Juvenile Delinquency Tentative Conclusions, *Journal of Criminal Law, Criminology Police Science*, Vol. 49, Issue 4, 1958, pp.296-302.

[3] 直接控制与间接控制之间的关系在现实的体现就是司法制度建设与守法意识培养之间的关系。显然，单纯依靠完善的司法制度是不可能有效遏制犯罪的。从历史的角度来看，人类文明史上可以说没有一个国家可以真正完全通过直接控制而不依靠间接控制实现有效的社会控制。

[4] Walter C. Reckless, A New Theory of Deliquency and Crime, *Federal Probation*, Vol. 25, 1961, p.42.

机，这种犯罪动机也可以来自行为人自身心理特质中的特定内在"推力"。而保护青少年不走上违法犯罪道路的则是一系列内在与外在控制力。这其中，内在控制力来自行为人在社会化过程中培养出来的（对违规行为）强烈的负罪感以及积极正面的自我认知；而外在的控制力则主要来自家庭及学校的管束。显然，行为人犯罪或者守法的选择取决于其内外致罪因素与其内在控制机制之间的角力，严重的不良环境及不良人群的影响，过强的反社会心理特质与弱化的内外控制力结合，就会导致青少年的犯罪行为。雷克里斯的学说吸纳了多个犯罪学理论的理论成分，对四个类型驱动力的表现形式做了较详细的列举。

雷克里斯的遏制理论对于控制理论的归因机制有比较全面的阐述，但是批评者认为其理论中的一些概念过于模糊，难以准确界定和测量，也就限制了其理论的应用前景。另外，雷克里斯的理论试图全面涵盖所有他认为与犯罪有条件关系的各种内因外因，因此大包大揽地罗列了一系列在各主流犯罪学理论学说中提出的致罪因素，构成一个多层次、多方向的多元对立冲突结构。这种犯罪归因模式被学者称为"多因子论"，与萨瑟兰、莫顿等人重点聚焦单个或少数因子的归因理论模式有显著的区别。多因子论看似全面而野心勃勃，但在理论表述上往往重列举轻解释，对诸因子之间复杂的互动关系少有具体的说明，也难以在致罪影响力上区分核心因子与一般性条件因子，所以反而导致对犯罪原因的解释流于表面，无法进行深层次理论体系建构。这也是其理论影响力有限的一个重要原因。

在进入对赫希的社会控制理论之讨论之前，笔者认为还需要提及另外一位学者的重要贡献，即杰克逊·托比（Jackson Toby）提出的"服从的利害相关性"（stake in conformity）之概念。[1] 托比认为，社会化的实质性结果是个人在与他人建立符合传统价值观的社会联系时所形成的社会地位、人际关系、生活方式以及利益期待等环境性刺激源为个人提供的积极与愉快心理体验，违法与犯罪行为引发的社会负面反应则会导致上述环境性刺激的不复存在。所以当行为人通过遵纪守法积累了一定程度的社会联系之后，丧失这些心理体验就变成一种现实的担忧。可以说，这时行为人就具有了服从的利害相关性，并会基于对该利害关系的考量而拒绝违法。而对于那些社会化失败者来说，由于不存在（或极度缺乏）服从的利害相关性，也就没有对违法的抗拒能力了。

---

[1] Jackson Toby, Social Disorganization and Stake in Conformity: Complementary Factors in the Predatory Behavior of Hoodlums, *Journal of Criminal Law, Criminology and Police Sciences*, Vol. 48, Issue 1, 1957, p.12.

由是观之，可以在心理学意义上将社会控制理解为一种源自个体外部环境的心理强制，这种心理强制的关键内核乃是一种焦虑："违法的焦虑。"社会控制对个体行为之影响力是否存在，效力强弱，均取决于这种违法的焦虑之产生与积聚。其形成过程就是社会控制机制对个体影响力生成的过程：首先，社会共同体以共同价值观及行为规范为基础，有目的地塑造行为人之外在环境，在这样的外在环境下，行为人认同共同价值观与遵守行为规范的行为带来积极与愉快的心理体验，这种心理获益可以被看作是"服从的获利"。在此基础上，社会通过禁止性和惩罚性规范明示违规行为的后果，即这种"服从的获利"将被剥夺。对这种被剥夺可能性的认知在行为人的意识中勾画出"服从的利害相关性"。这样，当行为人面对违法行为的普遍性诱惑时，"服从的利害相关性"将会引发"违法的焦虑"。对于这种焦虑的消解动机驱使行为人保持对社会行为规范的"忠诚"。

"服从利害相关性"概念的重要性在于它的提出将先前空泛的"社会化"概念具体化为有说服力且可观测的现实元素，为之后赫希社会控制理论概念体系的实证性奠定了坚实的基础。

二、赫希的社会控制理论

赫希于 1969 年出版的《不良行为之原因》（*Causes of Delinquency*）[①] 被广泛认为是社会控制理论发展的集大成者，同时他所提出的最新版本的社会控制（社会结合失败）理论也是当代犯罪学中最受实证研究者推崇的理论框架，从而得到了大量的实证数据支持。实际上赫希的这本专著本身的相当部分内容就是建立在对他所进行的一项大规模实证研究的总结与分析基础之上的。在这一研究项目中，赫希对从加利福尼亚旧金山市抽样选出的 4000 多名中学生进行了问卷调查，重点考察其人际关系，社会活动内容，价值与态度，以及特定代表性不良行为的频度与烈度。这一源自大规模数据分析得出的结论为控制理论的基本假设提供了有力的支持。

如前所述，赫希的理论成就相当程度上在于对前人学术成果的继承、总结和提高。在社会控制的作用机制上，赫希基本上继承了之前的控制理论学者对于间接控制的观点，尤其强调了托比的"服从利害相关性"概念在控制犯罪意志方面的核心意义。

而赫希自己的原创理论贡献主要体现在他所提出的社会控制的四个要素方面。按照赫希的表述，社会控制有四个组成部分：依恋（attachment）、

---

① Travis Hirsch, *Causes of Delinquency*, Berkeley, CA: University of California Press, 1969.

投入（commitment）、参与（involvement）、信念（belief）[①]。它们各自的字面含义如下：

依恋指代行为人对他人的关心以及对他人感受意见的尊重与关注。依恋的产生源于行为人与他人所展开的社会化互动并在此基础上建立较亲密的个人关系。

投入指代行为人对于传统守法行为的承诺与践行（以及相应获得的社会回报）。从另一个角度来解读，投入同时也代表了违纪行为的代价，因为投入的程度等同于实施违纪行为后行为人将会遭受损失的程度。可以看出，投入与守法利害关系具有密不可分的联系。

参与指代行为人在传统社会化活动上所消耗的时间与精力。简单的理解是，在守法活动上消耗的时间与精力就是无法投入违法犯罪行为上的时间与精力，因此参与具有直接的预防犯罪功效。但是站在控制理论的整体性逻辑来说，参与是建立依恋关系、累积投入程度的最佳手段，因此是确立社会控制的不可或缺的条件。

信念指代对于传统规范以及传统权威之道德有效性的承认。信念对于社会控制的影响是基础性和全局性的。显然，在一个以反对传统价值的信念为基础的社会化结构中，依恋、投入与参与的增益不仅不会强化对违法犯罪行为的社会控制，反而会适得其反。

结合前文的介绍，可以将上述四个要素理解为决定个体在给定社会环境下的"服从利害相关性"之产生与积聚的影响因子。基于这四个要素的共同作用，行为人将在其给定的社会环境下积累"服从的获利"，并被引导认识到由于违反社会规范导致其被剥夺的可能性，进而引发"违法的焦虑"，促使行为人产生服从社会规范要求的强烈意愿。

对于这四个影响因子在社会控制机制中的体系性地位，有学者倾向于将其视为类似萨瑟兰差异接触理论中差异接触四要素（频率、持续、优先、强度）之间关系的，处于相同位阶的四个平行构件，共同起到促进社会控制成型并影响个人行为的作用，即社会控制力的强弱可以表达为以上述四个组成部分为因子的一个函数：

$$社会控制 = 依恋 * 投入 * 参与 * 信念。$$

但是这样的解读是不尽准确的。应该看到，这四个因子对社会控制的影响方式并非简单的量化叠加，而是在不同的逻辑层面，发挥不同形式的作用，比如"参与"要素本身并不直接产生社会控制，而只是作为一种重要

[①] 对于赫希社会控制理论的四大组成部分，不同学者有不同的翻译。主要的差异在于对 commitment 一词的译法。

的外部条件发挥作用,而"信念"要素对社会控制发挥的影响则质化成分远大于量化成分。因此照搬差异接触理论的逻辑结构来解读社会控制理论不可避免地会导致对其核心含义的曲解,也难以为实证研究设定有意义的测量指标。

笔者认为,对其理论的解读应当按照赫希的初衷,将服从利害相关性当作其社会控制框架建构的核心,再根据这四个要素与服从利害相关性之间的逻辑关联,各自定性定位,进而形成一个分层递进、互为条件的有机整体。

首先,居于最底层的应是"信念"要素。对于传统价值与规范体系的认同乃是社会控制的基石,在其他三个要素完全相同的情况下,信念的指向会直接影响违法犯罪行为的发生概率。可以想见,在一个具有黑社会性质的社会互动结构中,行为人的"依恋"、"投入"与"参与"诸要素越是处于较高水平,其实施违法犯罪行为的可能性就越大。究其原因,在一种为违法信念指向所主导的社会结构中,处于较强社会控制之下的行为人反而会强化其违法犯罪倾向。

其次,在传统价值观基础上产生的"依恋"乃是社会控制的直接载体。社会控制(这里特指间接控制)的实质就是社会成员通过对主体之行为作出积极或消极社会化反应来影响行为人的心理体验,进而形塑其行为动机,促进守法,抑制违法。但是,并非任何人的社会化反应都能带来影响行为的效果。只有那些与主体建立了社会联结,即存在依恋关系的亲密关系人才能发挥这样的效果。这也是为什么社会化失败的主体会不受社会控制机制的约束的原因:社会控制由于缺乏与其具有依恋关系的个体而缺乏载体,也就难以发挥其作用了。

再次,社会控制的主要表现形式以及立足点就是行为人对传统守法行为的"投入"。如前所述,"投入"与"服从利害相关性"之间的联系非常紧密。我国有学者直接将commitment一词意译为"理性分析得失"其实也不无道理。"投入"要素本身有两层含义:一层是直观上行为人对传统价值的认同与践行,而第二层则是由于这种认同与践行而获得的社会地位、人际关系、生活方式以及利益期待等积极心理体验。这就好比投资做生意,投入越多,则对其投入的保值与回报之关注就越甚,从而促进对行为决策的审慎与克制态度。

最后,在信念—依恋—投入这一分层递进结构中,"参与"本身并不提供任何实质性的社会控制成分,但是却起到了极其重要的工具性作用。通过对传统社会互动的参与,行为主体得以与其周边的社会成员建立起依恋关系,并在对传统守法活动的参与中累积其对传统社会的投入,获取"服从的获利",最终得以被置于社会控制体系的影响之下,产生出对违法犯罪的抵抗力。

三、社会控制理论的犯罪学体系性地位

在犯罪学文献中,社会控制理论往往会被归入社会学视角加以介绍。从某种意义上讲,作为"控制"之基础要素使用的"社会联系"概念是一个典型的社会学概念,而如果将其置于一个更为宏观的考察视野之下,从个人层面扩大到群体或社区层面,则"社会联结"可以毫无困难地转化为"社会组织"概念,而由于缺乏正确的社会联系导致个人行为失控的表述则可以相应地转化为由于社会组织的功能性缺失导致整个社区丧失对其成员行为的规范与约束能力——而这正是犯罪社会学中"社会解组理论"的核心。

但是,如果维持个体层面的行为归因视角,那么社会控制理论中的"控制"概念的真正源头依然更多来自心理学。早期控制理论从弗洛伊德的"心理动力论"中汲取大量养分,认为人之行为乃是代表其原始欲望的"自我"与代表内化之社会规范的"超我"以现实环境为限定的一种平衡。后期社会控制理论显然继承了"自我"作为对人之自然属性中恶质成分的描述,只不过对于"超我"是如何发挥约束、规制"自我"作用的机制有不同的解读。因此,在其理论核心,社会控制理论依然是一种基于心理学视角的犯罪归因理论。

社会控制理论历来被认为是解释犯罪,尤其是青少年犯罪行为原因的重要理论框架,其理论价值的一个非常重要的方面是其作为一种实证主义犯罪学理论得到了大量实证研究的反复验证。由于社会控制理论框架具有高度的可操作性,不论是赫希本人还是关注其理论的欧美犯罪学者均以这一框架为基础开展了大量的实证研究并积累了丰富的数据。后续验证研究的数据在相当程度上支持了社会控制理论的基本假设,由此奠定了其在现代犯罪学的主流理论地位。当然,后续研究也揭示出该理论在解释特定类型犯罪行为方面的局限性,而对这些局限性的思考最终促使赫希提出了其学术生涯后期的最重要理论:自我控制理论。

第三节　自我控制理论

赫希在对社会控制理论作出总结性表述之后,其所进行的一系列后续验证性研究所得出的实证数据却不断对这一理论的解释力提出挑战。最

终于1990年,赫希在与迈克尔·戈特弗里德松(Michael Gottfredson)合著的《犯罪学一般理论》一书中放弃了社会控制理论之表述,转而将控制理论犯罪归因的焦点投注于行为人自我控制,由此提出的自我控制理论认为即使在社会控制机制正常发挥作用的情况下,行为人仍然可能由于缺乏自我控制而走上犯罪道路。[①]

自我控制理论与社会控制理论在基本逻辑方面有共通之处,均认为行为人并不需要习得犯罪,因为犯罪之意志是人性之普遍属性,犯罪人不过是那些没有如社会大多数成员那样成功控制住自己的犯罪冲动。但是在控制机制的来源方面,两个理论分道扬镳,社会控制理论强调来自行为人外在环境的正式与非正式社会控制机制的作用,而自我控制理论则相信行为人内在心理素质中涉及冲动性、理性思维能力以及移情能力的那些指标才是在犯罪人与守法者之间划出界线的关键因素。显然,后者在逻辑框架上已经与社会学理论体系基本脱钩,其使用的一些重要概念与之前讨论的人格特质理论有着大量的重合之处。在对自我控制理论进行深入分析之后,我们可以得出这样一个结论:这一理论其实是在新的心理学与精神病学之研究成果基础上,向人格特质理论传统的回归。

一、从社会控制到自我控制的逻辑联系与转化

如前所述,在弗洛伊德"心理动力论"的框架之下,超我的含义被解读为"社会规范之内化",这可以被视为自我控制生成机制的早期表述之一:所谓"内化",无疑是一个心理过程,在这一过程前端,是以社会行为规范以及社会心理结构为内容加诸行为人的外在限定,而在这一过程的后端,则是行为人基于某种内在心理动因对社会规范的自觉遵守。但是随之而来的问题就是:在这一相对抽象的概念下,社会规范具体是通过一种什么方式从外在的行为限制变成内在的心理动机的?对于这个问题,最早的、相对比较直观的解读是所谓的"习惯成自然",即行为人在相对比较严密的外在行为规范约束之下生活一段时期后,对规范被迫的遵守变成下意识的自动自觉。较深入的分析可以发现,如果对于自我控制的这一理解准确无误的话,在整个控制理论体系中其实就只需要构建社会控制理论,而无须过多关注自我控制,因为只要社会控制机制真实有效,处于社会控制影响下的行为人自然而然地就会发展出自我控制能力,因此自我控制概念无非是社会控制概念的自然延伸,而不需要一个独立的理论体系加以解读。

---

① Michael R.Gottfredson and Travis Hirschi, *A General Theory of Crime*, California: Stanford University Press, 1990.

但是，不论是赫希在其针对青少年犯罪的后续研究中，还是对人类越轨行为之社会控制背景的一般性考察中，均无法找到社会控制自然而然发展成为自我控制的证据。实际上，在以社会控制要素为自变量，以越轨行为为因变量的相关性实证研究中，学者越来越多地观察到与社会控制理论的归因判断明显不符的情况：即使在存在明显符合社会控制机制定义的社会化环境下，特定类型的犯罪行为依然高发。比较典型的例子当属青少年犯罪。按照社会控制理论之假设，青少年之所以会走上犯罪道路乃是由于其所处的社会环境明显缺乏有效的社会控制机制，具体来讲，就是其社会环境由于欠缺前述"信念"、"依恋"、"投入"以及"参与"等要素的有效结合，导致青少年难以积累足够的"服从的获利"，也就无法充分意识到"服从利害相关性"，进而无法诱发"违法的焦虑"，因而缺乏遏制自身违法犯罪之原始冲动心理动机。这种社会控制机制之缺失主要存在于那些由于家庭或个人原因，没有经历正常的社会化结合的青少年群体，比如来自贫困社区或家庭、破碎家庭或者问题家庭的青少年，以及由于早期行为问题导致社会认同缺失的问题青少年等。但是，对于来自正常传统社区，社会经济地位有保障，家庭完整且早期教育相对完善的青少年，尤其是通过早期家庭环境支持已经取得较优越社会地位的青少年来说，由于具有充分积累的"服从的获利"，应该充分意识到"服从利害相关性"，自然会因为担忧失去其既有的积极人生体验而倾向于选择压抑其犯罪冲动，因此这一群体应该较少出现违法犯罪行为。但是，实证数据显示，在青少年犯罪领域，很多违法犯罪行为在那些社会环境具备完善的社会控制要素的青少年身上也同样频繁发生。而另一个明显有悖于社会控制理论归因逻辑的越轨行为类别则是白领犯罪。实施白领犯罪（如诈欺、贪污等行为）的行为人往往社会地位较高，其中不乏身居高位者，其经济状况稳定，社会联结广泛，是典型的积累大量"服从获利"的群体，而犯罪行为一旦东窗事发，则面临身败名裂、千夫所指的窘境，因此其服从利害相关性尤其明显，应该可以激发极强烈的"违法的焦虑"，从而具有守法的强烈愿望。显然，为什么这一群体居然会铤而走险，实施违法犯罪行为，是社会控制理论完全无法解释的。

正是看到社会控制理论在解释很多犯罪行为时的无力，赫希与戈特弗里德松才决定另起炉灶，以自我控制为核心另外构建一个关于行为控制机制的犯罪归因理论。

诚然，赫希与戈特弗里德松在《犯罪的一般理论》一书中专注于自我控制理论，而没有再对社会控制理论倾注笔墨。但笔者在此并不同意很多学者将自我控制理论与社会控制理论对立起来的看法。实际上，控制理论之基本归因逻辑必须兼顾社会控制与自我控制两种机制方显完整，缺一不可。社会控制乃使行为人约束自我欲望，控制犯罪冲动的外在基础，其作用在于向行为人施加一种心理强制，使其产生守法之意愿。但是，社会控制对个体行为之影响力有其明显的边界，超出这一边界，如果行为人没有生成有效的自我控制，那么违法犯罪行为仍是不可避免的。换句话说，当行为人面对原始欲望驱动的犯罪诱惑时，仅有守法之意愿是不够的，还必须有压制欲念的守法之能力，这种守法的能力并非来自社会控制，而是来自自我控制。

二、自我控制理论的基本观点

如果将视野跳出犯罪归因理论，放在更为宽泛的关于自我控制与人类行为之间的关系层面，可以发现心理学在这一领域的研究其实是相当成熟的。其中最为著名的研究就是美国心理学家沃尔特·米切尔（Walter Mischel）在斯坦福大学进行的棉花糖实验。[①] 这一实验通过一种简单而有效的方式测试幼儿的自我控制能力：给一名4岁左右的幼儿一颗棉花糖，但是却要求他/她独自面对诱惑，忍住15分钟不把这颗糖吃掉，作为对成功抵御诱惑的奖励，实验者承诺能坚持等待15分钟的小孩将得到两颗棉花糖。这一实验的结果是，2/3的小孩无法控制自己，提前吃下了棉花糖，而只有1/3的小孩可以为了得到奖励而坚持15分钟。这一实验由于简单易行而被世界各国心理学研究者多次重复，所得到的结果基本一致：能够自控与不能自控的小孩基本保持1比2的比例。而令这一实验更具意义的发现是，斯坦福的研究者在十几年后对当初参与实验的小孩进行了跟踪调查，发现当初表现出自控能力的那一部分小孩的人生发展普遍更为成功，表现为更好的学习成绩，更高的身体素质以及更顺利的职业发展。而当初没有表现出自控能力的小孩则有相当部分人生面临各种困境。由此，研究者得出了"自我控制能力乃是人生成功之核心素质"的重要结论。[②] 如果透过其略带"鸡汤"意味的研究结论之表象，我们无疑可以看到这一研究背后清晰的人格特质行为归因逻辑。而如果进一步将这一逻辑应用于犯罪学领域，视固化的犯罪行为模式（或者犯罪生涯）为不成功的人生

---

① Walter Mischel, Ebbe B. Ebbesen and Antonette Raskoff Zeiss, Cognitive and Attentional Mechanisms in Delay of Gratification, *Journal of Personality and Social Psychology,* Vol. 21, Issue 2, 1972, p.204.

② Walter Mischel, et al, "Willpower" over the Life Span: Decomposing Self-regulation, *Social Cognitive and Affective Neuroscience*, Vol. 6, Issue 2, 2010, pp.252-256.

轨迹之极端表现，那么可以推导出关于低自我控制能力与犯罪行为之间无可辩驳的相关性。从这个意义上将，犯罪学领域的自我控制理论并非完全出自犯罪学家的创意，而不过是将心理学和行为学研究的既有成果引入犯罪归因理论发展的水到渠成之举。

自我控制理论的犯罪归因逻辑有两个重要组成部分：（1）低自我控制能力之概念；（2）低自我控制能力之产生。

首先，低自我控制能力概念之建构主要依赖于对具有犯罪性之个体的心理特质的描述。纵观诸多尝试描述和勾勒低自控能力这一心理特质的主要文献，细心的读者会发现其在表述上与本书前面章节讨论的诸如精神病态、反社会人格障碍等重要的人格特质理论概念有异曲同工之处。正如本书前面章节所述，以人格特质为基础进行犯罪学研究的学者们对犯罪学所作出的最大贡献之一乃是其创制并大量应用的复杂的精密的心理诊断工具。在这些诊断工具的支持下，犯罪学家可以通过实证数据采集而不仅仅是逻辑推演的方式研究犯罪的心理学产生机制。

建立在低自我控制作为一种心理特质的理念基础上，循自我控制理论之脉络进行的实证验证性研究使用了专门编制的用于测量自我控制能力的性格测试量表，将对自我控制能力的研究予以量化。这其中最为广泛使用的是哈罗德·格拉斯米克（Harold Grasmick）编制的"低自控量表"，通过六个行为或者态度维度来测量个体的自我控制能力。在这类量化研究工具的帮助下，研究者在低自控能力与犯罪行为之间建立了广泛的联系。

在自我控制理论看来，犯罪人与守法者之关键区别在于其意识层面是否有对于犯罪之中长期后果之认识以及是否会由此而引发焦虑情绪。从心理学角度讲，焦虑情绪是一种典型的不愉快心理体验，因此行为人之消极强化心理机制会为了避免这一体验而努力抑制可能带来这种体验的思维与行为。守法者由于有能力认识到犯罪的中长期后果：刑事追诉、刑罚处罚、社会谴责、物质匮乏、身体痛苦甚至死亡，且该认识可以有效地引发焦虑情绪，从而有了自我控制的内在驱动及习惯养成。而犯罪人则更加关注犯罪所能带来的即时愉悦，缺乏将犯罪所能带来的痛苦具象化之认知能力，或者由于思维功能缺陷导致不能有效地激发焦虑情绪，也就无从实现对自我毁灭性行为的控制。在这一方面，犯罪人表现出与幼童类似的心智特征，即低下的自我控制能力。

其次，在自我控制理论涉及低自控能力之发生发展机制的归因性解释部分，赫希反复强调了在儿童时期的家庭教养以及能力培养的关键作用，但是在具体如何有效地培养儿童的自我控制能力方面语焉不详。本章的最后部分会尝试对这一重要内容加以补完。但读者需要注意到的是，本章在这一领域所尝试的理论推演并非完全的创新，而是在吸收行为主义心理学、认知心理学以及发展心理学关于行为发展与养成的既有研究成果基础上的概念整合。

三、作为犯罪性之核心的低自我控制概念

自我控制能力是一个在人格特质理论体系中被充分开掘和讨论的概念，在对于精神病质/反社会人格障碍（psychopathy/anti-social personality disorder）的讨论中，低下的自我控制能力被看作是一个关键性诊断指标。多位学者在其犯罪学研究中对低自我控制作出了描述性总结，这类描述性总结与心理学家从临床观察中得到的结果是基本吻合的。

比如，马特·德利西（Matt DeLisi）在其研究中总结出以下六个低自我控制者的普遍性格特征：（1）喜好对其欲望的即刻满足；（2）追求简单任务而不喜欢要求持久性的活动；（3）重肉体性体验而轻言语性或认知性体验；（4）偏好投入可立即兑现的活动而不愿参与需要长期投入的活动；（5）通常参与对技巧性要求不高的活动；（6）自我中心，不考虑他人感受。[1]

而哈罗德·格拉斯米克（Harold Grasmick）等人则将低自我控制者的性格特征总结为以下几点：冲动性；追求即刻满足；耐久与勤勉性差；追求肉体享受与感官刺激；喜好简单的肢体性工作而不好动脑；自我中心；不考虑他人感受；对挫折耐受度低；喜欢通过对抗解决争端。[2]

从上面列举的描述性总结可以看出，学者对于低自我控制能力的外在表现在经验性观察的基础上并无太大分歧。不过这类症状罗列式的描述对于理解低自我控制能力作为一种人格特质的基本属性帮助不大。同时从犯罪学研究的任务来说，对于这些特质的现象性罗列并未触及其产生与作用机制，无助于对不良行为模式之针对性矫正，也就不能为犯罪预防和矫治提供有效的指导。

我们看到，在心理学研究中，对人格的研究倾向于将纷繁芜杂的具体性格特质凝聚为具有相关性和牵连性的"性格簇"，如所谓的"五大人格模式"，就将所有的性格特质凝聚为五大性格维度。这种系谱式的现象学方法的好处在于，一个高度凝练的系谱不仅有助于对研究对象的宏观理解，

---

[1] Matt Delisi, Extreme Career Criminals, *American Journal of Criminal Justice,* Vol. 25, Issue 2, 2001, pp.239-252.

[2] Harold G.Grasmick, et al, Testing the Core Empirical Implications of Gottfredson and Hirschi's General Theory of Crime, *Journal of Research in Crime and Delinquency,* Vol. 30, Issue 1, 1993, pp.5-29.

也更有利于临床测量以及行为矫正。在此，我们尝试对自我控制能力的概念作类似的梳理，在格拉斯米克的总结之基础上提出下面这样一个六维度的概念框架：

第一维：冲动性。行为人倾向于对当前环境作出直接反应而不是在压制欲求的基础上追求延后的满足。这一特性的根本原因乃是行为人缺乏对行为之长期后果进行想象和评价之能力。因此，可以将这一特性与行为人的认知能力联系在一起，给予"认知能力维度"之标签。

第二维：简单任务偏好。行为人在选择行为模式时会倾向于选择那些简单而结果易得的任务而不愿意面对较复杂的事务。这一特性的根本原因在于行为人在行事过程中缺乏对挫折之耐受力。一般来说，复杂事务无法一蹴而就，且过程中存在难以判断最终结果、成绩取得后可能反复、行为投入之回报需要等待等多种深具挫折感的体验，对挫折耐受力低的行为人是难以坚持到底的。而其偏好简单任务也是因为其投入回报无须等待，且一旦失败即可放弃转向，因此对挫折耐受力要求较低。由此可见，这一特性是与行为人的耐受能力有着密切联系的，可给予其"耐受能力维度"之标签。

第三维：追求感官刺激。多位学者注意到低自我控制力的行为人存在偏好感官刺激、肉体性感受而回避智力或认知性活动的特点。这是源自行为人由于自身认知能力的限制而作出的对功利性满足来源的偏好选择。人类行为的一个重要目的就是追求功利性满足所产生的愉悦、放松、兴奋等积极情绪。其本质上是一种大脑神经性刺激反应。其最低级形态就是通过性交、酒精、毒品等感官刺激直接作用于神经末梢而带来的直接快感。在次低级形态上，一些简单娱乐性活动可以通过直接调动特定情绪，引发特定神经递质之分泌，间接刺激神经末梢带来快感。而在高级形态上，则是通过调用大脑的高级神经系统开展的抽象思维活动，比如艺术欣赏、文学创作、智力博弈或者社会交往等带来的一种自我实现的满足感和愉悦情绪。这一特性决定行为人在日常生活中主要是通过哪一级别的神经刺激来实现对积极情绪性满足的追求，因此可以被称为"功利性满足来源维度"。功利性满足来源既可以为低级神经刺激，也可以为高级神经刺激。二者在自我控制层面的关键性区别在于：一方面，低级神经刺激存在"钝化"效应。即在重复刺激下，相同强度的刺激无法再达到与之前同等水平的唤醒。而为了达致同等水平的唤醒，行为人就必须提高对神经末梢刺激的强度与烈度，而这又会带来进一步的"钝化"。如此循环往复，导致行为人不可避免地持续陷入唤醒不足的状态，加剧了其欲求不满的焦虑。而另一方面，高级神经刺激并不存在类似的"钝化"效应，因此通过高级神经刺激达致的满足感往往稳定持久而不会面临必须持续加码的窘境。在针对犯罪人的人格特质研究中发现很多犯罪人会经常性地感到"无聊"而必须持续不断地追求日益强烈的感官刺激，正是其过度依赖低端神经刺激作为其功利性满足来源的表现。

上述三个维度是构成低自我控制的基本要素。另外，在这三个维度的基础上，还存在一些次级维度，主要是三个基本维度的交叠组合而形成的行为性格特征：

第四维：风险偏好。行为人爱好高度刺激的冒险行为而往往不考虑风险行为之后果。这可以看作是第一维认知能力维度与第三维功利性满足来源维度之结合。

第五维：简单化的自我中心性。在最基本层面，每一个个体都是追求自我目的之实现的自我中心者。而那些表现出高度自我中心性的个体其实是缺乏通过与他人的持久性社会化互动来实现个人利益的能力。首先，在社会化条件下的自我利益实现是一个需要与他人进行复杂、持续、非线性互动的过程，行为人需要耐受一些必要妥协所带来的挫折，同时通过持续的互动来实现目标；其次，社会化互动所带来的自我利益实现并不总是体现为直接的感官性满足，而往往是更强调自我实现需要，比如以无私之行为所获得的道德肯定之满足感。拒绝这种社会化前提下的自我利益实现可以看作是在第二维耐受能力维度与第三维功利性满足来源维度中低自我控制属性的结合。

第六维：坏脾气。所谓坏脾气，主要是指行为人倾向于通过对抗甚至暴力的方式来处理人际冲突并实现自身利益。这实际上一方面是行为人对于对抗行为或暴力冲突的后果缺乏认知，另一方面也不善于通过沟通、合作及妥协等社会化策略来实现目的，因而只能诉诸暴力甚至犯罪这类相对简单策略来应对挫折和对抗情境。因此这其实是第一维度认知能力和第二维度耐受能力中低自我控制属性的组合。

综上所述，低自我控制能力的六维度概念框架将"自我控制"这一抽象概念操作化为三个基本的性格属性：认知能力、耐受能力和功利性满足来源。这就为犯罪矫治之具体操作提供了具有实践意义的指导。提高行为人自我控制能力的矫治应致力于改善行为人的思维认知能力与思维认知习惯，提高对挫折的耐受力，并努力培养其在较高级别思维活动而不是低级神经刺激中寻找满足感的选择取向。

四、低自我控制能力的成因机制

在自我控制理论的表述中，赫希与戈特弗里德松将低自控能力的产生原因归于行为人儿童时期接受的家庭教育之低效或缺失。他们指出在儿童6到8岁期间，存在一个关键的自控能力形成时间窗口，在此期间父母需要对儿童进行有效的自我控制能力的训练，如果在这一时间节点上父母没有对儿童进行有效的训练，或者这种训练没有正确实施，那么儿童将难以对自己的行为实施自我控制，从而在未来的人生阶段出现与低自控能力有关的种种行为问题。

赫希与戈特弗里德松又进一步对这种来自父母（或其他处于类似地位的监护人）的训练之内容作了描述：（1）行为监督；（2）识别并标示不良行为；（3）矫正或惩罚。对此，约瑟夫·兰金（Joseph Rankin）与爱德华·威尔（Edward Wells）的解读是："道德约束制过程就是（父母）为儿童给定规则，明确界定'当为'与'不当为'。通过有效的监督和监控手段，父母可以对儿童的循规或违规行为实施监督。之后，通过适用特定不愉快及负面体验对儿童的违规与不良行为加以惩戒，达到矫正的目的。"① 简单点说，父母如果在儿童幼年时期对其严加管教的话，就可以有效地降低其未来走上犯罪道路的可能性。笔者认为，抛开所有关于这一理论之准确性的争议不论，对于自我控制能力形成机制的简单化理解才是自我控制理论作为一种犯罪归因理论的真正软肋。

如果说可以观察得到的低自我控制能力和实施犯罪之倾向之间的关系具有实证主义意义的可证明性的话，以三个抽象标准加以限定的"父母之有效早期训练"与低自我控制能力之间的关系却面临缺乏实证操作性的问题。显然，这一简单化概括严重低估了早期儿童教育的复杂性。即使是将这一过程放到犯罪学主流的学习理论框架下考察，我们也会很容易得出这一概括具有明显的早期行为学习理论的特征，即将环境刺激与行为反射简单画等号，而忽视了人类，即使是尚处幼年的儿童，对于环境刺激所作出的行为反射也会呈现多样化这一基本事实。这也是现代行为主义心理学必须在行为学习模式中加入认知因素的根本原因。而一旦承认儿童早期的行为习得过程中必不可少地存在认知因素，则赫希与戈特弗里德松在其所描绘出的这幅"严父出孝子"式的简单早期教育图景就不再具有理论上的说服力了，因为其三个抽象限定并没有任何认知心理学意义。换句话

---

① Edward L. Wells & Joseph H. Rankin, Families and Delinquency: A Meta-analysis of the Impact of Broken Homes, *Social Problems,* Vol. 38, Issue 1, 1991, pp.71-93.

说，即使自我控制理论准确地判断出了自我控制能力与犯罪行为之间的联系，由于对于自我控制能力的产生机制缺乏有实际意义的解释，这一理论仍然无法回答"如何防止个体因为低自我控制力而犯罪"这一关键问题。因此，在实证研究已经充分证明低自我控制能力与犯罪之联系的前提下，自我控制理论还需要对自我控制能力生成机制作出具有理论信度和实践指导意义的解释。

正如在本章前文中所分析的那样，社会控制与自我控制相结合方可达致守法。同时，由社会控制到守法行为乃是一个过程，其中尤其关键的就是社会控制在其影响力边界如何顺利地衔接自我控制。如果不能理解这一衔接过程，则无法真正理解自我控制的实质内涵。

而深入考察从社会控制到自我控制再到守法这一社会过程可以发现，社会控制发挥其对行为人之影响力并最终转化为守法行为存在以下三个关键节点，在每一个节点上的衔接问题都将导致社会控制与自我控制的脱节：

1. 行为人基于其社会化环境所获得的"服从的获利"需要被进一步理解为"服从的利害相关性"。也就是说，行为人必须有足够的认知，方可认识到其所经历的诸多积极心理体验来自对社会规范之遵守，且会由于违法行为而丧失。显然，缺乏上述认知的话，行为人将无法产生"违法的焦虑"。在现实生活中，身处优越社会环境，但是"身在福中不知福"者不乏其人，由于没有意识到违法的严重后果，一直到身陷囹圄才后悔莫及，显然就是缺乏这种认知的例子。

2. 有的行为人即使对于"服从的利害相关性"有所认知，但是如果因其本身生理性原因而缺乏诱发焦虑情绪的神经性功能，则"违法的焦虑"同样无法产生，具体表现为一种对犯罪之社会化后果有所了解却无所谓的心理态度。与在社会控制理论视野下，出于社会性原因（贫困、歧视、污名等），缺乏"服从的获利"，进而对违法之负面后果保持无所谓态度的违法犯罪行为人不同，这一人群之社会化环境已经赋予其某种程度的服从的获利，一般也能够体认到服从的利害相关性，只是由于生理性原因（人格障碍）而无法产生焦虑的情绪反应，从而表现出对犯罪之后果"无所谓"的态度。这种情况并非普遍存在，但是现代临床心理学与精神病学研究发现确实存在这样一个特殊人群。从某种意义上讲，这一人群之缺乏自我控制非不为也，实不能也。

3. 最后，即使行为人在其给定的社会环境下对于违法犯罪之可能性后果的认知引发了"违法的焦虑"，但是这一焦虑却可能面临另一种焦虑情绪的挑战，即"欲求不满的焦虑"。如果"违法的焦虑"并没有强大到可以对抗并压制"欲求不满的焦虑",那么违法行为的发生依然不可避免。在现实中,很多违法犯罪行为人对自身违法行为的严重后果并非全无认知,也会因为实施了违法行为而引发"惶惶不可终日"的焦虑情绪,但是其所面对的诱惑过于强大,导致欲求不满的焦虑压制了违法的焦虑,最终依然选择铤而走险。

透视社会控制理论与自我控制理论背后的心理机制,上述三个心理过程对行为抉择的影响不言而喻。而从这三个心理过程可以提炼出三个守法的心理要素:(1)对行为后果的认知要素;(2)基于对不良行为后果预判产生焦虑情绪的动机要素;以及(3)压制原始欲求不满所引发的焦虑情绪的自我满足要素。上述三要素在个体心理特质结构中的综合性作用决定了行为人在具备了有效社会控制机制的环境中是否会由于低下的自我控制能力而无法践行守法。

细心的读者会发现,这三个要素与前文介绍的性格特质理论研究所总结的低自控能力的三个基本性格特质高度吻合。只不过前者是在对动态守法心理过程加以分析而推导出的心理驱动要素,而后者则是通过观察已知的低自控力犯罪人识别出的静态性格特质。但是两者殊途同归地指向同一组心理特质,这说明这正是所谓低自我控制力的核心构成要件,这些心理特质的产生过程就是低自我控制力的产生过程,而转而站在犯罪预防的角度,这些心理特质的矫治干预过程,就是自我控制能力以及守法行为的养成过程。

五、以犯罪预防为出发点的自我控制能力之养成

犯罪学研究在其最核心立场上应是以应用为导向而非纯理论建构,因此,一个关于低自我控制能力的基本心理要素的概念体系建构努力最终是希望为犯罪矫治之具体操作提供具有实践意义的指导。在实践中,通过对上述三个方面性格特质之有效干预实现预防犯罪或者确立良好思维与行为模式的思路实际上同我们在青少年思想教育领域中一些公认的有益做法不谋而合,从这个意义来说,这一概念体系实际上是对我们在如何培养行为端正的下一代问题上的一些经验性认识作出了具有理论性和普遍性指导的确认,使其得以上升为具有目的性和系统性的行为调整策略。

具体来讲,这三个方面性格特质的积极塑造可以有效提高个体之自我控制能力,因此致力于预防犯罪的行为养成或行为矫正策略也应该分别在这三个方面有针对性地展开:

1.认知能力培养。这一领域在儿童来说,就是积极的智力能力开发,尤其是抽象思维能力与抽象思维习惯的开发。由于认知能力的缺乏，儿童无法有效地从当前认知中通过抽象逻辑推导并想象出其潜在发展方向与未来之性状。这在行为决策上的表现就是无法有效地认识到自己行为的潜在后果，从而导致冲动而不负责任之行为。在早期犯罪学研究中，对于低智商与犯罪之间的关系有一种基于直观经验的关注。但是在概念化研究中，往往将智力之作用机制解读为对规范学习的能力，或者生存技巧能力的影响，进而从这些方面尝试寻找犯罪的前兆。这些尝试往往带来自相矛盾的研究发现，最终无法真正在低智商与犯罪行为之间建立合乎逻辑的联系。但是如果从认知能力影响行为人对行为后果的预判与想象，从而导致无责任感与冲动性这一视角来看，智力发展滞后确实与犯罪倾向存在着实质上的联系。

2. 挫折耐受能力之培养。在上个世纪60、70年代西方犯罪学深受标签理论影响之际，基于自我效能理论提出了认为不可随意折损儿童自尊心，因此强调正面鼓励，刻意淡化竞争胜负意识的教育理念。在标签理论退潮之际的反思中，我们看到在这种教育理念影响下的一代人自负、浮躁而缺乏耐心的典型行为模式。如果以挫折耐受能力对个体行为模式建构之意义反推，可以认为标签理论影响下的教育理念导致儿童无法得到面对挫折并耐受挫折的锻炼，由此催生了影响一代人的问题行为模式。有鉴于此，在对儿童、青少年的教育中，应当注重对其正确认识失败、理性面对挫折以及耐心等待成功之意识与能力的培养。

3. 摆脱低级趣味的高雅文化品位之培养。行为人的大脑如果习惯于从低级神经刺激中获得简单而直接的满足，那么会逐渐丧失通过抽象思维、逻辑推演以及认知建构等大脑高级神经活动获得快感与满足的习惯与能力。因此，在某种意义上，不可以将诸如文学、音乐、绘画这些需要调用大脑高级感官与分析功能以及棋牌、编程、推理等高智力活动简单视为附庸风雅或者匠技集积。以文化为载体的能力培养，在犯罪预防方面不仅仅是具有道德教化之功能，其更加重要的意义在于通过养成从大脑高级神经功能那里获得功利性满足的能力与习惯，摆脱对单纯低级神经刺激的依赖。

综上所述，以前文总结的三个基本要素为指导，可以提出这样一个基于自我控制理论的关于犯罪预防或矫治操作的理论假设：通过提高青少年自我控制能力可以显著降低其未来犯罪的可能性。而这种自我控制能力的养成应重点培养行为人的思维认知能力与思维认知习惯，提高其对挫折的耐受力，并努力促成其在较高级别思维活动而不是低级神经刺激中寻找满足感的选择取向。

第九章　犯罪归因之社会心理学视角1：标签理论

对于在之前章节中介绍的多数犯罪学理论，即使其学说在近二三十年中有所更新，但其学术传承往往可一直上溯至十九世纪甚至更早时期的理论与流派。而到了二十世纪初，社会科学研究发展进入新思潮风起云涌的时代，多个相关学科领域的观念突破、概念整合与方法创新为犯罪学理论的发展注入了新的活力，结合学者对旧有理论的批判、证伪与重构，涌现出一些颇具独特学术品位的犯罪学理论。从这些理论的发展沿革来看，即使是作为其概念基础的一般性社会学或心理学理论也往往属于新兴学说，而将其应用于犯罪学领域则更是晚近犯罪学发展的新锐成果，其出现极大地拓展了犯罪学研究的视野，丰富了犯罪学理论体系的内涵。当然，我们也必须看到，新兴学说固然给犯罪学理论发展带来新的活力，但它们往往会由于发展时间有限、学术争鸣展开不足而面临理论体系体量偏小，归因逻辑碎片化以及概念框架不完整等局限。

本章要讨论的标签理论就是这类新兴理论中的重要代表性理论之一。作为一种犯罪学归因理论，标签理论的出现得益于19世纪末、20世纪初在社会学与社会心理学领域异军突起的符号化互动理论，其对越轨行为的归因分析体现了将犯罪视为一种社会化行为与社会性建构的理论倾向。标签理论在20世纪中叶逐渐在犯罪学界获得广泛支持，进而对欧美二战后直至20世纪末的刑事司法政策产生了深刻的影响。但是，由于其本身的一些重要缺陷，标签理论在席卷欧美犯罪学理论与刑事司法实务之后面临来自学术界和实务界的激烈批判，随之又迅速边缘化。关注其发展历程的犯罪学者检视其在刑事司法实务应用中遭遇的各种操作性问题，往往倾向于对其理论价值采取全盘否定的态度。但是应该看到，作为标签理论之概念基础的符号化互动理论在社会学和社会心理学领域尽管也面临批判和挑战，却并未出现类似于标签理论在犯罪学领域面临的这种窘境，依然保持着其学术活力与支持度。这说明标签理论至少在理论基础层面还是有其可取之处的，至于为什么在犯罪学以及刑事司法实务中遭遇问题，还应该从多个角度去找答案，而不是简单化地全盘否定。因此，本章会在后半部分有针对性地对标签理论作为犯罪归因理论之内在机制加以分析，尝试廓清其理论效度与操作实效之间落差的真正原因。

第一节 标签理论之核心观点

虽然源自不同的理论传承，但是在犯罪学语境中，标签理论往往被作为对控制理论的反思与批判的产物。标签理论的基本主张是，在发挥其意图的积极作用的同时，尝试社会控制的组织、机构及群体同时也以其社会控制尝试造成适得其反的效果，本来是意图遏止和预防犯罪，改造犯罪人的，却实际上创造出新的犯罪人和犯罪行为。

一、标签理论之要义

标签理论在学术旨趣上并不追求成为一种可以解释所有越轨行为的"一般性理论"，而是聚焦一种被称为"继发越轨"的次生性越轨行为的产生机制。根据其主张，刑事政策之制定与执行应当避免由于具有负面道德谴责属性的"标签"之附着于行为人而引致的"继发越轨"，而能够成功达成这一目的的政策设计虽然无法完全消灭犯罪，但是可以有效地减少犯罪。

与控制理论、社会学习理论等基于社会过程论的犯罪归因理论一样，标签理论也将视线投注于行为人与他人的互动与社会联结，认为这是决定个体行为是否会走向越轨与犯罪的关键性因素。但是，标签理论认为社会控制主体对先前越轨行为的谴责性反应（如耻辱、打负面标签等）会制造更多的后续越轨行为（继发越轨），因此，有益的社会化联结之缔造需要社会主体对行为人的偶尔行为失当或轻度越轨保持宽容及既往不咎之态度。

从学术传承上看，标签理论源自社会学领域从 19 世纪后期开始兴起的互动主义学派（Interactionist School）。互动主义认为，人之行为模式受到个体自我意识的引导及限制，而自我意识之建立是通过在社会化语境中与他人的符号化互动（Symbolic Interaction）以及角色扮演（Role Play）来实现的。尤其对于青少年来说，他们完全不具备独立建构其自我意识的资源与能力，因此，其周遭的同侪以及其他具有重要性的社会化主体对其作出的评价与判断将极大地影响其自我认知的基本方向。如果一个青少年因为偶尔失当或轻度越轨行为而遭到来自其社会化环境中同侪及权威角色的否定性评价，则其自我认知将不可避免地具有自我贬抑、自我否定之色彩，进而导致其行为上自暴自弃，最终无可挽回地发展为可重复的越轨与犯罪行为。

二、标签理论之社会心理学概念基础：符号化互动主义

作为一种由美国学者主导的犯罪学理论，标签理论体现出浓厚的"芝加哥学派"犯罪学特色，这显然并非偶然。20世纪初以芝加哥大学社会学系为源头的一批犯罪学家提出的社会学视角犯罪学理论体系第一次使美国犯罪学获得与欧洲犯罪学并驾齐驱的学术地位，并由此形成了美国当代犯罪学研究的第一个学术中心，深深影响了之后美国乃至世界犯罪学的发展。而正是来自芝加哥学派的社会学者率先提出了符号化互动理论这一20世纪重要的社会心理学理论，因此，与芝加哥大学社会学系有着密切联系的一批美国犯罪学家在其理论研究中引入符号化互动之概念来解释人类越轨行为可以说是水到渠成，自然而然。

符号化互动主义（symbolic interactionism），又称象征互动主义，是一种主张从人们互动着的个体的日常自然环境去研究人类社会化生活的理论，其概念体系主要源自社会心理学。一般认为符号化互动理论存在芝加哥学派与衣阿华学派两个分支，而因为其在犯罪学研究中的应用主要来自前者，因此在此讨论的符号化互动主要是指芝加哥学派的观点。

作为一种社会心理学理论，在符号化互动理论发展历程中起到重要作用的学者为数众多。但以其在犯罪学领域的应用为立足点，我们主要关注两位学者的贡献：查尔斯·库里（Charles H. Cooley）提出的"镜中的自我"概念以及乔治·米德通过"社会化自我"、"一般性他人"等概念正式开创的符号化互动理论。

库里在其1902年出版的专著《社会组织论：对更广泛的意识之考察》一书中基于人类自我意识的实质建构了"镜中的自我"这一概念。[①] 根据这一概念，社会主体只有通过他人的意识映射才能认识到自我，宛如通过一面镜子才能观察到自身。在主体建构"镜中的自我"的社会化过程中，他人会根据社会化交往及观察的结果对其作出评价性反应，这种反应被主体所认知和解读，进而产生了对自身的认识。库里认为，"镜中的自我"的形成要通过三个社会化互动过程：（1）基于他人之反应得出自身在他人心目中（客观）形象的想象；（2）对他人关于自身形象之（主观）评价作出想象；（3）在此基础上形成某种特定的自我感觉。在库里看来，自我意识与社会意识是不可分割的，前者必须以后者为基础。那种认为自我意识是独立的和与社会隔绝存在的想法只是主体在思考自我认知来源时产生的一

[①] Charles H. Cooley, *Social Organization: A Study of the Larger Mind*, New York: Shocken, 1902.

种错觉。因为他对于人类社会意识之建构过程的创造性思考，库里被认为是符号化互动理论思潮的开创者之一。

在"镜中的自我"概念之基础上，米德在其1934年出版的《意识、自我与社会》一书中系统地提出了"符号化互动理论"的基本框架。[①] 在书中，米德将符号化互动的概念分解为几个简单易懂的命题：（1）作为社会成员的我们对自己的定义，或者说自我认知，是建立在他人对我们的观感及反应之上的；（2）行为人所言所行都是其对其社会化环境作出的解读的结果；（3）人类之间的沟通是通过符号实现的，最普遍使用的符号就是人类的语言；（4）研究者必须站在被研究者的立场，感被研究者所感，方能得出对人类社会化行为具有解释力的理论。之后，米德的弟子，同样出自芝加哥大学的社会学家赫伯特·布鲁莫（Herbert Blumer）进一步发展了符号化互动理论体系，提出人类是在积极地与他人互动的过程中建构其社会化自我认知的，同时自我认知形成之后依然保持高度动态化，会在与他人的后续社会化互动中不断被调整和重构。[②] 而这种互动的基本媒介就是象征性符号。

符号之所以对人的自我认知之形成具有重要的意义，是因为在社会化互动中，我们会大量使用特定符号或者姿态来表达一个具有复杂内涵的意念。当这类符号或姿态在反复的同质化互动中逐渐固化后，就代表了社会话语体系中特定的态度和评价，成为所谓的"象征性符号"。而结合库里"镜中的自我"概念，所谓"自我"，其实就是个体在接纳了他人以象征性符号为载体所表达的态度和评价之后形成的自我认知。这种"自我"具有非常丰富的信息含量，包含有关个体的社会角色、社会地位、价值观以及社会信仰等普遍性认识，并且还可以从中进一步引申出对行为人之特定行为模式的社会化预期。

我们在社会生活中非常频繁地使用符号化互动。比如，我们会根据对他人的一定程度的观察对被观察者作出某种符号化限定：比如在校学生往往将身边同学根据学习成绩好坏分别冠以"学霸"或"学渣"的符号。而这种符号不仅代表了观察者对被观察者之前言行的概括，同时还含有对其之后行为模式的某种预期："学霸"将会克己自律，发奋苦读，而"学渣"则将自暴自弃，虚度光阴等等。而同时，这种概括及预期，也由于符号化互动的作用，左右了行为人对自身的自我认知。

理解了符号化互动的基本观念之后，我们就不难理解标签理论对人类

[①] George H. Mead, *Mind, Self, and Society*, Chicago: University of Chicago Press, 1934.

[②] Herbert Blumer, Sociological Implications of the Thought of George Herbert Mead, *American Journal of Sociology*, Vol. 71, Issue 5, 1966, pp.535-544.

行为之发展轨迹的独到洞见。在传统观念中，我们认为社会对一个人的认知及评价源自一个人对自我的认知，而一个人的自我认知则源自其对自身行为的自省。换句话说，从时序上看，是先有行为，继而行为产生自我认知，最后自我认知引导社会评价。但是在符号化互动理论框架中，对这一发展顺序的理解是正好相反的：人之行为乃是源自其自我认知，而人之自我认知又源自其所意识到的社会认知。换句话说，他人的评价在很大程度上会左右个人未来的言行。如果这一理念是成立的话，我们不妨想象一下负面社会认知的可能影响：当社会公众由于种种原因，对个人形成一种具有符号化意义的偏见时，这种偏见就会对人的自我认知产生负面影响，进而对人的未来言行产生相应的负面影响。将其应用于对犯罪行为的归因，则我们可以说，特定犯罪行为的出现可能并非全是源自行为人的原始素质，而有相当部分是外界的看法在个人内心的回响。

作为一种犯罪学理论，标签理论的浓重互动主义色彩主要体现在以下几个学者的有关论述中：埃德温·莱默特（Edwin Lemert）的原发越轨与继发越轨概念（Primary & Secondary Deviance），霍华德·贝克尔（Howard Becker）的主要身份说（Master Status）以及埃尔文·戈夫曼（Erving Goffman）的社会烙印说（Stigma）。

三、莱默特：原发越轨与继发越轨

作为标签理论兴起时期的重要学者，莱默特认为犯罪学研究的传统视野需要调整，不应该仅盯着犯罪人，而应该更加关注制造犯罪者。[①] 这一主张的逻辑基础是，如果要考察其实质性源头的话，犯罪并非源自实施特定被规定为犯罪之行为的人，而是源自那些通过立法或司法方式而将特定行为入罪之人。

莱默特指出，拥有左右入罪选择权力者不仅可以选择将哪种行为入罪，还可以决定将哪一类人的哪种行为入罪，由此掌握了影响他人的自我意识进而塑造其后续行为的潜在能力。在此基础上，莱默特提出了原发越轨与继发越轨的概念。

所谓原发越轨，就是那种带有偶然性和随机性的孤立越轨行为。每个人都难免偶尔出现原发越轨，但是这类越轨行为既不代表行为人的固有行为模式，也不会对行为人的自我意识产生实质性影响。如果社会化主体对原发越轨采取一种不予过分关注的处理方式，它将只会在很小程度上影响

---

① Edwin M. Lemert, Beyond Mead: The Societal Reaction to Deviance, *Social Problems*, Vol. 21, Issue 4, 1974, pp.457-468.

行为人的社会地位、自我认知以及未来行为模式演变。

而继发越轨指的是行为人的原发越轨为社会化主体,尤其是社会权威机构(如学校,警察及其他政府强力机关)所关注并作出强烈反应(在此,显然最强烈反应就是刑事处分)之后,对其社会地位与自我认知造成显著而不可逆转的破坏,最终导致其自我意识中的反社会属性被固化和强化,从而出现的具有重复性的越轨行为。

莱默特进一步指出,在原发越轨遭到社会主体之关注、反应及负面标签,进而对个体自我意识发生影响时,这种影响在多大概率上能够导致继发越轨还取决于个体本身的社会化基础。个体在遭到社会主体的负面标签时,可以通过从其他社会化资源中获得正面标签以及强调既已建立的自我意识来对抗其影响。因此,个体越是缺乏社会化资源及自我认知能力,其为负面标签左右的可能就越大。由是观之,社会底层青少年群体作为在上述两个方面均严重不足的一个群体,受到负面标签影响而产生继发越轨的可能性应是最大的。这一推论显然得到了实证观察的印证:身处社会底层的青少年正日益成为显著的犯罪高发的人群,而青少年违法犯罪中显著的重复性、团伙化和恶性化特征也非常符合继发越轨的基本属性。

四、贝克尔:越轨标签与弱势群体阶级固化

标签理论的另外一位代表性人物贝克尔直接师承于芝加哥学派社会学。虽然他与莱默特在几乎相同时期就同一论题提出了非常接近的主张,但是两人之前并无明显交集。相较于莱默特主要关注社会化标签在微观层面的行为学意义,贝克尔则更加关心其在宏观层面的结构性作用。在其1963年出版的代表作《圈外人》(Outsider)中,贝克尔考察了社会强势群体是如何通过其掌握的话语权力,有选择地将特定弱势群体的行为定义为越轨,进而将该弱势群体制度性地排斥于主流社会之外。[1] 贝克尔将这一过程描述为一个三阶段式的社会互动:(1)制定规则,在规则中有选择地定义越轨行为;(2)有针对性地适用规则与特定人群;(3)将该人群标定为"圈外人"。在这一过程中,越轨行为人就被有目的地"创造"出来。因此,贝克尔指出"所谓越轨行为不过是那些被打上越轨标签者的行为"[2]。显然,作为一种特定社会目的产物的标签之影响不仅仅止于在结构层面上的社会阶层分划。以一种被称为"主要身份"的自我意识为媒介,这种分划会对个体未来行为轨迹产生实质性影响。越轨的负面标签所造就的这

---

[1] Howard S. Becker, *Outsiders: Studies in the Sociology of Deviance*, New York: Free Press, 1963.
[2] Howard S. Becker, *Outsiders: Studies in the Sociology of Deviance*, New York: Free Press, 1963, p.9.

种具显著性的自我意识具有排斥与淡化个体其他自我意识及自我认同的作用，最终令行为人不得不接受这一主要身份对其行为模式的限定，甚至令其未来行为发展走上一种"自我应验之预言"的发展轨迹：被强加的越轨自我意识引致未来的越轨行为，而未来的越轨行为反过来进一步强化了越轨自我意识本身。① 可以看出，贝克尔关于社会标签对个体未来行为发展的影响的看法与莱默特是不谋而合的。

比之标签理论的其他几位代表性学者，贝克尔的学说在视野上明显更具纵深度。他关于掌握社会认知话语权的强势群体通过标签定义为手段，系统地排斥弱势群体的见解实际上已经超越了个体心理学层面，从宏观的层面揭示了社会群体之间的结构性互动机制，因此应属于社会学理论的范畴。而至于这种针对特定群体的标签对于该群体成员之行为模式的具体影响机制，则依然承袭了符号化互动理论的社会心理学内核。

五、戈夫曼：制度化环境与败坏的社会身份

如果说莱默特与贝克尔的研究使我们对社会互动定义过程之行为塑造威力印象深刻的话，戈夫曼则进一步聚焦这种社会互动的一个具体而重要的环节——监管环境——对个体自我意识的破坏性作用。作为另外一位来自芝加哥学派的学者，戈夫曼的研究也秉承了芝加哥学派一贯的社会学视野和实证观察传统。虽然其主要学术成就所关注的并不仅仅是具有犯罪学意义的社会过程，但是他对于社会烙印及强制监管环境（主要是精神病院）的研究对于在犯罪学语境中理解标签理论具有重要的意义。在戈夫曼看来，源自越轨行为的负面社会评价与源自生理残障、种族差异，甚至特异外表的负面社会评价在本质上并无差别，均可以"社会烙印"一词一并加以涵盖。② 而这种社会烙印最终会在社会主体的建构下生成一种"败坏的社会身份"（Spoiled Identities），这一概念基本上与贝克尔所定义的负面"主要身份"是一回事。

戈夫曼在其著述中强调，强制监管环境在生成"败坏的社会身份"方面效果尤其明显。③ 这一观点在标签理论兴起后具有非常重要的政策性意义，因为正是基于标签理论对于强制监管环境的强烈批判和否定，在刑事司法

---

① Howard S. Becker, *Outsiders: Studies in the Sociology of Deviance*, New York: Free Press, 1963, p.31.

② Erving Goffman, *Stigma: Notes on the Management of Spoiled Identity*, Englewood Cliffs, NJ: Prentice-Hall, 1963.

③ Erving Goffman, *Asylums*, New York: Doubleday Anchor, 1961, p.13.

界产生了极具影响力的非监禁主义思潮，主张废除自由刑，以刑罚替代手段作为犯罪的主要对应策略。

第二节　标签理论的社会心理学解读

从理论建构层次上讲，犯罪学意义上的标签理论对于符号化互动理论的借鉴更多集中在现象论层面。换句话说，通过引入符号化互动的一系列概念，对社会意识推动特定行为人越轨行为模式形成的社会化过程进行了系统的描述。其关于社会机构基于控制越轨行为之意图所作的系统性努力往往带来适得其反的越轨倾向强化与行为模式固化效果的这一论断总体来讲是相当准确的，与理论界、实务界以及公众所观察到的现代刑事司法体系在应对犯罪现象（尤其是未成年人犯罪现象）时面临的困境颇为吻合。这也是该理论在20世纪70年代前后主导了欧美刑事司法制度改革走向的原因。

但是，如果考察主要标签理论学说的表述，会发现其理论体系对于这一社会化过程背后的具体因果机制的解读并不深入，其核心归因机制之表述存在明显的疏漏和矛盾。比如，莱默特在其著述中强调了源自强力社会控制机构的负面标签使出现了原发越轨行为的行为人之自我认知发生变化，最终导致与该负面标签相呼应的继发越轨行为模式。但是，负面标签是如何内化为行为人之自我认知的？而在明知这一标签代表社会对其否定与谴责之反应时，为何行为人不是秉承社会适用标签之初衷，为了改善自身的社会化处境而改过自新，反而沿着这些否定与谴责所指方向越行越远？这些问题已经超越了关于标签这一符号化互动过程的现象论范畴，更多的是关于标签作用机制背后的因果律之追问。显然，如果不能有效地回答这些问题，标签理论对于犯罪行为的归因解读是缺乏说服力的。

而在刑事司法实务中，标签理论之应用在经过了最初的改革热潮后，也面临着操作上的困境。在标签理论的指导下，刑事司法机关在涉及被认为易受负面标签影响的人群（如未成年人、妇女以及少数民族裔）的执法与司法流程中刻意弱化正式程序，尝试避免负面标签的形成，但是最终却发现修正后的刑事司法程序并不能有效地减少负面标签之效果，在有些环境下，非正式程序的使用反而扩大了负面标签的影响范围。这也导致犯罪学界对标签理论的批判日益严厉，最终引致标签理论在学术上的边缘化和实务上的政策回潮。

应该看到，标签理论本身虽然存在观点激进和视角狭窄等缺陷，但是这一理论在涉及社会意识对人类行为之影响方面的底层核心概念体系是合理而有解释力的。只不过犯罪学研究者过于注重通过符号化互动概念的应用来描述标签现象，而缺乏对其行为归因机制的基于社会心理学的细致考察。这就导致对于标签与犯罪行为之间关系的肤浅解读以及标签理论学习者"知其然不知其所以然"的认识缺陷。实务操作中的困境无非是这种认识缺陷的必然后果。因此，唯有站在其底层的社会心理学理论基础层面上，深入考察其核心归因机制，方能全面理解并正确应用标签理论之犯罪行为归因逻辑，有说服力地解释具有继发越轨特征的犯罪行为并有针对性地制定刑事政策加以应对。

在对作为犯罪学理论的标签理论之内在逻辑的分析中，需要在两个层面上对其归因逻辑加以考察，首先，需要考察标签之社会心理学效应的作用机制，即为什么负面标签会对个体的行为产生与经验性常识相悖的影响。若将其转换为基于具体经验性感受的表达，就是关于"人为什么要难以抑制地循标签的预期行事"的追问。其次，还需要考察标签之社会心理学来源机制，即在现代人类社会化互动的一般性经验已经反复对负面标签的消极社会化后果作出警示的情况下，为什么人类在符号化互动的社会过程中依然会不断地作出适用负面标签这一非理性选择。而将其转换为基于具体经验性感受的表达，就是关于"人为什么会难以抑制地给他人贴标签"的追问。

一、标签之社会心理学效果

从符号化互动概念提出的第一天起，在经验性感受上的认同和在功效逻辑基础上的质疑就一直相伴而行。一方面人的行为模式由于社会标签的影响而发生实质性改变的例子在现实生活中比比皆是，在被符号化互动理论系统而具体地勾勒出来后，已经是一个几乎不容否认的社会现实。但是，标签到底有什么"魔力"使人难以抑制地循标签的预期行事？相关理论对这一问题的解释有失单薄，缺乏充分的说服力。显然，如果从传统行为主义心理学的行为归因逻辑是无法直接推导出负面标签对个体行为的形塑作用的。从社会控制角度讲，负面标签的用意是要创造一种负面心理体验并将这种心理体验与个体的越轨行为关联起来，促使个体产生摆脱负面心理体验的意愿，从而约束和纠正其越轨行为。而不论是基于"刺激—反射"之行为学习模式，还是基于"刺激—认知—行为"之认知学习模式，在明知其负面体验来自其越轨行为的情况下，行为人显然都不应当强化其越轨行为。因此，围绕负面标签产生的社会化互动环境显然存在一些其他影响因素，这些因素的作用机制并不必然与行为主义心理学的基本行为归因理念相矛盾，但是这些因素的存在对个体行为的决策过程产生了一些额外的心理驱动，这些心理驱动与行为人行为习得的内在联系是理解标签理论所必须考察的。

应当看到，在人类行为之形成机制的归因解释方面，目前最具解释力的依然是基于学习机制的行为主义心理学的相关学说，尤其是在二战后注入认知心理学成分形成的社会学习归因理论。虽然在表面上看起来标签对行为的影响不符合学习理论关于环境刺激与行为反应的推断，但是，基于班杜拉的三元交互决定论，在环境与行为之间加入认知因素之后，这种影响机制本身就已经不再是如行为学习理论描述那样的简单直白了。而尽管其出现远早于认知心理学，符号化互动理论的概念内核中鲜明的认知色彩却是不容置疑的。如果说符号化互动论所描述的人类行为形塑机制之复杂是难以用斯金纳的传统行为学习理论加以解释的话，以认知为内核的社会学习理论已经提供了一个更加精密而有效的理论框架，而本章下面的部分正是以这个理论框架为基础来尝试解读标签理论的基础社会心理学归因机制的。

正如前文所说，针对越轨行为的负面标签从其初衷来讲是社会控制机制的正常反应。在一个规范体系相对完善且正常发挥作用的社会中，对越轨的通常反应就是社会化制裁，这其中既包括正式制裁，比如刑事处罚、行政处罚以及侵权责任，也包括非正式制裁，比如道德谴责、社会身份剥夺，以及社会关系的消极变化。而标签正是这种非正式制裁的主要表现形式。由此可见，标签的原始社会化功用乃是社会控制，其预期的作用机制应与本书第六章所介绍的社会控制理论相吻合。

但是，社会心理学者在考察人类社会化过程时，反复强调一个概念就是"预期之外的社会化后果"(unexpected social consequence)，即当社会主体基于某一初衷发起一个社会化互动过程时，这一过程的结果往往会指向与其初衷完全不符的效果，且这种非预期的效果之影响绝非边际性和可忽视的，而是重要的和实质性的。在社会学与社会心理学研究中，这种预期之外的社会化后果及其产生机制是一个重要的课题。那么，既然给表现出越轨行为的个体基于行为控制及干预的目的施以负面标签是一种以象征性符号为载体的社会化互动过程，那么其预期之外的社会化后果就是不可避免和不可忽视的。

基于标签理论的描述，可以识别出以标签为载体的非正式社会化制裁有4个非预期的后果，正是这4个非预期后果导致了越轨的持续甚至强化。

而对这 4 个非预期后果及其效果的解读中可以发现本书之前章节介绍的多个犯罪归因理论的成分。

1.越轨放大。以标签为载体的非正式社会化制裁的第一个非预期后果是越轨放大。所谓越轨放大,顾名思义,就是由于标签的作用,使得越轨行为倾向被强化而不是如传统理解那样,出于规避标签所引致的负面体验而被削弱。对于这一非预期后果的解读基本上是以行为的认知习得机制为基础的,但是与传统理解不同,必须看到在这一机制中的环境刺激要素并非仅仅是标签带来的负面体验,同时还有与标签的符号化互动特征密切联系的一些社会心理学要素,而正是这些要素的存在改变了社会主体在适用标签时所预期的社会互动过程。

首先,正如莱默特在阐述标签理论时所强调的那样,非正式社会化制裁创造出的负面标签本身不会无中生有地在行为主体那里引发越轨行为。首先出现的其实是原发越轨行为,然后才会有社会控制机构为了应对越轨行为所适用的标签。根据社会控制理论的观点,当违规行为发生后,社会控制主体会应用"耻辱"来凸显"守法的利害相关性",制造违法的焦虑,以促进行为人守法动机与能力的习得。这背后的心理学机制即使是使用传统行为主义心理学的行为学习理论也可以充分解释。但是,通过耻辱感所提供的环境性刺激如果要成功地实现对越轨行为的抑制,一个先决条件是这种耻辱感必须是和越轨行为建立了一种关联。而按照斯金纳对于条件作用之行为形塑机制的理解,单纯由惩罚所带来的痛苦并不足以起到对守法行为的强化。真正对守法行为起到强化作用的乃是对惩罚之痛苦的有效规避。换句话说,仅对越轨行为施以耻辱并不是有效的行为干预,真正有效的行为干预在于行为人意识到其对越轨行为的压制会有效地带来痛苦的缓解与消退。因此,耻辱对人之越轨行为产生抑制效果的关键不在于对越轨行为的迅速而确定的反应,而是对行为人改过自新趋势的迅速而确定的积极回应,即耻辱之痛苦体验的相应消除。

但是,我们在社会化互动中所观察到的社会控制主体适用负面标签应对越轨行为的惯常模式恰恰违反了这一基本要求。实际上,由于标签作为一种符号化社会互动载体的基本特征乃是稳定与持久的信息传递,以负面标签作为对越轨行为的非正式社会化制裁的载体就导致耻辱的固化。即使是行为人为了摆脱耻辱所带来的痛苦体验而努力抑制自己的越轨行为倾向,标签的存在也导致其所面临的耻辱并不会有相应的消减。于是,尽管社会控制主体适用负面标签的期待效果是羞辱不良行为,鼓励良好行为,其实际效果却是持续地给行为人带来耻辱的负面心理体验,而无视其行为之优劣变化。

根据行为学习理论的"刺激—反射"机制，如果行为与作为环境反馈的行为后果脱节，则后果将不会导致行为人任何有意义的自我调节。由于标签的存在，作为环境刺激的耻辱不再与作为刺激强化后果的行为有任何操作性条件作用意义上的关联。质言之，既然守法不会导致耻辱之痛苦的消退，那么以痛苦之规避作为对守法行为的负面强化机制自然就不会出现了。可以说，正是作为社会互动符号起作用的负面标签在越轨行为应对过程中的适用导致了正常的行为习得机制的紊乱与逆转。

而站在行为人的角度来讲，越轨行为除了会带来社会控制主体的非正式制裁之外，本身还往往是满足其自身原始欲求的一种正面刺激。在一种有效的社会控制体制下，非正式制裁所带来的痛苦超过了越轨行为所带来的满足，则对这种痛苦的规避效果就成为促成守法行为的环境刺激。但是既然这种环境刺激由于标签的存在而失效，则越轨行为所带来的欲求满足就成了一种退而求其次的积极强化。换句话说，对于越轨行为人来说，既然压抑自我的改过自新并不能带来任何好处，那么还不如维持越轨行为，至少还可以获得欲求满足。于是，尽管从表面上看，被打上负面标签的越轨行为人似乎是在罔顾社会劝导一意孤行，实质上却不过是一种无可奈何之下的被迫选择。

2. 越轨同侪接触。以标签为载体的非正式社会化制裁的第二个非预期后果可以被称为：越轨同侪接触。这一概念的含义是，由于负面标签的作用导致实施了类似属性的越轨行为的行为人（即越轨同侪）发生了超越正常强度与频度的社会化接触。而这种社会化接触的后果，可以直接应用萨瑟兰的差异接触理论加以理解：行为人会由于与具有类似越轨行为的行为主体的有效社会接触而习得支持其越轨行为的动机、目的与合理化解释，而进一步强化其所背负的负面标签所针对的行为模式。而之所以负面标签会带来与越轨同侪的强化接触，则可以在社会学习理论体系中的另一个重要理论——亚文化理论中获得逻辑支撑。

所谓"亚文化"，是指在某个社会群体中存在的不同于社会主流文化的一套价值观念与行为模式。作为一种犯罪学理论的亚文化理论是美国犯罪学家阿尔伯特·科恩提出的一种主要用于解释青少年犯罪现象的理论。[①] 他认为青少年通过社会学习机制习得犯罪行为的重要平台乃是所谓"犯罪亚文化"：一种基于犯罪集团以及特定越轨行为群体内部共有的特

---

① Albert K. Cohen, *Delinquent Boys*, New York: Free Press, 1955.

定理念和价值观所形成的思维方式和行为模式。

科恩认为,由于下层社会阶级的青少年在正式社会结构中的地位受到挫折,导致他们形成一种对抗中产阶级价值的反应,这就必然与学校的规范发生冲突。他们便创造一种同中产阶级的要求完全不同的犯罪亚文化。这些犯罪亚文化正好解决了下层社会子女在学校无法得到的东西,为他们提供能够达到的地位标准。

科恩的理论被一些犯罪学家批评为将犯罪亚文化所体现的价值观与主流价值观截然对立,过于绝对。而实际上,科恩所描述的意图融入主流文化而不得,被迫形成其独特亚文化来获得社会化认可的下层青少年群体,在某种意义上正是被打上了负面标签的青少年群体,这一群体的社会化生存在表征上体现为亚文化,而在成因上则源自标签。

负面标签代表社会受众的负面反应与非难,其所带来的耻辱效应极大地恶化了个体的心理生存环境。而被贴上越轨标签的个人在向主流社会寻求肯定时将面临重重困难。这会带来两个直接结果:第一是行为人将不得不转向主流社会之外的社会群体寻求社会化认同;第二是带有类似负面标签的个体得以互相识别,聚合成为一个"志同道合"的小圈子。于是,一个以背负类似负面标签的行为人为基本成员的亚文化就自然而然地形成了。

由于这一亚文化由具有类似越轨经历的个体组成,因此其被主流文化排斥与否定的越轨行为模式反而成为一种普遍性行为,其背后所承载的价值观及行为规范也不再是谴责与唾弃的对象。一方面,越轨行为个体在其亚文化中将可以获得充分的社会化认同,得到非常积极的心理体验,这就增加了亚文化群体内部的凝聚力。另一方面,根据差异接触理论,与具有相同越轨行为模式及价值观的个人的社会化接触会进一步强化这类行为,因为在亚文化群体内部的符号化互动中,越轨行为背后的态度、动机、合理化解释得到充分沟通,而亚文化群体成员会近乎一致地将主流文化对越轨行为的禁令解读为"不可接受",由此促成了越轨行为的进一步习得。

越轨同侪接触的一个典型例子就是监狱环境下的所谓"交叉感染"现象。对此的简单解读认为就是犯罪人互相之间交流学习犯罪手段与技巧。但是,这一现象的实质乃是一大批具有类似越轨行为模式的行为人在"犯罪人"标签下聚集于监所环境中,就会形成一种"监狱亚文化"。在这种亚文化中,反权威、反社会的价值观受到推崇,守法行为遭到唾弃。而服刑人员之间的所谓"难友"关系更使得他们之间的社会化接触具有极强的行为习得作用,最终导致很多服刑人员在服刑期满后反而具有更甚于其入狱时的越轨行为倾向。

3. 自我排斥。以标签为载体的非正式社会化制裁的第三个非预期后果乃是自我排斥。与前两个后果明显的行为主义心理学属性不同，这一后果背后的因果机制是以临床心理学和心理障碍概念为基础的。在很多社会学家对人类社会化互动的观察中，都提到了公众在越轨行为与心理疾患之间含混不清的因果逻辑，这其中既包括以心理疾患来标签与定义特定越轨行为，也包括将特定心理疾患之临床症状行为视为越轨行为。而标签理论所观察到的被打上负面标签的行为人循标签之预期行事在一些特定个案中就是后一种情况导致的。

首先，必须看到，行为个体在由于其越轨行为被贴上负面标签之后，其后续行为并不一定会完全符合标签的预期。但是，如前所述，被贴上负面标签后的普遍后果乃是个体几乎无例外地遭到社会主流群体的排斥。遭受社会化排斥将导致个体的负面自我形象，进而引发心理压抑以及敌意情绪等临床心理问题，最终导致自我排斥。而临床心理学的研究已反复证明，自我排斥以及负面自我意识往往是很多种类型的心理疾患的直接或间接根源。

而心理疾患若得不到及时的治疗干预将进一步发展成为基于心理问题的异常行为。这些异常行为虽然在相当程度上是病理性的，但是其表现形式往往与普通的社会性越轨行为区别不大，比如酗酒、吸毒等自残行为、攻击性行为以及个人生活的无序与反社会性。如果行为人所背负的负面标签本身具有一定的模糊性，那么行为人心理异常导致的异常行为就往往会被不加区分地理解为对负面标签行为预期的佐证了。

4. 低自我效能。以标签为载体的非正式社会化制裁的第四个非预期后果乃是行为人之低自我效能。这一非预期后果是指被打上负面标签的行为人在接受了社会对其负面评价之后，会产生消极的自我认知与对个人能力的低自我评价。而由于对自我能力的评价偏低而在行为决策上倾向于逃避与消极，最终导致其行为模式与其负面标签的评价趋于吻合。对这一概念的解读源自班杜拉社会学习理论三大核心学说之一的自我效能论，同时我们需要结合心理学中关于人类行为决策过程中的"战或逃"本能选择机制加以认识。

自我效能论是班杜拉社会学习理论的核心概念，是指个体对于自己能否在一定水平上完成某一活动所具有能力的判断、信念或者主体自我把握与感受。[①] 在其理论中，班杜拉将自我效能作为个体认知要素的一个非常

---

① Albert Bandura, *Social Foundation of Thought and Acquisition: A Social Cognitive Theory*, Englewood Cliffs, NJ: Prentice-Hall, 1986.

重要的组成部分,认为这是个体在理解其与环境之间关系并决定其行为应对时的一个重要因素。同时,班杜拉指出,自我效能并非个体完成某一活动的实际能力,而是主体对自身的一种主观评价。班杜拉认为,自我效能对主体行为决策评价之影响在于"对他们选择追求的行动进程、从事这种活动会尽多大努力以及在遭遇障碍和失败的经验时会坚持多久……"。[1]

应当注意的是,从人类行为决策效率的角度讲,高自我效能并非必然是一种优于低自我效能的自我认知。因为自我效能仅仅是行为人对自身行为能力的主观评价,而非客观属性,自我效能评价高于或低于其实际行为能力均是错误的和有害的。

在行为决策机制层面,与作为认知要素的自我效能评价相联系的乃是人类以及绝大多数动物所具有的一种本能危机心理反应,即所谓的"战或逃"抉择(fight or flight)。所谓的"战或逃"抉择,指的是动物在面临特定环境挑战时,需要在有限时间内迅速作出是迎接挑战还是逃跑求生的抉择。正确的"战/逃"抉择是生存的关键,因为首先,如果在超出自身能力范围的挑战面前贸然选择"战",那么后果将是毁灭性的(比如贸然攻击体型远大于自身的其他动物或尝试涉水通过过于湍急的河流等),而同时,如果在所有情况下均选择"逃"也不可取,因为这将导致动物被迫放弃食物、配偶或者优良栖息地,给其未来的生存繁衍带来不必要的危机。因此,在漫长的进化过程中,那些适者生存的物种均发展出一种迅速作出正确的"战或逃"抉择的本能。而人类作为进化水平最高的物种,也保留了这一"战或逃"抉择的心理本能,以帮助我们在复杂的生存环境中有效地作出行为决策。

"战或逃"抉择本能的核心就是以正确的自我效能来衡量所面临的挑战,在成功机会较大的情景中尽量选择"战"来捍卫自身及种群生存环境,而在难以成功的挑战面前则选择"逃"来有效地保存自己。如果将自我效能论置于社会心理学的宏观语境之下,就会发现,自我效能评价乃是个体自我认知的有机组成部分,因此也会受到标签的影响。被打上负面标签的行为人一旦接受了这一标签,也就接受了这一标签中所包含的自我效能评价,而这种自我效能评价往往是偏低的。

在高度发达的现代人类社会,行为人并不会如野生动物般时刻面对生存与灭亡的决策,但是社会化生存中同样充满具有"战或逃"特性的决策情景。当面对挑战性任务时,正确地选择"战"无疑可以使人获得成功,但

---

[1] Albert Bandura, *Self-Efficacy: The Exercise of Control*, New York: Worth Publishers, 1997, p.5.

当所面临挑战过于困难时，贸然选择"战"会带来时间与资源的浪费，失败的屈辱体验，甚至危及个人的安全与健康，因此，在正确的自我效能认知基础上适当地作出"逃"的决策亦是社会化生存的必要能力。而另外，不正确的低自我效能带来的后果就是总是在面临挑战时选择"逃"，即使是在有较高成功可能时也会放弃机会。

于是，当个体被打上基于类似"成功者/失败者"这类简单化双向定语语境的负面标签时，与之相伴而来的低自我效能认知就会阻碍个体尝试任何具有一定挑战性的可能性任务。而如果一个人出于自我保护，对万事抱负面逃避态度，几乎从不尝试挑战，总是与那些可能的成功机会失之交臂，久而久之就进一步印证了加诸其身的"失败者"标签。于是从旁观者的笼统观感来说，被打上负面标签的行为人就似乎在无可抑制地循负面标签的消极预期行事了。毫无疑问，这类标签作用在一个对成功的定义过于简单的社会尤其明显，而在那些倾向于从一个更多元化的维度来定义成功的社会，由于行为人会在决策时拥有更为丰富的选项，负面标签基于低自我效能对行为人未来行为趋势的影响相对没有那么明显。

综上所述，我们可以看到，由于负面标签在适用于行为人之后所产生的上述四个非预期的社会化后果，导致：（1）行为人缺乏通过抑制其越轨行为以消解标签之耻辱效应的行为动机；（2）其被排斥的社会化环境令其与具有类似行为与价值观的越轨同侪密切接触；（3）负面标签带来的心理压抑提高了其出现心理疾患的可能；（4）与负面标签相联系的低自我效能也限制了行为人通过积极行为改变自我认知与社会认知的可能选择。这四个因素共同作用，最终导致行为人的后续行为模式在负面标签所预期的越轨方向上越行越远。这是为什么行为人总是难以抑制地循负面标签的预期行事的真正原因。

二、标签之社会心理学来源

关于标签理论的第二个重要问题考察其社会心理学来源，或者说，回答的是"为什么不管怎样调整相关制度环境且对公众就负面标签的潜在危害加以警示，我们依然无可抑制地给特定越轨个体打标签？"的问题。

纵观标签理论的发展，不论是现象论还是归因论的考察均高度聚焦于标签之社会心理学效果这一问题，而对于标签之社会心理学来源的思考则明显不足。这在一定程度上是由犯罪学研究的核心旨趣所决定的。犯罪学的关注焦点必然是犯罪行为以及作为犯罪诱发因素的那些社会现象，因此，对于符号化标签及其如何作用于人的行为发展而导致犯罪行为的考察乃是犯罪学研究的题中之意。而至于行为主体为什么会使用标签来进行社会化互动，因为这并非一种犯罪学意义上的越轨行为，不在犯罪学的关注范围之内似乎也是正常的。

但是，若将犯罪学研究作为为刑事政策提供客观认识基础的应用学科看待，则可以看到对标签之社会心理学来源认识的欠缺正是20世纪60年代以来以标签理论为理论支撑的刑事司法改革走入死胡同的重要原因。在20世纪初兴起的符号化互动理论的支撑下，以社会控制为目的的刑事政策手段所带来的负面标签会引致更多及更持久的后续犯罪行为倾向的认知已经逐渐为学术界与实务界所接受，即使不细致考察标签与继发越轨之间的因果机制，也很容易达成"为了避免不必要地增加特定越轨行为个体的再犯趋势，需要采取措施避免使用负面标签"的共识。同时，通说理论将负面标签的产生及效力发挥在很大程度上与负有主要社会正式控制责任的权威性机构，如警察、法院、监狱等联系起来。于是，基于标签理论的一个简单明了的政策建议就是：对于来自缺乏社会话语权力的群体的越轨个体，尽量减少和避免使用正式的社会制裁措施，以防止负面标签的产生，进而降低这一群体的再犯可能性。由此引发了席卷欧美刑事司法体系，尤其是未成年人司法体系的非罪化运动（Decriminalization Movement）以及非监禁化运动（Decarceration Movement）。

但是，在经过一阵浪潮式的刑事司法改革运动后，以去标签化为指导思想的司法改革实务迅速走入困境，进而带来对标签理论的质疑。实务中的困境主要体现在两个方面：一方面，为去标签化而使用非正式处遇程序代替正式处遇程序并没有如预期的那样带来行为人再犯率的降低，不仅非监禁化必然带来的刑事处分严厉性降低严重影响了刑事司法程序的特别威慑效应，而且被处遇者所面对的负面标签效应也并未出现显著的减轻。另一方面，大量使用非正式程序实际上降低了刑事司法程序发动的严肃性，使得很多原来会选择适用非刑事程序的个案也被纳入刑事程序范围，反而扩大了这种严厉社会反应的适应范围，导致所谓网络扩大化（net-widening）。如果联系前述非正式程序去标签化努力并不成功的论断，可以进一步推导出"基于标签理论的刑事司法改革措施反而加剧了标签现象对越轨人群负面影响"的结论。

政策应用的不成功导致了理论发展的困境，因此，到20世纪70年代末，标签理论已经失去了其在之前20年里享有的学术统治力和政策影响力。到20世纪90年代时，标签理论在犯罪学界就基本上被边缘化了。但是正如前文所分析的那样，标签理论在犯罪学领域日渐失意的同时，作为其概念基础的符号化互动理论在更广泛的社会学、社会心理学领域却持续获得支持与认可。这种成功的基础理论与失败的应用理论之间的落差说明在一些核心概念的转化上出现了脱节,导致符号化互动的一些基本概念和基本逻辑并没有正确地被适用于对越轨行为的归因研究。

如果考察标签理论及其指导下的刑事政策,可以发现其在应用层面主要表现出以下两个误区:

1. 高估了权威社会控制机构在负面标签产生过程中的作用。标签理论的通说认为,权威社会控制机构如警察、法院及监狱等在正式程序中对越轨行为表达的谴责决定了负面标签的内容及其附着度。因此,只需要权威社会控制机构有意识地调整其行为干预措施,通过淡化正式处遇色彩即可有效减少负面标签的产生进而减少继发越轨带来的犯罪。

但是,这一理论假设并未得到政策实践的支持。即使是通过非正式程序对越轨行为进行处遇,被处遇者依然会面临来自社会公众的负面标签。比如,在欧美刑事司法的去标签化改革中,通过将针对青少年的正式未成年刑事审判程序替换成非正式的青少年听证程序,在一段时间内似乎避免了他们被打上不良少年的标签。但是,当公众开始意识到这些经非正式程序处理的越轨未成年人就是之前通过正式刑事程序审判的同一批人之后,即使是经非正式程序处理也会导致未成年犯罪人被打上与之前几乎一样的标签。

通过对符号化社会互动过程的深入分析可以发现,社会公众作为符号化互动的真正参与主体才是负面标签的制造者,在这一过程中,权威社会控制机构的处遇行为仅仅是社会公众决定标签内容及对象的参照物。换句话说,公众会自主地观察权威社会控制机构的处遇行为,了解其评价实质,并根据其实质决定对相关个人的负面标签,而权威社会控制机构的行为是正式的或是非正式的仅仅体现为表达形式上的差异,其道德谴责实质并无区别。诚然,表达形式的修饰可能会在一定程度上影响公众了解其行为实质的速度与准确度,但是即使是非正式处遇,当其背后的道德谴责实质被公众意识到之后,负面标签还是会无可避免地被适用于行为人。

因此,当控制负面标签以减少行为人再犯可能性的政策聚焦于社会控制机构的话语形式时,我们实际上是选错了抑制负面标签作用机制的着力点。无论社会控制机构如何修饰其话语表达,都无法从根本上抹去其对越轨行为施加社会控制时必须具备的道德谴责内涵。而真正将负面标签加诸越轨行为人的乃是作为符号化社会互动参与者的社会公众。只要公众有意愿以负面标签的形式对那些应受道德谴责的行为人(群体)作出反应，负面标签就难以避免。

2. 高估了社会主体在适用负面标签时的理性克制力。除了以政策调整的形式改变社会控制机构的话语表达之外，标签理论还致力于通过详细描述负面标签之表现形式及其对个体行为的"预期外的社会化后果"来提醒社会公众克制其对特定群体适用负面标签的冲动。实际上，随着现代社会学与社会心理学理论的广泛传播，当代社会公众早已经认识到并认可了符号化互动理论及标签理论关于负面标签对越轨行为的影响。"不应随意给人打标签"几乎已成为一种关于符号化互动的社会共识。但是对标签的理性认识似乎并没有从根本上改变我们在社会化互动中使用负面标签的频度和强度。也就是说，即使我们在理性上意识到不应给人打标签，这种理性认知却并未转化为抑制我们对他人适用标签的控制力。究其原因，以标签的形式展开符号化互动乃是人类的一种本能心理过程，而与人类所有的本能心理过程一样，在深刻了解其背后的心理驱动机制之前，仅凭借理性的认知并不足以有效地控制这种心理过程。

即使在关于符号化互动的社会心理学理论成熟之前，人类对于标签及其负面影响的经验性认识就已存在，并产生了类似于"我们不应以成见取人，我们应致力于了解别人的本质而不被表象所迷惑"这样的规范性要求。但是，这类道德命令的要求在实践中却很难达到。从心理学视角观之，这是人类在进行社会化互动时的思维过程内在特点所决定的。

在心理学上，那种基于道德命令的理性思维是一种可控性思维过程，与潜意识之类所谓"自动性心理过程"（automaticity）有所区别。其中一个非常重要的区别是，与自动性心理过程可以多个思维过程并行不同，正常人类大脑的可控性思维能力属于"单任务系统"，即在同一时间内只能处理一个思维任务。当大脑在处理一个可控性思维过程时，是无法有效同时投入另外一个可控性思维任务的，这就是俗语所说的"一心不能二用"。这一心理学概念被称为"认知载荷"（cognitive load）。而且大脑负责可控性思维的部分属于大脑中比较容易疲劳的部分，因此，在经历了高负荷的可控性思维过程之后，其处理可控性思维任务的能力和强度将显著减弱。这一心理学概念被称为"认知损耗"。由于可控思维的以上固有局限，导致人类大脑体现理性的认知思维机能具有"慢和懒"的特点。

回到社会化互动语境，毫无疑问，人类从来不是在一个简单的环境下从事社会化互动的。正相反，社会化互动往往涉及大量信息的高速并行、交织与干扰，而且往往要求人类在极短的时间内迅速作出关于社会化互动的决策。显然，人类大脑可控思维过程的有限能力无法完全应付社会化互动的复杂性与即时性要求,而必须动用大脑中的自动性思维过程加以辅助,并最终通过长时间的思维进化形成了一种高度依赖于自动性思维过程的认知结构。这种认知结构乃是一种可以提供类似于"举一反三"认知效果的思维捷径。由于该思维过程的绝大部分由大脑的自动性思维部分承担,具有高速、简单、无负担的特点,其在心理学上被称为"认知启发"(Heuristics)。

心理学研究发现,在诸多的认知启发思维结构中,有三种重要的认知启发模式,是人类在社会化互动过程中最常应用的。第一种模式叫作"代表性模式"。在代表性模式下,对信息的自动性判断源于该信息在人类记忆中的代表性。也就是说,当对一个个人或现象作出判断时,会倾向于将其与所了解的个人或现象中外表特征最接近的群类同一化,并依据对这一相似群类的经验性认识作出决策。第二种模式叫作"易得性模式"。在易得性模式下,对信息的自动性判断源于对记忆中相关信息的熟悉度。也就是说,当对一个个人或现象作出判断时,行为人会基于其记忆中印象最深刻的信息来作出判断。而第三种模式叫作"出发点模式"(又称锚定模式)。在出发点模式下,对信息的自动性判断源于该信息与先期参照物之间的相对距离。换句话说,行为人会根据特定情境设定一个参照物作为判断的出发点,其自动判断源于当前认知与这个参照物之间的相对距离。

显然,认知启发的自动性思维过程使我们可以迅速就复杂的社会互动作出判断和决策,但是速度不等于准确度。为了迅速决策而依赖自动性思维的预设判断显然难以完全覆盖社会化互动对象之差异性。这就导致我们在进行社会化互动时的思维难以避免以偏概全和固有成见的影响,而这种影响的一个主要表现形式,就是在社会化互动中给他人打标签。在符号化互动理论中描述的使用社会文化符号(标签)展开的社会化互动乃是认知启发这一自动性思维模式的集大成者。如前所述,"象征性符号"集成了我们对社会角色、社会地位、社会价值观及社会信仰的普遍性认识和对社会行为的一般预期。"符号"来自个体过往的社会化经验之积累,而通过符号进行的社会化认知与互动,具有明显的代表性和易得性认知启发模式的特征。

至此,我们可以看到心理学对人类自动性思维过程的认识在一定程度上回答了我们为什么无可抑制地要给他人打标签这个问题:通过象征性符号理解、分析和指导社会化互动,就可以不必调用大脑宝贵的可控性思维资源,避免了认知载荷,提高了认知效率。不论是出于人类思维的"惰性"还是出于应付复杂与快节奏社会互动过程的需要,基于特定认知启发模式的符号化互动都难以避免,因此,在特定社会化环境下给特定个体或群体打标签也就难以避免了。

第三节 标签理论对欧美刑事司法制度的冲击及其反思

标签理论一经提出,就在犯罪学界引发了激烈的争议,因为其关于"控制犯罪之努力反而制造更多犯罪"的提法等于是否定了几乎所有犯罪学主流理论关于有效犯罪预防的观念。另外标签理论对于原发越轨原因的避而不谈以及难以解释那种越轨行为从未被发觉,也就从未被打上负面标签的特定行为人,却依然不断重复实施犯罪行为的情况等归因逻辑的缺陷也成为其反对者批判的焦点。

不过,标签理论在两个方面的革命性是不容置疑的:第一,将人类行为模式之形成看作是一个双向社会化互动过程的结果,而不是如传统理念认为的那样仅是从影响因素到影响受体这样单向传导的过程。这一理念在后来很多非标签理论学者的学说中也有所体现,最典型的就是班杜拉在其三元交互理论中所强调的环境因素与个体因素之间的交互影响机制。第二,在犯罪学研究中开创性地将关注焦点从犯罪人转向对犯罪作出反应的社会主体,包括行为规范之制定者以及依行为规范之限定对行为人打标签的社会公众。这种"犯罪不是行为之结果,而是行为评价之结果"的理念,尤其是将矛头直指掌握立法权力者的分析笔锋,在标签理论的发展中仅仅得到了有限的阐述,但是却在20世纪中叶兴起的批判犯罪学那里得到了非常积极的响应。

由于标签理论本身的魅力与缺陷同样明显,其在犯罪学领域的学术地位变化轨迹也颇为独特。主流犯罪学理论的新旧更替及学说争鸣往往是以一种相对平缓的"各领风骚数百年"的方式发生的:一个新兴理论逐渐地代替其所批判的旧理论,在一定时期占据学术统治地位,再受到另一个更新兴理论之挑战,并逐渐被替代,但在之后的相当时期内仍保持一定的影响力。而标签理论的发展则呈现一种"其兴也勃焉,其亡也忽焉"的态势。从19世纪末期起,经过在社会学领域相对较长的理论准备阶段,其几个主要代表人物之著述在20世纪50、60年代突然在犯罪学界掀起理论与实践的大潮,一时间,学术界言必及标签理论,实务界则以去刑罚化为时髦,一股非监禁主义运动迅速席卷欧美各国的青少年刑事司法体系,并深深波及成人刑罚制度。但是到20世纪70年代,去刑罚化实践开始暴露出严重的缺陷，尝试非监禁运动的司法系统开始出现监禁刑罚的大面积回潮。到 70 年代结束时，学界积极主张标签理论者已是屈指可数，进入 90 年代后更是被彻底边缘化。虽然近年来有学者也尝试从新的视角去重新发现标签理论之价值，但是也早已不复当年洛阳纸贵的盛景。

第十章 犯罪归因之社会心理学视角2：群体犯罪心理

第一节 群体犯罪的立法概念

群体犯罪作为一种犯罪现象，可以从不同角度予以定义。在立法上，可以概略理解为刑法总则中规定的共同犯罪的特定表现形式。具体来讲，刑事法意义上的群体犯罪符合刑法总则关于共同犯罪规定的所有要件，但是排除了共同犯罪中人数过少的情况（比如2到3人共同犯罪），同时增加了某些缺乏共同犯罪故意的特例情况。在这一定义的基础上，司法实践以及刑事法研究通常将群体犯罪按照以下四个类型予以划分：

1. 一般共同犯罪。共同犯罪在我国刑法中有明确的定义，是指两人以上共同故意实施的犯罪。共同犯罪是群体犯罪的基本形式，刑法学中将其划分为一般共同犯罪和特殊共同犯罪两种类型，团伙犯罪和有组织犯罪为特殊共同犯罪。对一般共同犯罪并无专门的定义，但是从共同犯罪定义与分类的逻辑结构中可以自然推导出，凡是共同犯罪中不符合团伙犯罪与有组织犯罪特征的就是一般共同犯罪。

2. 团伙犯罪。团伙犯罪是一个在20世纪末我国司法实践中随着青少年犯罪的日渐增加而逐渐建立起来的概念。团伙是一种由朋辈关系构成的结构松散的组织形式，一般出现在年龄相近、兴趣相似的青少年当中，如同学、邻里。

团伙并不是贬义词，青少年当中的许多小圈子或朋友关系都可以称为团伙。只不过我们经常使用团伙犯罪的概念，才使团伙概念具有了特殊的符号意义。团伙犯罪是以团伙为组织形式实施的群体犯罪。团伙犯罪体现了团伙所具有的组织形态、活动方式、作案手段上的特点。一般而言，团伙犯罪的目的比较模糊，也经常变换；其组织形态也不太稳定。在犯罪活动中，其角色和分工也具有较大的随意性。犯罪意向往往是由犯罪机遇激发的，既可能是事先通谋的，也可能是没有事先预谋的。

3. 有组织犯罪。有组织犯罪在刑法上一般定义为以犯罪为目的的群体所实施的有计划、有分工的犯罪。这种犯罪具有特定的组织形态，即结构严密,具有实质性的社会心理学意义的群体。这类群体的形成往往与经济利益有关,从事犯罪活动并从犯罪活动中获得收益是该群体的主要目的。传统意义上的有组织犯罪是以帮派形式为代表的犯罪。从我国刑法规定来看,有组织犯罪分为两种基本结构形态——犯罪集团实施的犯罪和黑社会性质组织实施的犯罪,这两者对社会稳定均具有极大的危害性。

从犯罪行为来看,我国目前存在的有组织犯罪的主要类型有:(1)走私与贩毒犯罪组织;(2)独霸一方的流氓、恶势力犯罪组织;(3)以贩卖人口为盈利方式的犯罪组织;(4)开设赌场、强迫妇女卖淫的犯罪组织;(5)制造、贩卖淫秽书刊、视听制品和非法出版物的犯罪组织;(6)盗窃、窝赃、销赃的犯罪组织。另外,国际范围内目前存在的有组织犯罪的主要类型有:(1)供应各种非法的物品与服务,如开设赌场、妓院、放高利贷、毒品走私等;(2)运用合法身份从事非法活动,如垄断与操纵市场,在政、商界贿赂、拉拢敲诈、逃税等;(3)专门从事绑架、聚众斗殴等暴力行为。

4.集群犯罪。集群犯罪,又称群集犯罪、聚众犯罪或集群行为犯罪,是指一种人们在激烈的互动中自发产生的,无指导、无明确目的的,不受正常社会规范约束的,由众多人狂热行为导致的犯罪行为。

集群犯罪是群体犯罪的一种特殊形态。在集群犯罪中,犯罪人多为乌合之众,绝大多数犯罪人无组织联系,一旦犯罪事件结束,便作鸟兽散;在犯罪行为中,多数成员之间也无预谋,而是由偶然事件诱发,其行为具有明显的情境性与情绪色彩。

集群犯罪因其参与者并非都具有共同的罪过、动机、目的,故不全属于共同犯罪。但根据我国刑法分则的规定,聚众犯罪仅在以下两种情况下属于共同犯罪:一是对聚众活动的首要分子和其他积极参加者或多次参加者均以犯罪论处;二是只对聚众活动中的首要分子按犯罪论处,但首要分子为两人以上。

第二节 群体犯罪心理的概念

一、群体犯罪心理概念的设定

我国犯罪心理学研究领域对群体犯罪心理一个较常用的定义是由罗大华作出的:犯罪群体或落后群体、副文化群体中个体与群体的意向、动机与目的互相影响而形成的适合犯罪的共同心理倾向。[①] 在逻辑上,群体

---
① 罗大华:《犯罪心理学》,中国政法大学出版社2007年版,第366页。

犯罪心理是与个体犯罪心理相对应的概念，而这一对概念的定义与界限又可以直观地附着于群体／个体这对单复数概念，即群体（犯罪）体现群体（犯罪）心理，个体（犯罪）体现个体（犯罪）心理。这一分野看似简单，但在实践中却会出现交叠不清的状况，而当这种交叠状况出现时，特定的犯罪心理是作为个人犯罪心理还是群体犯罪心理予以分析，理解，就涉及群体犯罪心理研究的范畴问题。这里以两个假想情境举例说明。

假想情境一：在一起多人参与的拐卖妇女团伙犯罪中，多名犯罪人并无特别的个人关系，而单纯因谋利目的而纠合一气成为一个犯罪群体，各自按照明确分工实施了拐卖、运送、拘禁、贩卖的行为，成立共同犯罪行为。但是，站在每一个个体犯罪人的角度，由于实际犯罪行为的相对独立性，在考察犯罪心理时会发现其基本的动机、目的、态度均与那些实施不需要团体协作的普通个人犯罪的犯罪人无异。如果说身处一个"犯罪群体"对其心理活动有什么影响的话，无非是其认识到这一共同犯罪群体的存在使其犯罪牟利的企图成为可能，从而基于功利主义的考量达成了实施共同犯罪的决意。而这种功利主义考量在逻辑结构上与个人犯罪时犯罪人选择侵害对象或对象物，事前"踩点"以确保犯罪成功等个体性的心理活动没有实质区别。

假想情境二：一名失学青少年由于家庭与社会原因选择加入一个以暴力和寻衅滋事为基本特征的青少年不良团伙。在该团伙中耳濡目染，习得了团伙成员好勇斗狠的作风，并认为自己初来乍到，必须"干出点大事来立威"才能在团伙中立足。于是某日在街头无端对一路人实施殴打，至其全身多处重伤。犯罪人是自己一人决意实施犯罪的，团伙其他成员并未参与，也未对其实施具有实质意义的教唆。因此在立法定义上属于个人犯罪。但是，在探讨犯罪心理形成原因时，我们不能不强调其身处不良团伙这一特定因素。在犯罪人犯罪动机的产生上，团伙内部的暴力亚文化，团伙成员之间充满暴力倾向的心理暗示，以及在追求团伙认同过程中对团伙行为准则的自觉内化都有不可忽视的影响。而上述因素均为典型的群体性心理机制。换句话说，在本情境中，犯罪人独自一人实施的暴力犯罪背后的心理机制与他在其他场合下参与其团伙的聚众斗殴背后的心理机制没有实质区别。

上述两个假想情境的用意是指出立法对群体犯罪作出的定义与在行为学研究中关注的群体性心理并非天然契合。现实中可能出现群体犯罪为个体性心理所推动以及个体犯罪以群体性心理为基础的情况。有鉴于此，笔者认为对于"群体犯罪心理"的界定有必要考量定义视角这一因素，从而确立两个不同的"群体犯罪心理"概念范畴。

二、基于不同视角的群体犯罪心理概念

1. 立法视角的群体犯罪心理概念：

站在立法视角，群体犯罪心理即群体犯罪参与者在实施群体犯罪时所抱持的动机、目的、态度以及心理倾向。这一概念立足于行为的外在表现形式，并以这一外在表现形式为出发点追溯犯罪动机，目的和心理倾向产生的根源及机制。这一概念范畴所研究的群体犯罪心理，并不强调其必然的心理学上的群体属性，而只强调某一犯罪心理状态对立法认定的群体犯罪行为的附着性。我国目前主流的犯罪心理学研究在涉及群体犯罪心理的讨论一般来说是应用的这一概念。

2. 行为学视角的群体犯罪心理概念：

在行为学视角下，群体犯罪心理则指代在群体环境设定下独有的可以引发犯罪动机、目的、态度或倾向的社会心理机制与过程。这一概念是立足于心理学内在的理论逻辑结构，强调了群体性心理区别于个体性心理的一些基本属性，尤其关注从社会心理学视角对在群体、集群环境下个人与周围社会环境的互动而形成的一些独特心理机制的考察与分析。显然，这一概念的内涵与外延之设定是独立于立法上的群体犯罪的类型体系的。这一独立性目前尚未得到国内犯罪心理学研究的充分重视。

三、行为学视角下群体犯罪心理类型

为了能对行为学视角下的群体犯罪心理进行准确分类，需要引入一个概念：群体同一（group identity）[①]。所谓群体同一，指的是个人对于自己与自己所处的群体之间的关系的认知、理解以及所保持的心理态度的总和，换句话说，群体同一代表了个人在多大程度上将自己看作某个群体的一分子，以及在多大程度上用群体的情绪、意志、诉求与规范体系来替代其个人的情绪、意志、诉求与规范体系。显然，群体同一是群体心理的基础，没有特定程度的群体同一，也就不会出现群体心理了。

群体同一在不同情境下可以表现出不同的形态，其差异主要体现在外显性、稳定性以及结构性三个方面。其中外显性指某一群体同一在多大程度上为行为人所认识并体现于其行为模式的变化；稳定性指该群体同一可

---

① 或可译为群体身份，但是这里强调的是作为一个群体在自我意识以及自我规范的趋同，因此笔者认为译作群体同一更能表达其内在含义。

以维持某一特定形态的时间长短,而结构性则主要考察在群体中各成员的群体同一是否具有体现特定社会化分工的结构性差异。

在本章所涉及的不同群体心理类型划分主要就是基于上述三个方面的差异。在其基础上,可以划分为以下三个类型:

1. 情境群体犯罪心理:产生这一类型群体心理的群体之同一是基于临时型的,往往是表象性的社会化特性产生的,比如无组织的聚众哄抢参与人群或群体性事件中临时聚集的闹事人群等。这类群体犯罪心理的特点就是具有群体同一的外显性(比如"法不责众"中自认为"众"的心理同一,或者"官逼民反"中自认为"民"的心理同一)。但是这类群体犯罪心理缺乏稳定性,因此在特定情境消失后往往无法维持群体同一,同时也不具有结构性,意即在群体同一中没有明显的角色分工,也没有一个成体系的行为准则与行为控制机制。体现在具体行为中,这类群体心理支撑的犯罪行为往往"一哄而起",但缺乏明显而统一的目的,在发展过程中群体意识会不可避免地发生行为分化,或出现超出最初群体合意的不可控行为,或在一定时间后逐渐失去群体凝聚力而瓦解。

2. 亚文化群体犯罪心理:所谓亚文化,是基于特定的社会身份或族群所属而形成的,不同于主流文化的,为其成员共有的独特信念、价值观与行为规范体系。在犯罪心理学语境中特指由于其边缘性与颠覆性而不为主流文化与道德观体系所接受的文化体系。体现这一类型群体心理的群体之同一基于一个相对成型的价值观而产生。这一社会化特征一般具有反社会内核而不见容于主流社会文化,比如以"哥们义气"或"同乡情谊"为纽带的街头暴力团伙,以及聚集在特定场所吸食毒品并实施涉毒犯罪的瘾君子群体。这类群体犯罪心理与情境群体犯罪心理具有同样的外显性特点,但又有情境群体所不具有的相对稳定性。这是由于可以构筑亚文化的价值观本身的形成就需要一定的时间,而一旦形成后就对外界影响有较高抗力,轻易不会发生变化。由于其稳定性的特点,受亚文化群体犯罪心理影响的犯罪行为往往类型相对固定并在群体内部重复出现。不过,这一类型群体犯罪心理同样不具有结构性,具体表现为其群体意识更多是以相对简单、直白的表达方式显现,而缺乏一个成熟、具有普遍操作性的行为规范体系,另外群体内部也只有非常粗略的角色分工(比如青少年团伙往往只有一个相对固定的领导,一个界限模糊的核心成员群体,和一个流动性极大的外围成员群体)。应该注意的是,亚文化群体因其稳定性而具有了进一步演化的可能。如果一个亚文化犯罪群体经过一定时间没有自然消亡的话,一般会出现内部组织的结晶化(crystallizing)和价值观的体系化。

当这一情况出现时，亚文化群体就已进化为亚社会群体并形成相应的亚社会群体犯罪心理。

3. 亚社会群体犯罪心理：亚社会群体犯罪心理是基于一个具有与主流社会价值观体系同样水平的完整性的反社会价值观体系而产生的。这一类型的群体犯罪心理往往是由前述的亚文化群体犯罪心理演化而来的，因此其群体同一具有与后者类似的外显性，稳定性，但又具有后者所不具备的结构性。其结构性的具体体现是群体内角色分工，行为规范体系以及行为控制机制上往往形成一种与主流社会以道德指向为轴的镜像性逆反，比如具有严格分工和组织结构的黑社会性质犯罪团伙，在其内部会发现可以全面支持其反社会、犯罪活动的道德、伦理体系以及与主流社会司法系统功能相类似的地下执法机制。

这里使用"亚社会"一词对其进行概括，主要是因为这类具备完善社会结构形态的群体已经超越了单纯文化存在的范畴，而具有了作为社会组织基本特征的功利性目的，并以这一功利性目的取代了群体同一表达目的而成为其群体行为动机的第一性基础。甚至出现群体同一表达由群体目的降格为群体实现功利性目的之手段的情况。这种情况与现代企业管理中所谓"企业文化"概念非常相似。企业对"企业文化"，"员工归属感"这类群体心理效应的需要是纯功利性的，是为了实现企业高效率运营这一目的而采取的手段。企业文化不可能脱离企业盈利目的而独立存在。在亚社会群体心理支撑的犯罪群体中，同样存在这样的"手段—目的"关系。传统帮派用于维持和表达群体同一的成员身份观念和价值体系不再是超越一切的终极目的，而不过是有组织犯罪团伙领导群体用以控制普通成员，实现其企业化犯罪实体高效运转的手段。另外，亚社会群体还具有了另一个社会化组织常见的特性，即允许在与组织功利目的不相违背的前提下的差异化个人同一的存在。与亚文化群体一味否定个人特性，要求全体成员无条件接受群体同一不同，亚社会群体仅将群体同一看作实现其组织目的的手段之一，而当一定程度的个体差异有益于这一组织目的时，作为手段同样被允许存在。正因为如此，在一些具备"企业化"特征的黑社会性质犯罪组织中，会出现一定程度的成员多样化并允许成员以组织利益为依托实现其个人目的。

亚社会群体犯罪心理由于同时具备外显性、稳定性和结构性，在其基础上展开的犯罪行为往往目的明确，犯意坚决而不为主流社会的强烈谴责而转移，同时组织性与复杂性的增加也客观地增大了其社会危害性与对其进行犯罪防控的难度。

四、不同视角下群体犯罪心理分类体系之间的相互关系

上述群体犯罪心理的行为学角度分类与基于立法的群体犯罪分类有一定的对应关系,比如情境性群体犯罪心理多出现于集群犯罪,亚文化群体犯罪心理多出现于团伙犯罪,而亚社会群体犯罪心理则在有组织犯罪以及黑社会性质犯罪中最为常见。但是由于两种分类的立足点不同,不可以简单地认为前者各分类的心理就必然是后者各分类的行为的内在基础。例如,在集群犯罪中,往往会出现持特定目的的煽动、组织者,而支持这些个人行为的犯罪心理并不具有情境性群体犯罪心理的典型特征而更多具有个人性的印记。再比如,在一些典型的有组织犯罪案例中,由机会主义的图利心态所驱动的参与者并不一定拥有共同的价值观体系,其反社会行为也未必受特定的亚社会道德规范的约束,甚至其在共同犯罪中的角色分工也更多的是职能性的,而不是社会性的。

应当注意的是,与从行为学视角进行的定义相比,从立法视角对群体犯罪的定义与分类对于纯理论的犯罪心理学研究的参考意义大于指导意义,原因有二:第一,基于其结果导向的考察范式,刑法本身并不对实施犯罪行为者人数的潜在因果影响予以过多的关注,刑法研究常用的对群体犯罪的定义用语笼统、内涵模糊、外延重叠。这样的概念体系并不适合直接应用于犯罪心理学的实证主义归因研究。第二,出于指导定罪量刑的实践性要求,刑法学研究中通用的群体犯罪分类在很大程度上是描述性的,更多关注不同群体犯罪类型的刑事责任分配而不会充分考察群体聚合的内在形成机制。如果将这一分类体系直接应用于犯罪心理学分析的话,会出现同一类型群体表现出迥然不同的群体心理,而同样的群体心理又在跨类别的群体中出现的矛盾局面。

当然,作为一门应用科学,对犯罪心理学的研究最终需要在现行立法框架内发挥其指导实践的作用,因此也不能只强调纯理论的行为学分类而完全无视刑法对群体犯罪的实务性分类。鉴于此,本章在讨论群体犯罪心理内在因果机制时将围绕行为学角度的群体犯罪心理的分类展开,而在应用性的实例分析时则以立法分类为脉络。

五、群体犯罪心理与群体心理研究

为理解群体犯罪心理提供支撑的理论框架主要来自心理学中社会心理学的研究方向。与传统心理学不同,社会心理学关注社会化互动环境对个人思想、情感与行为的显意识与潜意识的影响。不过无论是传统心理学

还是社会心理学都不会刻意在犯罪心理研究与一般性（非犯罪）心理研究之间划一道绝对的界限。从纯理论视角来看，为心理学所关注的任何一种心理机制都有与特定环境因素结合而引发犯罪动机与犯罪情绪的潜在倾向。诚然，某些异常心理机制引发犯罪动机与犯罪情绪的概率要远远高于其他一般性心理机制，但是在很多情况下，同样的心理机制在不同的环境因素下会引发守法与违法两类完全不同的行为。"犯罪"这一明显具有价值判断色彩的限定语不具备在概念上将人类心理活动的某一领域独立地划分出来的能力。因此人为地将视角限定在"犯罪心理"无异于研究上的画地为牢，影响我们对犯罪原因及内在机制的全面、客观理解。

犯罪心理与一般性心理的这种界限模糊性在群体心理中表现尤为明显。那些维系街头暴力团伙内部凝聚力，为其暴力侵害行为提供支持的心理机制，在合适的环境下，同样可以用于维系具有守法目的的青少年团体（如体育运动团队、青少年志愿者等）的内部凝聚力，并为其成员的集体主义行为提供强有力的心理支持。而在国际有组织犯罪发展研究中观察到的现代黑帮所谓"公司化"、"企业化"运作，除了组织结构与经营模式变化以外，另一个很重要的方面其实就是在黑帮内部管理中借鉴了在现代企业管理中广泛应用并取得成功的群体心理塑造机制，以强化对组织成员的行为控制。管理心理学的理论核心就是社会心理学，在现代企业管理中可以用来成功地对员工合法生产行为施加影响的那些心理机制，大多属于群体心理的范畴。而同样的群体心理影响技巧，一旦施加于黑帮这类反社会环境，就会催生、强化和维持各种以黑帮的名义实施的严重违法犯罪行为。

有鉴于此，典型的群体心理研究范式不会刻意将一般性的群体心理研究与群体犯罪心理研究割裂开来，而是重点关注在特定群体心理模型下会出现的认知、情绪与行为趋势。这种认知、情绪与行为趋势，放诸守法环境之下，可能会催生类似英雄主义、自我牺牲行为、危机中的自发性互助，以及基于荣誉感的守法等正面情绪与行为。但是同样的认知、情绪与行为趋势，一旦与反社会环境因素接触，也会催生诸如聚众闹事、群体恐慌性骚乱、种族仇恨情绪，以及族群暴力冲突等负面情绪与行为。总的来说，相比较于个体心理，群体心理具有更强的中介性质，往往不直接指向某种具体行为表达而只是对已经具备特定方向的情绪与行为倾向施加固化、强化或维持等影响。因此对群体心理的研究也更多关注其对特定情绪与行为趋势的各种催化效应。在这一领域的研究成果就是对这些催化效应的作用原理的细化与标准化描述，只需将其与适当的反社会群体情境相结合，就可以推演出群体犯罪心理的产生与作用机制。

第三节　群体犯罪心理现象论

一、群体犯罪心理现象论与原因论

在群体心理研究中,部分着重于现象论,试图全面识别并描述各种群体心理效应的外在表现形式及存在形态,另一部分则聚焦原因论,致力于对其内在机制的系统化解读。作为前者的成果,学者从群体心理这一笼统的概念中分离出为数众多的群体心理现象,全面勾勒出这一独特而复杂的社会现象的不同方面。而后者的成果则是提出了一系列具有理论说服力和实证信度的社会心理学理论,解释了群体犯罪心理的生成原因以及发展演化机制。

现象论研究与原因论研究互为依托,互相渗透,不可截然分开。但是鉴于其视角不同,对理解与分析群体心理的作用也有差异,在学习时不宜混淆。因此,本书将其分开在两章加以讨论。本章将重点介绍属于现象论范畴的群体心理特征、形态分类与群体心理效应,而在下一章则集中介绍属于原因论范畴的一系列对群体犯罪心理具有解释力的社会心理学理论。

二、群体犯罪心理的描述性特征

在对群体犯罪心理的认识与分析上,同样可以从外在表现形式与内在作用机制两个角度着眼。从外在表现形式着眼总结出的特征是描述性的,这些特征本身并不决定犯罪心理群体性质的存在与否,但有助于方便地识别群体犯罪心理。而从内在作用机制着眼总结出的特征是要件性的,缺少这些特征就无法产生群体犯罪心理,因此对于这些特征的认识有助于我们准确地理解群体犯罪心理及其与特定犯罪行为的因果关系。

根据马皑的总结,群体犯罪心理在外在表现上有以下四个特征:[①]

1. 相同性:包括第一,欲望与行为目的的基本相同;第二,对事物认知与态度的基本相同;以及第三,群体成员之间情感与性情的趋同性。有的学者将这一特征表述为融合性。[②]

2. 互补性:具体表现为第一,成员个性的差异、互补性;第二,犯罪动

[①] 马皑:《论群体犯罪心理》,载《政法论坛》1990年第6期。
[②] 罗大华、何为民:《犯罪心理学》,中国政法大学出版社2012年版,第400页。

机的差异、互补性;以及第三,成员心理创伤的差异与代偿性[①]。

  3. 压力性:这一特征也可以被表述为强制性,即群体成员的行为会受到来自群体其他成员以及群体权威人物的正式或非正式压力。

  4. 互动性:这一特征强调群体犯罪心理是来自与群体成员之间的不同层次与不同形式的社会互动,而非孤立个人的内省与反射。

三、群体犯罪心理的要件性特征

  作为群体犯罪心理的存在与否的判断依据,其最基础的要件性特征就是群体同一(group identity)对个人同一(personal identity)的替代,表现为由于身处特定群体而导致个体的自我意识,自我认知以及自我行为调节由最初的基于个体特性与个体诉求转向基于群体社会特性与群体诉求。而进一步的考察可以发现,群体同一对个人同一的替代需要在四个不同层面展开,由此形成群体犯罪心理的以下四个要件性特征。

  1. 一致的群体社会身份认知:这是群体同一的最基础层面,即对于自身所属群体的社会定位,社会特征,以及与其他社会群体关系上的一致认知,并由此引申出对于内群体(ingroup)和外群体(outgroup)界限的明确划分。比如在街头暴力团伙的日常行为模式中,以特定而相对统一的衣着风格,文身饰物或暗语手势来区分不同的团伙、帮派就是这一群体社会身份认知的外显与下意识放大。

  2. 一致的群体目的认知:在完成由个体身份认知向群体社会身份认知的转换后,群体成员还必须完成从个体目的认知向群体目的认知的转换,这是群体同一在与社会互动中得以表达的必要条件。一个在群体中仍然保持其独立个人目的认知的个体之行为由于无法与群体心理的倾向性保持一致,即使在群体中行事,也难以说受到群体犯罪心理的实质性影响,那么要对在此情境下所为行为进行有实质意义的归因考察,就无法适用对群体犯罪心理的解读。

  3. 群体内行为规范与角色分工共识:这是群体同一的实践层面,即群体身份认知与群体目的的潜在影响对个人的具体行为决意发生决定性影响。应注意群体行为规范与群体角色分工可以表现出不同程度的复杂度与结构性,比如在情境群体犯罪心理起作用的聚众集群行为中,对群体的可接受行为只有一个模糊的指向,比如"闹"或者"起哄",角色分工中也往

---

  ① 笔者认为在对这一特征的表述上存在缺陷,尤其是对与第一个特征——相同性——之间的明显存在的矛盾对立统一关系语焉不详,没有具体分析在群体成员间心理上的趋同融合与差异互补是如何统一于群体行为的外在表达的。

往只有"登高一呼者"与"响应之众"的简单分野且极不固定。而在高度结晶化的亚社会犯罪群体如黑社会团体及恐怖主义组织中,群体行为规范则会十分具体,如森严的等级制度,明确的令行禁止要求以及对"违纪"的惩罚机制等都普遍存在并对群体成员行为产生实质影响,同时群体成员对高度细化而稳定的内部角色分工也表现出极高的认同。

4. 群体情绪与态度分享:这是群体同一的外在表达方式,同时也为群体心理影响个人行为起潜意识层面的支持、放大以及反馈作用。随着群体稳定性和结构性的增强,群体情绪与态度分享的内容会趋向具体,强度会趋向提高。比如在受亚文化群体心理影响的街头团伙内部,成员间会分享一些概括的"享乐"、"好勇斗狠"或"愤世嫉俗"等情绪与态度,但这类情绪与态度的表达比较随意,而且在具体指向上也并不统一。而在受亚社会群体心理影响的黑社会组织内部,则会广泛分享类似"荣誉感"、"反抗权威""派别忠诚"等高指向性和高强度的情绪与态度。

四、群体犯罪心理现象

在群体心理领域最早进行系统理论表述的社会心理学著作是法国学者古斯塔夫·勒庞1895年出版的《乌合之众:大众心理研究》。[①] 在书中,勒庞第一次描述了"个人在群体影响下,思想和感觉中道德约束与文明方式突然消失,原始冲动,幼稚行为和犯罪倾向的突然爆发"的这一独特现象并提出了初步的心理学解读。从勒庞开始,群体心理成为社会心理学的一个重要研究方向。学者通过长期实证观察与分析,指出群体心理是一个多层次、多方面、多形态的复合结构体,其内部组成包含多个各自独立存在的心理学现象,而这些心理学现象之间的结合,互补与互动共同决定群体心理的具体表现形式。总结在这一领域的研究,相关学者有较全面论述的与群体心理关系密切的心理学现象主要有以下这些:

1. 从众心理(Mindset of Crowd)。从众心理是学者对群体心理现象进行近距离观察后最早被识别出来并得到详细描述的心理效应之一。勒庞称之为"群体精神统一性的心理学规律"[②]。具体表现为个人在群体环境下丧失个人所通常具备的理性与责任能力,转而陷入一种对群体共同意志与

---

① [法]古斯塔夫·勒庞:《乌合之众:大众心理研究》,冯克利译,中央编译出版社2000年版,第8页。

② [法]古斯塔夫·勒庞:《乌合之众:大众心理研究》,冯克利译,中央编译出版社2000年版,第13页。

行为的"无意识"和"无理性"跟从状态。① 从众心理是在群体心理现象领域最早提出的概念。随着对群体心理研究的深入，早期的从众心理理论假设受到学者从概念合理性与实证信度等多个角度的批判。一些新发展出的理论对从众心理的核心成分，包括"自我的迷失"、"群体无意识"与"群体无理性"都进行了不同程度的解构，并按照一些新发展出来的理论框架进行了重新解读。在当代群体心理研究的主流领域，已经不再强调对从众心理进行单独的、整体性的理论建构，而是对从这一概念中剥离出来的多个独立的子概念进行分析。在这一意义上讲，从众心理已经只是一个笼统的称谓，用以统领群体心理研究的对象，而不具再有独立的学术意义。

2. 去个性化（Deindividuation）。现代社会心理学使用去个性化这一概念来指代会导致行为脱离个人与社会标准的自我个性意识的消泯。其典型例子就是在骚乱中的一名匿名参与者会倾向于对警察使用暴力，而一个已被辨认出身份的参与者则不会倾向于这样做。这一概念最早在勒庞的著作中就有提及，勒庞将他作为群体心理的一个重要表现，认为当个人的个性为群体的集体意志所统治后，个人在群体中会表现出"意见一致，情绪化以及理智削弱"。

去个性化概念的焦点在于个人身处人群中后的低身份辨识度，亦即匿名性的作用机制。早期的去个性化理论普遍认为自我意识以及责任感消泯是其典型后果并进而影响个人行为。② 而其后的一些学者则重点关注了匿名性导致的"自我的迷失"并将其作为支撑去个性化现象的核心心理学机制。③

到20世纪末，传统去个性化理论的一些观念受到了批判。有学者指出很多历史事件证据以及个案研究都表明，去个性化理论所主张的（自我迷失）心理机制在群体聚集时并未发生。④ 还有学者认为，匿名性对行为的影响并不是一成不变的。匿名的实际效果要取决于个人与其所处的社会化情境之间的互动，也只有在这一互动的情境之中，我们才能真正理解

---

① [法]古斯塔夫·勒庞：《乌合之众：大众心理研究》，冯克利译，中央编译出版社2000年版，第82页。

② Philip G. Zimbardo, The Human Choice: Individuation, Reason, and Order Versus Deindividuation, Impulse, and Chaos, in *Nebraska Symposium on Motivation*, Lincoln, Nebraska, USA: University of Nebraska Press, 1969.

③ Edward Diener, The Absence of Self-awareness and Self-regulation in Group Members, in Paul B. Paulus, *The Psychology of Group Influence*, Abingdon: Taylor & Francis Group, 1980, pp.209-242.

④ Clark McPhail, *The Myth of the Madding Crowd*, New York: Aldine de Gruyter, 1991.

匿名的实际效果。[①]

在去个性化研究中提出的最新观点认为，群体融入以及匿名性会给人带来认知上的改变并影响个人身份与社会身份之间的相对显著性。但是这些因素并不会造成去个性化理论所主张的自我的迷失，而是强化了社会身份之于个人身份的相对显著性，从而导致对自我及他人的社会化观念上的去人格化。由于在匿名群体中个人可识别度的降低，群体作为一个单一主体的认知努力得到放大，强化了群体成员间共有的社会身份的显著性。作为这一进程的后果，个人会倾向于通过共享的群体特征来看待自身与他人，其行为也就会相应地受这一群体特征的影响。[②] 也就是说，在骚乱中一名匿名参与者之所以会倾向于对警察施暴，并不是他自我意识的迷失或陷入了一种狂暴的"群体无意识"，而是因为在骚乱的情境中，他的个人身份辨识度降低，使他更加倾向于以一个群体性的身份，即"骚乱参与者"的身份来考察自己。而由于骚乱群体的最显著社会化特征就是反权威与反秩序行为，这个个人就会倾向于实施反权威与反秩序的行为，比如袭警。

3. 去人格化（Depersonalization）。去人格化是在社会心理学领域的自我归类理论（Self-categorization theory）中的一个重要概念。该理论是由心理学家约翰·特纳（John Turner）主导提出的。[③] 该理论回答的一个重要问题对于群体心理的形成具有重要意义：是什么因素导致个人将自己定义为A群体（而非B群体）的成员？在自我归类理论中，去人格化描述了个人自我定型的过程（process of self-stereotyping）。在这一过程中，由于某一社会归类的显著性以及随之而来的对这一社会归类的凸显，个人认为自身与同属一个社会归类的其他内群体成员具有了互换性（同质化），并且淡化互相之间的个体化差异。而且个人会以群体特征为根据来自我定型。个人会进而将自己的行为与信念建筑在具有显著性的内群体的规范、目的与需要之上。去人格化概念是对从众心理中"自我迷失"概念的进一步修正。特纳强调，基于去人格化过程，成为在群体中的个人并没有出现"自我的迷失"，而只是将自我以群体成员身份为基点进行了重新定位。一个去人格化的自我，或者一个社会群体化的身份，在有效性和重要性上丝毫不逊于人格化的自我。同时，个人并没有失去理性以及行为的自我约束；正相反，

---

① Stephen D. Reicher, Russell Spears & Tom Postmes, A Social Identity Model of Deindividuation Phenomena, *European Review of Social Psychology*, Vol. 6, No. 1, 1995.

② Tom Postmes, Russell Spears & Martin Lea, Breaching or Building Social Boundaries? Side-effects of Computer-Mediated Communication, *Communication Research*, Vol. 25, Issue 6, 1998.

③ John C. Turner, *Rediscovering the Social Group: Self-Categorization Theory*, Oxford, UK: Basil Blackwell, 1987.

个人会依群体的准则合理行事并约束自己的行为。

4. 权威服从(Obedience to Authority)。权威服从心理在社会心理学中是一个独立而重要的概念，并不从属于群体心理。但是鉴于群体心理研究中所涉及的群体中很多都具有社会化的权力结构，其中不可避免地存在的权威人物就会对群体其他成员的行为选择施加影响。对权威服从心理的理解可以帮助我们更全面地理解群体心理。

权威服从作为一种人类行为，特指"个人对于来自权威人物的明确指令或命令作出屈从的社会化行为影响机制"。权威服从行为之所以引起社会心理学家的关注是因为大量实证研究发现对来自权威的命令的服从往往独立于命令的内容，而单纯基于权威的存在。换言之，来自权威的命令可以使个人作出在没有权威的命令时不可能作出的行为。对权威服从心理的研究发现主要来自心理学实验的实证观察。其中最著名，也最具影响力的两个实验是斯坦利·米尔格拉姆(Stanley Milgram)的"电击(服从)实验"(1963)[1]和菲利普·津巴多(Philip G. Zimbardo)的"斯坦福监狱实验"(1973)[2]。两个实验都得出了基本一致的结论，就是在结构化的社会环境下，人类服从权威趋势远高于理性允许的程度[3]。

5. 同侪压力(Peer Pressure)。同侪压力是另外一个在社会心理学中独立而重要的概念。与权威服从类似，同侪压力同样描述了个人行为选择受社会化的外在影响的一种机制，所不同的是，这种影响的来源不是社会结构中与个人处于垂直关系的权威，而是与个人处于平行关系的其他社会成员。同侪压力可以来自同类群体成员，也可以来自非群体性的旁观者或者独立个体。不过其发挥作用最显著的环境显然是在群体内部。通过同侪压力，群体可以影响个人的态度、价值以及行为选择，使其与群体行为规范相一致。

同侪压力发挥作用的群体可以是具有明确群体界定的正规化组织，如

---

[1] Stanley Milgram, Behavioral Study of Obedience, *Journal of Abnormal and Social Psychology,* Vol. 67, No. 4, 1963, p.371.

[2] Craig W. Haney, Curtis Banks and Philip G. Zimbardo, A Study of Prisoners and Guards in a Simulated Prison, *Naval Research Reviews,* Vol. 9, 1973, pp.1-17.

[3] 在米尔格拉姆的电击实验中，实验参与者被组织者要求在一个"惩罚与学习"的研究中对实为演员的研究对象实施不断增强的电击。尽管演员扮演的被电击者不断表现出受电击后的痛苦与受伤的迹象而令参与者感到不安，在组织者的鼓励与指令下，多数参与者还是选择了服从指令，不断提高电击的强度。而在津巴多的监狱实验中，被随机分派扮演监狱看守和犯人的斯坦福大学学生在虚拟的监狱环境下迅速陷入一种激烈而富对抗性的冲突之中。在扮演"典狱长"的津巴多的指令下，扮演看守的大学生迅速转变角色，使用不断升级的暴力手段来压制犯人的"反抗"。局面以超出预期的速度失控，以致津巴多不得不在6天后提前中断了实验。

政党、团体等，也可以是没有正式界定的社会群体，如族群、青少年团伙等。一般认为同侪压力对行为发挥作用最显著的阶段是青少年。对同侪群体的顺从可以在青少年的时尚、审美、意识形态，以及价值观等多方面显示出来。同时同侪压力往往会与青少年的违法、犯罪及其他冒险行为密切关系。在实践中，青少年团伙的共同犯罪行为往往在很大程度上是同侪压力的后果。

6. 群体心理暗示与易受暗示性（Suggestibility）。易受暗示性是一种个人的心理特性，具有这种心理特性的个人倾向于接受他人的暗示并以该暗示为基础行事。心理学一般观念认为，处于高度情绪化的个人会倾向于接受他人的意见，因此具有较高的易受暗示性。易受暗示性主要是作为一种临床心理学概念而被研究的。但是在研究人群互动、聚众行为以及群体思维等群体心理学现象时，往往将易受暗示性作为概念性基础之一来进行系统化理论表述。

易受暗示性在解释群体共同目的以及群体行为规范的形成与内化方面尤其具有指导意义。根据美国心理学家拉尔夫·特纳（Ralph Turner）和刘易斯·基里安（Lewis Killian）对情境群体共同行为规范形成过程的描述[①]，群体共同规范的最初形态就是群体的一些积极参与者所表现出的某些独特而受关注的行为，在群体对其没有作出负面反应的情况下，这些成员就取得了对群体的正统领导地位并继续以其行为影响众人，其追随者迅速固化为群体的核心并以其意见感染其他成员。由于个人在身处群体后的服从倾向，一个看似"主流"并在人群中不断重复传播的观念体系很快就为群体大多数所接受。这一观念体系初步成型后，又由于群体成员的积极行为回应而不断加强而最终成为群体的共同行为规范。不难看出，在这一过程中，个人的易受暗示性对于群体规范的传播与固化起到了不可忽视的催化作用。

第四节　群体犯罪心理原因论

一、群体犯罪心理原因论研究与理论发展

相对于现象论研究在特定心理学领域的专注，对于群体犯罪心理进行系统化解释的原因论研究的视野更加广阔，往往会涉及个体心理学、社会

---

① Ralph H. Turner & Lewis M. Killian, *Collective Behavior*, Englewood Cliffs, NJ: Prentice-Hall, 1972.

心理学、社会学等多个领域的研究成果。这是因为群体心理现象与具体群体（犯罪）行为的关系是复杂、多维而动态的，因此在建构一个可以解释、描述和预测特定心理现象与特定行为之间的因果关系的理论框架时，多因子整合性视角是必然的选择。同时，这里介绍的很多理论的提出并不仅仅针对群体（犯罪）心理，而是可以对犯罪行为进行具有普遍意义的解释，但其作为成熟理论的普遍指导性，使其与群体（犯罪）心理这一特殊范畴具有逻辑上的兼容性，只要将前面提到的诸群体心理效应整合到其体系中就可以自然而然地为群体犯罪行为作出有说服力的解释。当然，无论这些理论的原始立论基于哪个学科领域，要合理地解释群体（犯罪）心理对行为的独特影响力，这些理论都必须接受社会心理学的一个基本命题，即：个人的思想、情绪与行为会受到其身处的社会化互动环境的深刻影响。

二、涉及群体犯罪心理的主要理论与学说

1. 社会学习理论（social learning theory）。社会学习理论认为个人行为来源于在一个社会化情境中的学习。社会学习理论的重要倡导者是美国心理学家阿尔伯特·班杜拉（Albert Bandura）[1]，他认为个人，尤其是青少年，从其生活环境中学习获得社会化承认的最佳行为策略。社会化行为的学习主要是通过经验强化既有行为以及观察模仿他人的行为，另外来自环境的对行为的奖励与惩罚以及个人基于主体经验与目的对环境因素的认知也会影响行为的学习。

社会学习理论在犯罪学领域的重要响应者是由 Edwin Sutherland 提出的差异接触理论（differential association theory）[2]。该理论认同行为是社会化环境下学习的后果这一观点，对越轨行为学习的内在机制及内容进行了细致而系统的描述。根据这一理论，行为的学习发生于亲密个人社交群体间的意见交流过程，其内容包括行为的动机、目的、合理化以及对行为的态度。在一个以犯罪为其主要社会化基础的环境下，个人会逐步学习并接受犯罪行为。

差异接触理论是作为关于犯罪的一般性理论提出的，并不仅仅针对群体犯罪，但是这一理论对犯罪行为的来源的解释显然有助于理解群体环境下个人行为的变化趋势。在特定群体环境下，个人，尤其是青少年会被其群体有意识或无意识地置于社会化学习的有利地位，从而比在非群体环境

---

[1] Albert Bandura, *Social Learning Theory*, Englewood Cliffs, NJ: Prentice-Hall, 1977.

[2] Edwin H. Sutherland, Donald R. Cressey & David F. Luckenbill, *Principles of Criminology* (11th ed.), Lanham, USA: General Hall, 1992.

下更为迅速而有效地学习为群体所认可的行为。同时，这种学习的内容不仅是具体行为，还包括与行为密切相关的群体目的、群体价值观等。

2. 亚文化理论（subculture theory）。根据美国犯罪学家阿尔伯特·柯恩（Albert K. Cohen）提出的亚文化理论[1]，亚文化群体的出现，是由于具有共同社会身份定位（多数为弱势或负面标签）和共同的生活经历（多数为负面的）的青少年在通过主流文化导向追求成功和社会承认过程中受到排斥后，出于心理生存需要（psychological survival needs）而逐步相互聚拢，相互提供社会化认可，对其原有社会身份进行解构与重新诠释进而塑造出一个在特定小环境下得到社会承认的共同社会身份[2]，再以此为依据，结合其所处环境的特定生存需要，发展出一个与主流文化相对立的价值观体系，用来支持和指导群体成员的行为。从其核心理论表述可以很容易地发现，亚文化理论与特定类型的群体心理有着天然的密切关联性从而具有极强的解释力。

3. 中和技巧理论（techniques of neutralization）。美国犯罪学家格勒仕哈姆·塞克斯（Gresham M. Sykes）与大卫·玛兹阿（David Matza）在他们提出的中和技巧理论中[3]，对青少年群体的价值观特征表述提出了不同于柯恩的意见，认为其不是必然地与主流文化对立并放弃主流意义上的社会承认，而是可以在很多方面接受主流价值观，但是在主流行为规范的"灰色领域"，运用"中和技巧"对一些特定行为进行带有双重标准的诠释，使得其违法行为也可以获得与主流价值观相容的社会承认。在此，对这些中和技巧的掌握及交流，本身也可以成为亚文化群体获得其社会同一的途径。

中和技巧的一个重要特点是其逻辑表达的不合理性。因此如果没有其他可以导致理性辨识能力削弱的辅助因素，中和技巧并不能为越轨行为提供稳定的支持，从而限制了其影响范围。在相关犯罪学研究中最常提及的辅助因素就是青少年本身理性思维能力的缺陷。这也是中和技巧理论主要适用于青少年犯罪的重要原因。除此之外，我们还应看到，在群体环境中，易受暗示性、权威服从以及同侪压力等心理机制也都具有削弱理性辨识能力的效果，从而为中和技巧的应用提供了适合的土壤。因此中和技巧在群体环境中对越轨行为提供支持的作用会远远高于个体环境。

---

[1] Albert K. Cohen, *Delinquent Boys*, Glencoe, IL: The Free Press, 1955.

[2] 比如某个响亮的帮派名称，或者模仿电影中被美化的黑帮分子身份。这些共同身份虽然为主流文化所不容，但是在特定语境下也可以为青少年带来社会认可以及社会化成功地位。

[3] Gresham M. Sykes & David Matza, Techniques of Neutralization: A Theory of Delinquency, *American Sociological Review*, Vol. 22, Issue 6, 1957, pp.664-670.

4. 标签理论（labeling theory）。标签理论关注个人的自我身份认同与行为受到被社会主体用来对个人进行描述与归类的符号化表达的影响的内在机制。根据标签理论的一个重要观点，一些已经被社会类型化的犯罪行为会产生特定的标签，用来描述与归类涉及这类犯罪行为的个体。而一旦为这类标签所覆盖，个体的行为也会受到标签内在的行为期待所影响。个人的行为会倾向于与标签所表达的社会行为期待相一致。

标签理论在其理论传统上属于犯罪社会学范畴。但是其关于社会化符号对于这类符号所指向的社会群体的行为的潜在影响这一观点包含了大量的社会心理学成分。

在群体心理研究中，一个不可忽视的方面就是特定群体的聚合源于其明显的共同社会化特征。而当细化到群体犯罪心理研究时，这一共同社会化特征往往带有非常强烈的标签化意味，比如在描述黑社会群体成员时常用的"古惑仔"、"大哥"、"小弟"等标志性用语，就具有极强的符号化特征，往往包含了丰富的行为预期。而黑社会成员的行为往往也会与这些符号化的行为期待"不谋而合"。

根据标签理论，青少年以及社会弱势群体最容易为负面标签影响到其行为模式的选择。而在群体犯罪中，有相当比例的集群犯罪的主体是青少年及社会弱势群体，而团伙犯罪更是青少年犯罪的专有类型。标签理论对于犯罪行为因果关系的解读无疑为我们理解特定群体犯罪提供了一个独到的视角。

第五节　群体犯罪的类型化心理归因考察

这一部分所要进行的是针对群体犯罪的几种具体表现形式进行基于心理学视角的归因分析。如前所述，这一部分的分析是以从立法对群体犯罪进行的分类为脉络进行的。也就是说下文所分析的不同类型的群体，其类型内不必然体现同一类型的心理机制，类型间也不必然表现出心理机制的差异。因此这里的分析将遵循实事求是的原则，既要讨论特定类型中普遍存在的群体心理之归因，也要讨论实际存在的非典型群体心理的归因。

一、集群犯罪心理归因

集群犯罪的主要特点是突发性、短暂性和松散性。事先并无紧密联系的人群由于特定原因而在短时间内突然聚集成众并实施了参与者基于其个人意志与情绪无可能实施的行为，例如突发意外引起的聚众哄抢或由群体性事件恶化发展而来的骚乱及打、砸、抢犯罪行为。

对集群犯罪早期的研究往往强调其行为的无目的性甚至随意性，但是在对集群性事件的实证研究逐渐积累细化后，有学者提出不同的意见，认为集群性事件其实并非完全随机与无目的，[①] 只是由于人群的松散联结没有足够的时间产生有效的行为控制机制，参与者只能循一个概括的共同意志行事，并不可避免地对这一共同意志作出多样化解读，进而表现出行为的无序性和盲目性。但是从宏观上看，人群的行动仍然具有可以观察到的大致指向性。

支撑集群犯罪的心理机制一般为情景群体心理，即人群聚集后，形成一个与现场情境呼应的暂时性的社会同一，并由于群体心理的催化效应而实施了外在行为表达。但是这一社会同一并不稳定，在外在表达期间或表达完成后就迅速瓦解。另外在集群犯罪期间，群体内部既无明确角色分工，也无有效的成员行为控制机制。因此集群犯罪在实施中往往是在一个笼统的集体犯罪意图之下的群体成员的自行其是，场面混乱，过程与结果均极不可控。

集群犯罪中最常见的群体心理效应包括从众心理、易受暗示性、去个性化以及去人格化。

易受暗示性在集群犯罪中的主要作用是弱化群体成员的独立思维、辨别能力，而对群体中任何不具实质信度的信息轻易接受并以之为依据作出行为选择。比如在大规模骚乱行为中，一般观念认为参与者是基于"法不责众"的心态而作出理性得失判断而决定参与的。但是实际上在很多骚乱的案例中，由于监控措施的存在以及执法机构的迅速反应，依靠人数众多来逃脱惩罚并不是一个合理的假设，但大量骚乱的参与者在事发之初依然会一厢情愿或试探性地表达出"法不责众"的想法。如果人群可以保持理智判断能力的话，在执法机关作出反应后这一想法就会迅速消失，骚乱就会被遏止于萌芽状态。但是由于人群环境下个人的易受暗示性，一些不切实际的想法就在群体成员的互动中不断增强，最终出现一大群抱持毫无根据的"法不责众"幻想参与闹事的个体。

去人格化在集群犯罪中的主要作用是使事前并无联系的个体在人群中迅速找到适合于外在表达的社会同一，从而在短时间内由"路人甲乙丙丁"凝聚成一个具有概括共同身份的群体。比如在近年来多次发生的因强制拆迁引发的群体性事件中的群体，最初往往只是为数不多的牵涉切身利

[①] Ralph H. Turner & Lewis M. Killian, *Collective Behavior*, Englewood Cliffs, NJ: Prentice-Hall, 1972, p.75.

益而具有强烈诉求的个体以及大量的围观群众。这些围观群众本身各怀目的，并不具有以反强拆的原始诉求参与"闹事"的意愿。但是在群众的聚集过程中，在各自意见表达中会有明显的"求同存异"的趋势，很快最初的核心个体的反强拆角色表达会迅速与人群中的其他具有近似逻辑的角色诉求发生融合，最后往往演变成一个"反枉法、反侵权"之类的可以在现场最大多数人中取得共鸣的角色诉求，而众人各异的社会身份在人群环境下也会迅速向这一共同角色转变，最后现场的个人就完全放弃各自原来的个人角色，而接受了"被不当公权力行使侵犯了或将被侵犯切身利益的老百姓"这一共同角色。这一过程与上面讲到的易受暗示性共同作用，往往会在人群中产生一种远远高于现场实际情况的"被侵害感"，从而引发规模远大于有关部门预期的群体性抗议与骚乱[①]。

去个性化在集群犯罪中的主要作用则是在群体同一替代个人同一后，进一步用群体目的与群体行为规范代替个人目的与个人行为规范。在最新发展出的对去个性化效应的表述中，否定了传统去个性化概念认为个人在群体中必然会表现出责任感消泯及无理性行为的单向性判断，而是强调个人行为会因为群体同一的不同表达而出现不同的变化趋势。在集群犯罪的情境下，由于群体同一必然表现出反权威和反社会倾向，与之相适应的去个性化进程也就相应地推动反权威与反社会目的，并以强调反秩序的行为规范来对人群的行动实施概括性的指引。这样人群的行为模式就自然而然地会以暴力、破坏和混乱为标志。

在集群犯罪中出现的去人格化与去个性化一般都具有爆发性，概括性和短暂性的特点。即个人在人群的高强度情绪化沟通中迅速失去个人特征而附着于群体特征并以群体目的指导其行为。但是这种群体目的并不是经过深思熟虑提出的，所以极其概括且往往缺乏合理性。而在特定情境消失后，群体目的也迅速解体，不再具有凝聚群体的功效。

一般认为在集群犯罪中普遍存在的从众心理效应作为一个较早提出的概念，其具体效果基本可以为去个性化和去人格化这两个新提出的概念所涵盖，这里就不再赘述了。

应该注意到，在集群犯罪中并不是只存在情境群体犯罪心理而排斥其他犯罪心理机制。在特定情况下，也会出现以其他犯罪心理类型为支撑的行为。

---

① 显然，这里之所以出现有关部门对突然出现的大量群众聚集感到措手不及就是因为在事前可能进行的对策评估中，只考虑到了切身利益相关的群体，而没有考虑到在去人格化效应下大量没有直接利益诉求的"无关群众"的"不合常理"的加入。

第一种特例是可能存在以亚文化群体甚至亚社会群体为核心，裹挟情境群体的集群犯罪情况。比如特定街头团伙在实施其犯罪意图时，为对抗执法、逃避抓捕或毁灭罪证，而有意识地在围观群众中催化特定的反秩序社会同一，从而出现大量"不明真相"的群众参与其中，共同对抗司法机关的集群犯罪局面。这里的团伙成员的行为背后的心理机制显然具有远超越情境群体犯罪心理的稳定性与结构性。与之类似的情况还有一些分裂势力支持的恐怖主义团伙煽动大量不明真相群众实施的暴力打、砸、抢、烧骚乱活动。

第二种特例是集群犯罪中的一些参与者具有与群体主体截然不同的个人性目的，不仅没有接受情境群体的群体同一，反而保持了其个人的身份认知、行为目的及行为规范，而只是利用情境群体作为其实施满足个人目的犯罪的便利条件。比如在群体性事件中经常出现的趁乱劫财和人身伤害行为。应该注意的是，在有些集群犯罪中，有针对性的侵害乃是群体同一表达的题中之意，于是犯罪人群会在情境群体心理的推动下参与针对特定财产和人身的犯罪，比如在一些群体性事件中出现的毁坏警车、冲击政府机关及攻击执法人员等情况。但是在另一些集群犯罪中并没有出现针对特定财产或人身的攻击性诉求，那么当出现与群体诉求明显不符的犯罪行为时，就不能一概地认为是受到情境群体心理的影响。比如在近几年因中日钓鱼岛领土争端引发的反日游行中，针对日系汽车和日资企业的过激暴力行为可以认为是在情境群体心理推动下出现的集群犯罪表现。但是在一些个案中，出现了打砸哄抢明显无日资背景的沿街店铺的行为，这种与情境群体心理完全不符的行为就不应作为群体犯罪心理的表现加以理解，而应理解为具备个体犯罪心理（谋财犯罪）的个人利用群体事件造成的便利条件实施的个人性犯罪①。对这两类不同犯罪心理状态的区分，在考察行为人主观恶性以确定刑事责任时具有重要的意义。

二、团伙犯罪中的群体犯罪心理归因

在存在形态上，团伙犯罪明显区别于集群犯罪。前者具有后者所不具备的持续性及重复性。与集群犯罪群体在短时间不加选择地大量聚集相比，团伙犯罪群体的形成需要一个较长的过程，同时其成员往往在一些社会属性上具有高度共性（如地域、种族、社会经济地位、特定社会标签等等），并会以这些共性为标准，限制新成员的吸收。在特定语境中，团伙犯

---

① 这里对上述行为的"个人性"的限定是纯粹的心理学限定，与立法上对这类行为的限定及归类完全无关。

罪会与有组织犯罪出现重叠，比如街头团伙在组织结构相对稳定后开始利用其组织能力及社区控制力进行贩毒、组织卖淫、走私以及欺行霸市等具有明显黑社会特征、有组织性的犯罪活动。这是这些群体的聚合类型从亚文化群体向亚社会群体的自然进化结果。在欧美关于青少年犯罪团伙（juvenile gang）的实证研究中对这一过程有系统的分析与描述。鉴于本章在下一部分有专门论述，为便于区分，这里将只讨论团伙犯罪中不涉及有组织犯罪/黑社会性质犯罪的部分。

在此讨论的团伙犯罪以街头青少年帮派为基本存在形式，主要受到亚文化群体心理的影响。如前所述，亚文化群体心理具有外显性与稳定性的特点，其外显性是因为亚文化群体需要通过对其社会同一的外在表达取得其所追求的社会认可，而其稳定性则保证了这一社会认可不会由于某些临时性情境的消失而失去意义。

在亚文化群体心理中，可以看到几乎所有的重要群体心理现象的影响，包括易受暗示性，去人格化，去个性化，权威服从心理，以及同侪压力。

易受暗示性对亚文化群体成员的影响类似于其在情境群体中的作用，即在群体意见交流中降低成员个体的理性判断与自主辨识能力，从而使得一些在逻辑上经不起推敲的价值取向可以为全体成员所接受。在亚文化群体的内部沟通中，常常使用一些形式简单、朗朗上口的表达方法来对其价值观与行为规范进行概括，比如"有福同享、有难同当"、"劫富济贫"等。这类表达方法正是充分利用了群体成员的易受暗示性，通过模式化地不断重复将一些模棱两可的观点固化为绝对真理，实现了对理性判断的规避。

去人格化与去个性化对亚文化群体成员的影响机制与其在情境群体中的影响相比，具有渐进性、具体性和持续性的特点。亚文化群体成员间的相互识别与聚拢往往是基于一些结构性社会特征，比如共同的社会经济地位，共同的族群文化背景，或共同的社会标签。这些特征不会因特定情境的产生、消灭而发生改变，以之为基础的群体同一就具有了超越情境持续存在的可能。同时亚文化群体同一的发展过程中，凡是不具有群体的结构性特征的个体都会被排除在外，而不至于像情境群体那样成分过于复杂。因此以亚文化特征为基础的群体同一一旦形成，不但不会轻易消失，反而会随着同质化群体成员的增加而不断固化和符号化。在司法实践中，青少年团伙分子不会轻易对其违法行为表示后悔，有时甚至会在受到法律制裁后仍表达出对其基于群体同一的违法行为的高度认同，就是这种持续而牢固的群体同一作用的表现。而对亚文化群体的去个性化的作用过程的观察可以发现，替代个人目的与个人行为准则的群体目的与行为规范因为在群体同一形成的过程中有充分的时间被反复推敲和提炼而具有远高于情境群体的具体性。比如很多具有一定规模的青少年团伙会有成员共同认可的群体宗旨与信条，有意识为成员规定统一风格的着装或饰物佩戴，同时团伙对成员的行为保持有效的控制，使团伙有一定的统一行动能力，而不像集群犯罪那样一盘散沙。

权威服从心理在情境群体中并不常见，因为情境群体的生成时间过短，无法产生有意义的权力结构，也就不存在可以对普通成员产生心理影响的权威。而亚文化群体由于要经历一个较长的时间过程，就不可避免地会出现核心成员影响力的沉淀累积，逐渐产生为群体公认的领导层、核心层与外围成员的分化。在这样一个权力结构中，领导者对所有成员，以及核心成员对外围成员，都具有权威性的身份符号，也就会诱发权威服从心理。在权威服从心理的影响下，成员的易受暗示性进一步增强，同时也会更加迅速地放弃个体同一，接受群体同一。

同侪压力对群体成员行为的影响与权威服从心理类似，都是会增强易受暗示性，加速去人格化与去个性化。但是权威服从心理是垂直起作用的，而同侪压力则是平行起作用的。在群体中，身份平等的成员间虽然不存在权威效力，但是由于个体本身对群体的依恋性，导致个人会为了不被其所在群体中其他成员排斥而下意识地抑制任何与群体潜在的意见冲突或行为差异，从而更加容易地放弃个人同一，接受群体同一。

团伙犯罪作为青少年帮派的独有犯罪形式，在绝大多数情况下都是基于亚文化群体犯罪心理产生的。但是应该注意帮派本身会存在演变和异化的可能性。这一演变过程主要表现为群体组织结构的结晶化（crystalization）和群体意识形态的体系化。这一演变本身是亚文化不断成熟的必然要求，但是当其达到一定的程度，就会由量变到质变，发生类型上的转化。而这种转化的产物就是亚社会群体及作为其主要表现形式的黑社会性质有组织犯罪。

三、有组织犯罪与黑社会组织犯罪心理归因

立法上所定义的有组织犯罪或集团犯罪有两个主要来源：一个是基于违法犯罪机会环境而产生的犯罪企业，比如在毒品生产集散地形成的专业贩毒集团；而另一个则是由街头帮派演变而来的黑社会组织，比如由意大利西西里移民帮派发展而来的美国黑手党。这两者间并无绝对的界限，因为违法犯罪机会环境往往与催生街头帮派的社会环境共存，前者引发系统化的功利性犯罪目的，而后者则培养规模化犯罪不可缺少的组织结构。而有组织犯罪必须两者兼备才有生存空间，不同来源的有组织犯罪形态的区别不过是系统化功利性犯罪目的与有利于大规模犯罪的组织结构的出现孰先孰后而已。

有组织犯罪，尤其是具有黑社会性质的有组织犯罪，其群体犯罪心理的典型基础是亚社会群体心理。这种群体性心理机制演化自亚文化群体心理，而又与其有实质性差异。亚文化群体与亚社会群体从外在形态上看，都是具有相似社会化特征的个体聚合为一个相对稳定的群体并抱持与主流社会不兼容的价值观体系，其行为都具有明确的共同目的和一定的协调分工。但是这两者间在群体内在凝聚力来源上差异明显：前者的群体凝聚机制是一元化的，完全围绕群体同一的表达。功利的犯罪目的相对群体同一处于明显的第二性地位。而后者的群体凝聚力则具有多元性，往往是群体同一表达目的与功利性目的并存，互为依托。在特定发展阶段甚至会出现群体同一表达降为第二性，成为功利性目的之实现手段的情况。

具体来讲，典型的街头团伙并不以实施特定犯罪为其存在的最终目的，而是更多通过聚合成帮派并以帮派的名义实施犯罪来获得对其群体身份的期待中的社会化评价。其犯罪动机与决意往往是松散地围绕着帮派的身份维持及表达诉求而形成的，例如与其他团伙因互相看不顺眼而引发的毫无功利性意义的斗殴[①]，为了群体吃喝玩乐而实施的小偷小摸[②]等。与此同时，帮派的日常行为模式中还包括了大量与犯罪无关，而纯粹为了维持与彰显帮派身份，维系帮派内部关系而进行的符号化群体活动，如帮派内部聚会，帮派共享的暗语、服饰，以及高度仪式化的"入会礼"、"结拜礼"等。另外，当群体同一表达与犯罪目的出现冲突时，亚文化群体会牺牲犯罪目的而维护群体同一。

而与之相对照，典型意义上的有组织犯罪或黑社会组织，在共同的团伙身份之外，还会拥有一个相当明晰的，独立于团伙身份表达以外的组织性目的，比如历史上天地会、洪门等地下帮派所宣称的"反清复明"之反政权目的，又比如黑手党组织以企业化手法从事非法活动所追求的盈利目的。尽管这类犯罪组织成员对自身群体的认知可以追溯其起源到早期的帮派团伙，但传统帮派身份的符号化意义要么在其现代形态中极度淡化，

[①] 这类斗殴的核心动机往往是为了"惩罚"对方对自己帮派的"不敬"。而这种"不敬"态度一般并不针对团伙成员个人身份，而是针对团伙的集体身份。由此引发的斗殴在本质上就是一种群体同一的激烈外在表达形式。

[②] 这类侵财犯罪行为一方面是为了满足帮派团伙日常活动与生存的需要，同时还往往会被冠以"劫富济贫"之类的托词，间接地为团伙成员带来其期待的诸如"侠义""抗争"之类的社会化评价。

要么被利用为强化内部凝聚力，规制成员行为的组织化工具，服务于其功利性目的，而不再具有如在早期团伙犯罪群体中那样的核心地位。

应当注意到的是，正如"企业文化"不是一个企业存在的必要条件一样，由于一个独立的牟利性目的的存在，群体犯罪心理也并非有组织犯罪不可或缺的要素。在一些结构相对简单，成员数量相对较少，而牟利动机极其明显的有组织犯罪中，成员完全可以基于纯个人性的功利目的，在不受任何群体心理效应影响的情况下结合为犯罪组织并为了实现各自个人目的而接受犯罪组织一定程度的行为控制。这与劳动者基于个人目的与企业签订雇佣合同并接受其行为约束一样，是不需要群体心理在其中起作用的。但是，必须承认，一个有着"企业文化"的企业会拥有对于员工超出经济利益之外的控制能力。同理，得到亚社会群体心理支持的有组织犯罪也可以获得类似的成员控制优势，考虑到其所面对的其他犯罪集团的竞争以及司法机关的打击等"恶劣生存环境"，一个能实际发挥影响的亚社会群体心理往往可以极大地增强犯罪组织的生存能力。

前文所述的在亚文化群体心理机制中存在的各种群体心理效应在亚社会群体心理环境下发挥类似的作用：用群体同一取代成员的个人同一，促使成员接受群体的价值观与行为规范体系，保证成员的行为符合群体行为规范的要求。不过在亚社会群体环境下，会更加强调利用正式行为控制手段对成员行为的严格控制，比如森严的等级制度，详尽的内部规章制度，及严苛的违规惩罚机制。这与亚文化群体内部主要依靠非正式行为控制成员行为是有明显不同的。究其原因，在亚文化群体中，群体同一表达就是其终极目的，也是成员群体行为的最深层动机。而违反群体行为规范的举动本身就是对群体同一表达的直接否定。换句话说，亚文化群体的特点决定了其群体成员的遵守规范行为有极高的自发性，只需要同侪压力以及荣誉感等非正式行为控制机制实施一定的引导和规制就可以了。而在亚社会群体中，由于其非法利益导向的价值观背离了主流社会普遍接受的价值观体系，如何使其为群体成员所接受就成为一个问题。

另外，同主流社会中的社会组织一样，由于存在一个独立的功利性目的，就必然存在个人利益和群体利益之间的潜在矛盾，因个人目的而背离群体目的的违规行为就成为可能，即使是接受了亚社会群体价值观的群体成员也不再必然自发地遵守以群体目的为导向的群体行为规范。因此就必须通过严格的正式行为控制机制压制个人目的，维持群体同一，以达成群体功利目的的顺利实现。各种群体心理技巧在应用上会达成类似"洗脑"的效果，其目的就是使组织中明显缺乏合理性的规范体系得到组织成员的无条件接受。在黑社会组织中，对违规帮会成员动辄使用肉刑甚至剥夺生命作为惩戒，而且其裁判与执行程序毫无公正性可言。为了能够得到多数成员的无条件支持，会有目的地运用群体心理技巧对成员的意见施加影响。这其中最常见的技巧包括反复使用"祖宗家法"、"礼义忠孝"观念之类的心理暗示性表达，利用森严的等级制度制造并强化服从权威心理，以及以"帮派荣誉"为名义的群体同一表达，加速并强化去人格化的过程。

从某种意义上讲，亚社会群体心理与亚文化群体心理相比较是带有虚伪性和欺骗性的。在亚社会群体中，对于群体心理的应用不是自发的，而是有意识、有目的的。居于群体结构顶端的领导层明确意识到群体的第一性其实是犯罪的功利性目的而非群体同一表达，但是为了保证群体的行动效率，又必须强化群体同一表达目的作为控制普通群体成员的手段。同时，群体的领导层成员本身却往往并不受群体心理的影响，而可以保持其完全独立的个人同一与个人目的。可以说，当一个亚文化群体进化成为亚社会群体之后，群体的领导层往往会从普通成员群体中游离出来，而不再共有不可分的群体同一，相应的，其很多行为也就不应再以同样性质的群体心理来予以理解和分析了。

亚社会群体心理这种虚伪性和欺骗性最典型的例子是一种非典型的有组织犯罪，即邪教现象。各类邪教教众的行为具有非常典型的群体性心理特点：个人特性的迷失，群体目的代替个人目的，对群体身份表达的高度热情，以及对群体行为规范的狂热信守。同时一个比较成熟的，有跨地区覆盖能力的邪教组织必然具有完整的组织结构以及明确的功利性目的，且身居领导层的少数个人往往表现出与普通教众完全不同的心理状态，这些都符合亚社会群体的基本特征。亚社会群体心理的虚伪性和欺骗性集中表现在以下几个方面：首先，属于领导层的个人往往抱持与教众群体目的明显不符的功利性目的，比如敛财、玩弄女性或攫取政治权力等。其次，在主导群体行为规范并利用其维持对教众的严密行为控制的同时，这些领导者自己往往不受这一行为规范的约束，比如一边要教众节俭以为教派作贡献，自己却大肆挥霍教产。最后，这些领导层成员往往有意识地使用大量带有欺骗性质的群体心理技巧来保持教众的群体狂热状态，为其功利性目的服务。在司法实践中，往往将带有邪教背景的大规模教众聚集事件作为集群犯罪加以理解。但是通过对其运作机制的分析我们可以看到，这类群体犯罪行为与通常的群体性事件有着天壤之别。在这些案例中，群体的行动背后得到严密组织结构的支撑，群体成员的言行有严格的规范，而且具有高度统一的目的性。这些都是基于临时聚集人群的普通群体性事件所不具备的群体犯罪心理特征。究其原因，就因为这类教众聚集事件中的个人行为其实是以亚社会群体犯罪心理而非情境群体犯罪心理为基础的。

四、一般共同犯罪中的群体犯罪心理归因

在立法定义上，所谓一般共同犯罪就是共同犯罪中不具有集群犯罪、团伙犯罪和有组织犯罪特征的那些个案。从外在表现形式上说，就是由多名没有明显团伙帮派或犯罪组织从属关系的个体在共同犯意的基础上实施的共同犯罪。在表面上，这一群体犯罪形态排除了主要适用于上述三种群体犯罪类型的情境群体心理、亚文化群体心理以及亚社会群体心理的存在，而应该由一种为其所独有的群体心理来加以理解。但是如前所述，上述三种立法角度的典型群体犯罪与本章重点论及的三种群体心理类型并没有一一对应的适用关系。在特定共同犯罪形态中到底存在这三种群体心理的哪一种，甚至到底是否存在群体心理，都必须具体情况具体分析。对于一般共同犯罪的心理机制，会存在两种情况：一是涉案个体完全是基于个体性的犯罪心理进行分工合作而实施的共同犯罪，因此也就没有群体心理可言。二是涉案个体确实是受到某种类型的群体犯罪心理影响而实施的不法侵害。这里涉及的群体犯罪心理必然属于本章前面讨论的三种群体心理中的一种。至于是哪一种，则需要具体情况具体分析。

1. 不存在群体心理的一般共同犯罪。群体心理的基本特征是群体同一代替个体同一，群体的共同目的取代个人目的。如果个人在共同犯罪过程中仍然保持独立个体意识，并且犯罪参与者各自实现其个人目的，那么可以认为这一犯罪中并不存在群体心理的影响，而无非是复数个人互为条件，实施了基于各自个人性犯罪心理的共同犯罪。在此考察群体心理没有任何意义。比如一个包括了介绍人、斡旋人和多名受贿人的共同受贿犯罪，参与者各自保持并实现了明确的个人牟利目的，而且这一目的本身并没有上升成为共同犯罪人的集体意志与目的。那么在这一共同犯罪中就不存在群体犯罪心理，只存在个体犯罪心理。

2. 以情境群体心理为基础的一般共同犯罪。在作为一般共同犯罪基础的群体心理中，最常见的是情境群体心理。情境群体心理尽管是集群犯罪的最主要心理机制，其产生却并非必然以"人数众多"为条件。正如俗语所言，"三人成众"，只要个人意识可以被一个多数意识所压制，群体心理就有产生的土壤，所以理论上群体心理的出现只需要一个 2 比 1 多数，亦即 3 个人的互动即可。情境群体心理与另外两种群体心理的最基本区别在于其临时性。因此其所支持的共同犯罪也只能是临时起意。在特定情境中，潜在的共同犯罪人有了社会角色的融合，从而迅速产生一个群体同一，并迅速实现对个人意志的压制，最终在群体目的的推动下实施了个体独自不可能实施的共同犯罪。这种类型共同犯罪的典型例子就是由数个犯罪人临时起意实施的轮奸犯罪。在这些案例中，共同犯罪人事先并不必然有很深的交往，往往就是由于特定情境，比如一起饮酒作乐，而纠合在一起。在众人的互动中，由于互相间的暗示和同侪压力，迅速形成一个以"好哥们"为基本特征的群体同一，进而发展出"一起找乐子"的概括目的。而作为这类情境群体的一个通常行为规范就是要对互相间的越轨企图表示支持，否则就是"不给面子"。而当潜在性受害人进入视野后，群体众人往往会在意见沟通中反复互相暗示受害人的"挑逗"或"自愿"，由于群体的较高易受暗示性，这一明显缺乏合理性基础的假定往往会被最终接受。最终，众人在群体心理的作用下，由试探到鼓励，再到强烈的侵害决意，最终共同实施了犯罪行为。

3. 一般共同犯罪的亚文化或亚社会群体心理基础。通常情况，在亚文化群体心理或亚社会群体心理基础上实施的共同犯罪是难以被归类进入一般共同犯罪的，原因很简单，这两类群体心理均以特定的群体类型为依托，前者主要表现为青少年帮派，后者则主要表现为黑社会组织，顺理成章的，其犯罪就会被纳入团伙犯罪或有组织犯罪。不过，由于群体心理与共同犯罪类型间并没有严格的一一对应关系，因此就不可避免的有特例出现。

以亚文化群体心理为基础而不属于团伙犯罪的特例的出现是因为亚文化群体并不是只有青少年帮派这一种形式。当其他类型的亚文化群体基于其独特群体同一表达目的而共同实施了以该目的为导向的犯罪，其犯罪形态就只能归类为一般共同犯罪而非团伙犯罪。在我国，由于社会文化的多元化尚不充分，亚文化群体通过公共渠道表达其群体目的的现象尚不多见，而以犯罪这类激烈手段表达群体目的的例子就更少。近年来时有发生的爱狗人士为解救即将被屠宰的犬只而拦截正常合法营运的运狗车，并与车主及执勤民警发生对峙可以看成是这类亚文化群体心理驱动的越轨行为之雏形。在这些个案中，除了群体的行为尚未达到犯罪的程度之外，已经具备了受亚文化群体心理影响的全部要素：首先，这一救犬行动并非临时起意，救犬群体的共同身份也维持了相当长时间，显然不能将其理解为情境群体，而是个体爱狗者基于爱犬救犬这一共同群体特征而形成的亚文化群体。在这一群体环境下，个人的背景，个性为群体的共同身份"救犬爱心人士"所替代，并以"一切为了救犬"作为这一群体同一下的行为规范基本原则。在拦截运狗车事件中，该群体成员群情激奋，一方面不惜违反交通和治安相关法规，另一方面为了能救下车中的狗群而不惜慷慨解囊。其中成员间对动物的超出正常程度的关心显然是群体易受暗示性的后果。同时在整个事件过程中群体成员协调一致的拦车、救犬行为体现了去个性化和去人格化后，个人服从群体目的与行为规范的群体心理特质。在国外近年来多有公益团体成员为其团体的诉求而采取有预谋和可重复的过激行为而触犯刑法的事件发生，甚至因此而出现了所谓"环保恐怖主义"的非正式犯罪类型。这种类型的群体犯罪，在归类上属于一般共同犯罪，却毫无疑问是以亚文化群体心理为基础的。

与亚文化群体心理相比，以亚社会群体心理为基础而不属于有组织犯罪的特例就更加少见。这是因为在亚社会群体犯罪心理中，明确的犯罪功利目的是一个核心特质，在这一心理支撑下实施的犯罪几乎不例外地会具备有组织犯罪的特点。对这一普遍规律的背反只会出现在一种情况之下，就是亚社会群体的形成最初是为了一个非犯罪的功利性目的，而这一亚社会群体由于某种原因而发生了异化，实施了其最初目的之外的犯罪行为。这种近乎"意外"的组织性犯罪行为显然不符合典型的有组织犯罪的定义，也显然不同于团伙犯罪，而只能采用一般共同犯罪或其他立法定义规定之。一个典型例子就是单位犯罪。单位是一个具有合法功利性目的的社会化组织，具有完整的组织结构、价值观体系和行为规范。所以单位员工群体就带有明显的亚社会群体性质。法人犯罪区别于单位组织中复数个人实施的共同犯罪，除了刑法罪种上的限制以外，其行为学特征主要在于单位犯罪是以所有员工群体的共同意志为导向实施的犯罪，并且在实施中依托了单位本身的组织结构与决策机制。换言之，单位犯罪与非单位共同犯罪的区别就在于单位是否为一种"犯罪文化"所渗透，并受这种犯罪文化影响而实施了特定共同犯罪行为。这种犯罪文化就是异化后具有了违法功利性目的的亚社会群体的内部群体心理机制的表现形式。在这一亚社会群体心理机制下，单位可以通过曲解其价值观体系而为犯罪目的提供合理化解释以取得员工的认可，并利用单位本身的组织结构和规范机制来推动单位员工对群体犯罪行为的参与。而员工在权威服从、同侪压力以及易受暗示性心理的影响下，往往难以抗拒单位的群体犯罪目的而最终放弃个人的守法意志。在刑法中规定有专门的单位犯罪，但是作为群体犯罪的一种特殊形式，单位犯罪无法被归入基于立法的类型化群体犯罪的任何一种，而只能在概念上等同于一种特殊的一般共同犯罪。这在一定程度上反映了这一群体犯罪归类体系的不严密性。而在基于群体犯罪心理分类的分析中，这一特定类型的群体犯罪毫无疑问是受到亚社会群体犯罪心理影响的。

第十一章 心理学犯罪归因的一般理论模型

在本章中,我们将对前面数章所分析和介绍的心理学理论在犯罪归因尝试上的总结与整合,并尝试建构具有原创性和本土性的犯罪心理学归因一般理论的模型。为理顺相关逻辑,本章将首先对前几章介绍的主流犯罪学理论进行概念因子分析,从中提炼出具有操作性的测量指标因子,再尝试将这些因子整合为一个具有解释力的归因分析理论模型。

第一节 心理学视角犯罪归因研究的核心问题:犯罪性之归因

理论犯罪学研究的最终目标是要发展出一种可以有效、全面而令人信服地解释犯罪之原因的理论体系。这也是本书展开论述与分析时的追求。但是,历代犯罪学研究者数百年来从不同学科视野出发所作出的尝试以及所经历的挫折也充分证明了这一目标的艰巨性。本书在本章尝试对犯罪归因理论框架作一梳理,显然无意于在犯罪学归因理论体系发展问题上"毕其功于一役",而仅仅是站在前人理论洞见的基础之上,努力承前启后,探索犯罪学归因理论在心理学视角下的学说发展方向,同时也努力在域外学说概念体系的本土化及操作化方面有所推进。

不过,在进一步展开归因理论体系性分析之前,一个问题必须明确的是,基于心理学视角所展开的归因研究所尝试建构的因果关系到底关乎犯罪现象的哪一个方面?虽然我们可以将犯罪学归因研究的对象笼统地表述为"犯罪现象",但是,在不同学科视角下,研究者所关注的因果关系之内涵显然是不同的。例如,刑法学所研究的犯罪之因果关系是具体事件中偶然性要素之间的回溯性逻辑关联,不具有任何决定论意义,其实质乃是为刑事处分提供法理依据的归责考察,所以刑法学视角下的犯罪是一种法律状态及法律关系;而社会学将行为人定义为同质化的社会动力要素,其关注的犯罪之因果关系是以社会之宏观结构为基础的人类群体类型化事件之整体性动力在一定时间与空间范围内的发展与互动,社会学视角下的犯罪是决定论的,是一种社会现象;至于心理学,其对犯罪的理解虽然也是决定论的,但更倾向于将个体放在差异化的背景下进行微观考察,犯罪之因果关系乃是以社会行为主体之差异性需求及动机为基础的个体性类型化事件之概率推定,心理学视角下的犯罪是特定社会化互动语境下的行为决策趋势。

在以心理学视角为基础的理论建构努力中,一个难点就是归因逻辑解释对象的定义。早期犯罪学往往不会关注这一个问题,只是笼统地宣称其理论是对"犯罪"的解释。但是随着实证主义研究范式的日趋完善与严谨,任何一个符合社会科学标准的归因理论都必须直面一个现实,即任何一个理论模型都无法保证其定义的罪因变量必然会在给定的条件下引致犯罪。因此,严谨的理论假设的表述只能退而主张其归因模型之作用乃是预测犯罪发生之概率。

这个问题在社会学的宏观视角下并不明显,因为社会学的犯罪归因并不需要特别指明具体实施犯罪的个体,而仅仅是证明所提出的致罪因子在给定条件下导致受影响的人群中犯罪率明显高于对照人群即可。换句话说,即使某个人群并非每个成员均实施犯罪行为,这个人群也可以在群组对照意义上证明理论的犯罪预测效度。但是,当犯罪归因是在微观的心理学视角上展开时,由于归因模型之预测指向无法进一步分解的单个行为人,行为人实际行为的犯罪或者守法之间非此即彼的界分就给归因模型的证明带来问题:当一个被认为受到致罪因子在给定条件下影响的个体实际上并未实施犯罪行为时,我们显然无法在对照意义上将其与另一个不符合归因模型预测之条件而维持守法者区分开来进而证明该归因模型的预测效度[①]。

为了解决这个问题,当赫希开始建构其控制理论的犯罪归因逻辑体系时,对预测模型的解释对象作出了重新定义。至少在微观的心理学视角层面,犯罪学归因理论的解释对象不再是实际发生的,符合刑事法定义的"犯罪",而是一种实施犯罪行为(及类犯罪行为)的倾向(propensity to crime)。在心理学语境下,可以将这一倾向视为一种个体的性格特质(personality trait),具有这一特质的行为人并不必然地,在可预见的时间空间条件限定下实施犯罪行为,但是其行为发展轨迹从概率指向上讲向犯罪及类犯罪行为高度倾斜。最终,赫希在其著述中使用了"犯罪性"(criminality)这一术语,以示其犯罪归因理论与以"犯罪"为解释对象的传

---

① 在很大程度上,心理学视角犯罪归因在犯罪学理论界所受到的批判正源自这种以实际犯罪行为发生为基准的归因效力验证模式的尴尬。同样是无法达致百分之百致罪结果的预测模型,在社会学视野下可以诉诸组际犯罪率比较来确认预测力,而在心理学视野下,符合预测模型而无实际犯罪行为的个体则被认为是预测失准的例证。

统理论之区别。

第二节　犯罪归因视角之比较分析

犯罪学一个非常重要的学科特点就是其"派生性",即关于犯罪学的任何学术思考都必须借助于一个犯罪学之外的基础性学科的概念体系及理论框架才得以展开。而这一派生性特点又导致了犯罪学理论发展的"学科排他性"特点:一般情况下,各基础学科在各自的话语体系和理论框架内的发展井水不犯河水,对于特定情况下的跨学科交叉也保持一种相对开放和宽容的态度。但是,当基础学科的学术体系被应用于某个相对较具体而狭窄的研究领域时,这种体系的借用就会被理解为一种母学科对子学科主导权的确认,进而产生一种以学科利益为基础的排他倾向。这种排他倾向的具体表现就是以母学科自居的学者群体会高度强调其在子学科理论体系中的主导地位,并排斥其他基础学科对子学科的概念导入与渗透。这种学科排他性在现代犯罪学理论发展的体现就是在20世纪的相当长时间里主导犯罪学研究的社会学学者对犯罪归因理论发展中的心理学要素的排斥与否定。从表面上看,社会学与心理学在犯罪归因理论领域的角力无非是关于理论之正确谬误之争,但是,我们必须看到,正是由于这种基于学科利益的相互排斥导致犯罪学归因理论建构在两个学科之间划出一道鸿沟,在很大程度上阻碍了那种尝试跨越学科壁垒,整合社会学视野与心理学视野的犯罪归因理论的发展趋势。

本书的理论框架建构的前提之一就是在犯罪归因理论建构上,社会学与心理学之间并无不可跨越的鸿沟。不论是社会学视野还是心理学视野均不可能单独地承担起全面描述整个人类犯罪现象各层次归因机制的重任,而必须有所分工。同时,社会学因素与心理学因素相互之间也不是一种静态割裂的关系,而应该是一种以普遍联系为基本形态的矛盾对立的辩证关系。

在这个意义上推而广之,在犯罪学发展的更早期阶段为其提供概念与理论体系支撑的那些学科及在其基础上提出的早期犯罪归因学说同样应在普遍联系的逻辑前提下加以重新审视。在排除其明显缺乏理论说服力的成分之后,仍应正视其对犯罪归因理论体系的独特贡献。不同的基础学科以其自身理论体系观照人类犯罪现象所作出的哲学的、生物学、社会学的或者心理学的解读,反映了犯罪作为人类社会一种重要的客观现象的复杂性与多层次性,而唯有以辩证法为指导的动态多层次解读,才能有效地认识到犯罪现象的全貌。

一、经典犯罪学与犯罪生物学

经典犯罪学的理论发展最初源自哲学，尤其是关于心灵的哲学。古典犯罪学的归因论之核心是人类动机之考察以及人类选择之机制。古典犯罪学一般相信人类精神拥有两大基本素质：意志自由与理性选择。在此基础上，古典犯罪学对犯罪的解释依哲学基本立场之差异而分为道德选择说和功利选择说。前者认为犯罪人在自由意志基础上作出了一个道德上无价值的选择，并以此为基础承担犯罪的道德负面评价以及响应的刑事责任。而后者是经典犯罪学的主要学说并为古典主义刑法学提供理论支撑，认为行为人之选择的基本逻辑就是追求利益最大化的功利性考量，选择犯罪乃是因为其收益大于犯罪之风险，而刑事政策应致力于刑罚的平衡设定以影响行为人之风险收益衡量，最终选择守法。经典犯罪学与后来兴起的实证主义犯罪学的一个重要分歧是经典犯罪学支持选择论而实证主义犯罪学（尤其是社会学视角犯罪学）强调决定论。应当看到，现代心理学视角的犯罪归因在一定程度上重新审视了行为选择在犯罪中的地位，尤其是在控制理论的归因逻辑中，行为人道德选择的决策机制是考察之焦点。当然，这里的选择已经不再是经典哲学中绝对自由意志的体现，而更多的是个体内在素质与环境因素之间复杂的互动转化之结果。

犯罪生物学视角之归因研究始于龙勃罗梭所倡导的"原因科学"范式，并由此开启了实证主义犯罪学研究时代。站在生物学视角理解人类越轨行为之原因机制无可避免地会陷入"先天决定论"的局限之中。因此，龙勃罗梭及其信徒一方面高扬实证主义研究方法的大旗，一方面醉心于在某些个体生理特征或病理特征与犯罪行为之间寻找统计学相关性。早期生物学视角的研究最终走入死胡同而逐渐被犯罪学理论界所抛弃，主要原因在于其兴起的时代所能提供的生物学、医学以及心理学技术基础并不能支撑对人类复杂的生理机制，尤其是脑神经系统运作机制的深入理解，由此得到的很多观察发现只能流于现象论的描述或者机械决定论，而难以真正提供有说服力的归因。而进入21世纪以来，随着认知心理学以及脑神经医学的飞速发展，对人类心理与生理系统的核心运作机理的认识日渐深入，早期生物学视角的很多观察发现之价值有机会得到重新审视。而这些更新后的认识显然会极大地丰富与深化心理学视角对于人类越轨行为产生机制的解读。

二、社会学视角与心理学视角

如前所述,在当代犯罪学领域占据主流地位的乃是基于社会学视角的犯罪学诸学说,而心理学在犯罪归因方面的贡献往往受到忽视和排挤。

这一方面是因为上文所提到的基于学科利益产生的排他倾向,另一方面我们也必须看到,社会学视角与心理学视角在犯罪归因上使用的逻辑具有较大的差异,如果对于这种差异缺乏认识的话,在考察心理学视角的犯罪归因理论之解释力时难免会有削足适履的偏差,进而否定其学术价值。不难想象,如果不能正确认知这种不同学科视角归因逻辑之间的差异,即使有朝一日心理学视角取得了在犯罪学领域的主导话语权,也可能出于同样的原因而对社会学视角的犯罪归因理论产生类似的排斥与打压。这显然对于犯罪学这一具有明显跨学科应用性特点的学科发展是非常不利的。

另外还应看到,来自社会学一侧对心理学视角支撑犯罪归因理论的批判往往聚焦心理学在 20 世纪上半叶之前的代表性学说,尤其是以弗洛伊德为代表的心灵主义以及以巴普洛夫和斯金纳为代表的传统行为主义心理学。而作为一个具有深厚实证主义传统且自身发展非常迅猛的学科领域——心理学在 20 世纪中后期以来得益于现代自然科学与信息技术的飞速发展,其理论体系与概念框架早已突破了早期心理学的传统藩篱,有了非常显著的发展,而这些理论发展的一个重要特点就是对早期心理学饱受社会学学者批判的那些在行为归因逻辑上的明显缺陷作出了非常激进的修正。这种修正最主要的一方面是现代心理学早已认识到基于个人的任何心理想象都必然与其周遭环境(基于人类生活基本样态为群居与社会化互动,这里的周遭环境其实就是社会环境)存在关联与互动,而不可能是完全独立的纯粹生理现象。这种社会化考察不仅与心理学的基本理论设定没有冲突,而且日益被公认为是心理学研究的题中之意。因此,在今天我们对于心理学视角犯罪归因的考察与评价显然不能固守对早期心理学的刻板印象,而必须立足于当代心理学前沿理论最新发展及其对越轨行为产生原因的最新思考。

在此,对于心理学视角的犯罪归因研究的以下两个特点必须有清醒的认识:

第一,犯罪归因之心理学视角不可能脱离人类行为的社会化属性独立存在。早期犯罪心理学研究所犯的一个关键性错误,就是试图将人类的心理要素看作是纯粹天然的东西,只关注其在遗传学、生理学及病理学方面的自然属性,比如,早期心理学视角下的所谓"智力—犯罪相关性"理论就将犯罪行为视为智力低下者如疾病症状一样的自然反应，而完全未考虑智力水平与个人社会化进程及行为养成方面的关系。而在那一时期对犯罪的心理学视角归因理论最主要的批评就是它其实不过是犯罪之病理学、医学视角的简单延伸，在考察犯罪行为时完全无视行为人的社会属性及其对行为人的影响。这一批评是很有道理的。早期智力—犯罪关系研究之所以被边缘化，除了其主要批评者萨瑟兰的权威之外，其本身的解释力缺陷也是重要原因。当然，以现代心理学的基本理论框架而论，再批评心理学视角忽视人的社会性已经是不合时宜的了。因为现代心理学在其发展中已经充分认识到并积极整合了人类情绪、思想及行为之社会化属性并在现代心理学理论中加以包容。现代心理学各理论的一个普遍前提就是，人类行为发展的基本目的就是融入其所处的社会，与其周围的人群建立社会化链接，并需找最适合其社会化处境的心理生存策略。而犯罪行为模式之所以得以形成与固化，与个体在其心理发展历程中所必须面对的社会化链接样态以及心理生存策略之选择有着密切的关系。

第二，犯罪心理学视角对社会化属性考察不可以简单等同于犯罪的社会学视角，更不可能以社会学视角完全代替心理学视角的犯罪归因。在犯罪学学科内部，至少在一种非正式的观念中，"社会学"是作为"心理学"的对立面存在的。从研究视角上看，犯罪的社会学视角否定早期心理学视角（以及更早时期意大利学派的生理学视角）关于犯罪是源自个体内在属性的观点，而倾向于认为犯罪是个体所处外在环境之产物。显然，基于前面的讨论，这一批判在现代心理学面前已经不再有其充分合理性了。因此以是否考察外在环境因素作为心理学与社会学视角之分野的做法也不再有效了。传统上，犯罪之社会学视角有两个主要的理论倾向：社会过程论与社会结构论。而以本书之界定，社会过程论其理论基础之实质为心理学视角：即纳入了社会化属性考察的现代心理学视角（包括社会心理学视角）。

对于社会学视角与心理学视角在犯罪归因逻辑上的差异，前文已经有所分析，主要是在于对"犯罪"之考察的视角上的宏观与微观的区别。从这个意义上讲，在犯罪学理论各流派中真正持纯粹社会学视角的就是社会结构论。社会结构论的基本观点是，个体差异性在行为塑造方面的重要性要远远低于由结构性因素决定的群体共性，因此其归因视角倾向于考察宏观社会学因素，如经济、阶级、宗教、文化、历史等。在这个意义上，上述"致罪因素"在群体层面上发挥其作用，而犯罪作为其影响力之后果是整体性的：当一个社区或者社群面临"致罪因素"之影响时，在社会学意义上的因果推论往往只能笼统地对研究对象的属性作出整体性的判断，通过诸如

"问题人群"、"问题社区"或者"解组社区"之类的标签概括整个人群的一般属性。而这种一般属性固然在宏观上把握了特定人群面临的主要类型化社会性问题，却不足以描述该人群内部所具有的差异性。数据已经充分表明，即使是在那些社会性、结构性问题最为严重，甚至面临功能性社会失控、犯罪行为近乎日常化的社区，依然存在相当数量的固守传统道德、诚实守法的社区成员，对于这部分社区成员在行为模式上与其所在社群主要属性之背离，社会学视角的行为归因理论往往难以有效加以解释。而对这种差异性的微观考察，正是心理学视角之所长。这也是为什么有很多学者认为，即使承认社会学视角在犯罪归因研究上的主流地位，也必须重视心理学视角的独特贡献，否则就难以充分、全面理解人类所面临的犯罪问题。

正如本书标题所给出的限定，以社会学视角展开的犯罪归因理论不在本书讨论的范围之内，但从体系之完整性考虑出发，对社会学视角与心理学视角归因理论之间的逻辑联系必须要有所交代。与心理学视角相类似，我们对社会学视角犯罪归因之理解是以性恶论与社会结合失败说为基础的，即认为即使在宏观层面，对犯罪之原因还是应该从人类原初之恶的属性及其遏制机制上加以理解。一个健康而完善的社会集群体系的基本特点应是可以支持对其全体成员的充分社会化结合，从而在一个整体上为其成员遏制为恶的普遍性冲动提供充分的保障。而相对的，社会学意义上的致罪因素则是源自这个社会集群体系所能提供的社会化结合功能出现缺失或者偏差，导致社会性机制对个体行为的控制能力丧失。在一般概念上，很多国内犯罪学者倾向于将这一因素概括为所谓"外在因素"或者"外因"，从而与体现个体差异性的"内在因素"或者"内因"相呼应。不过，我们认为这种以外因/内因为基本框架的二元分划并不严谨，因为外在因素并不仅仅在宏观的、共性层面存在，很多具有外在因素特征的变量实际上是在微观的、差异性层面发挥作用的。因此，在这里，我们倾向于仅仅将这类社会化因素作为社会控制机制的普遍作用因素加以理解，即一种在整体性层面对群体的每一个成员施加普遍性影响的影响因子。

比如，在社会学视野最具影响力的社会紧张理论中，普遍性的文化影响所形塑的社会期待值与为不同社会群体提供的实现其社会期待之机会结构之间的落差造成了社会紧张情绪，这种社会紧张情绪是受到这一因素影响的社会群体之所有成员均能够感受的，因此是宏观的和共性的。这种社会紧张情绪在特定社会结构中的积聚导致某个社会群体面临一种普遍性的对抗性张力，从而使该群体成为犯罪学意义上的"问题人群"。在此基础上，社会紧张理论提出了个体在社会紧张情绪影响下的行为反应，即所谓的五种"行为适应模式"（遵从、程式、创新、反抗与自弃）[①]，其中至少有3种适应模式（创新、反抗与自弃）具有强烈的反社会特征，因此受到社会紧张情绪影响的人群对这三种适应模式的选择可能性就构成了该理论的宏观犯罪归因基础。但是，在紧张理论框架下，即使是受到社会紧张情绪影响的人群也依然存在选择另外两种适应模式（守法与程式）的可能，而在这两种适应模式中，至少有一种是可以促成守法行为的。因此，社会紧张理论尽管在宏观上识别出了高犯罪可能人群，却并没有就这一人群中的每一个体的守法或犯罪行为选择作出有效的解释。

但是，社会紧张理论所提出的在紧张情绪影响下行为的五种适应模式之选择，却为个体行为模式选择的差异化理解奠定了基础。换句话说，在宏观社会结构因素的影响下，特定人群的全体成员受到一种带有普遍意义的社会驱动力之影响，这种整体性驱动力为个体行为选择设定了一个宽泛的倾向，虽然足以决定某一个群体中特定行为出现的概率，但是却并不足以完全决定个体的具体行为选择。后者的归因机制必须站在心理学视角的个体差异化逻辑上方能得到有说服力的解释。从这个意义上讲，心理学视角的个体差异化犯罪归因显然是以社会学视角的整体结构性归因为现实基础和逻辑前提的。

三、行为动机视角与行为控制视角

在前面章节的介绍中曾经提及，如果按照对一种普遍意义上的"人"的原初状态的基本属性的想定来区分，犯罪行为归因理论可以被划分为两个大的理论倾向，即以性善论为基础的问题性社会结合说以及以性恶论为基础的社会结合失败说。而站在一个更加具体和具操作性的层面，这两种理论倾向实际上是对行为人在社会化过程中之行为模式发展轨迹的不同描述：前者聚焦个体行为模式从初始状态的守法倾向向后期的违法倾向的转变与发展，而后者则认为人类行为发展的路径正好相反，人人均始于一种违法倾向，而正常的社会化进程的作用则是使其向守法倾向发生转变。一些观点认为，这两者的实质性区别在于越轨行为模式产生机制的差异：问题性社会结合说主张一种行为习得的观点，强调越轨行为之所以产生乃是因为行为人通过社会学习机制习得了特定的越轨行为（或者如萨瑟兰强调的那样，其背后的动机、态度与合理化解释）；而社会结合失败说主张一种

[①] Robert K. Merton, Opportunity Structure: The Emergence, Diffusion, and Differentiation of a Sociological Concept, 1930s-1950s, in Freda Adler and William S. Laufer, ed. *The Legacy of Anomie Theory*, New Brunswick, NJ: Transaction Publishers, 1995, pp.3-78.

自然主义观点，认为人之越轨行为倾向乃是天性，因此犯罪与行为学习无关，仅仅与控制机制失灵有关。

但是如果将两种理论倾向放在一个统一的语境中考察，会发现上述差异的表述并不成立。控制理论为代表的社会结合失败其实并不排斥行为学习机制的影响，而仅仅是对其影响力的作用方向有不同的理解。在控制理论的归因逻辑中，越轨倾向是人之自然属性，因此犯罪行为的出现并非行为习得的结果。但是，人之行为倾向乃是一体两面的，认为越轨行为倾向的普遍存在就意味着绝大多数个体的守法行为倾向不可能自然形成，由是推知，最终社会绝大多数成员的守法乃是一种社会化过程的结果，而这种社会化过程最有效的描述显然就是社会学习。因此，控制理论所代表的社会结合失败说并不排斥以社会学习机制为基础的犯罪归因，而是对社会学习的内容限定有不同的理解。

具体而言，在归因机制的建构上均以社会学习概念为基础，这两种不同的归因逻辑的差异更多的是体现在致罪因子之内容表达上。站在问题性社会结合立场，人之犯罪乃是由于在不良社会化过程中犯罪之动机（motive）的习得，没有受到问题性社会结合影响的个体因为缺乏犯罪之动机而保持守法；而站在社会结合失败立场，人之守法乃是由于正常社会化过程中犯罪之抑制（restraint）的习得，未能经历正常的社会化结合过程的个体由于缺乏对犯罪冲动的抑制而倾向于违法。但不论哪种归因逻辑，犯罪与守法行为之间的区别的决定性因素源自社会学习过程。

一般认为，问题性社会结合说是犯罪归因理论建构的主流倾向，其代表性学说差异接触理论因为萨瑟兰在犯罪学领域崇高的学术声望而备受关注。而相对来说社会结合失败说被认为采用了一种非主流的、创新视野的归因路径，但是其在近年来由于得到了大量实证数据的支持而影响力日益显著。

在本书的分析中，笔者倾向于支持一种以社会结合失败说为核心的犯罪归因逻辑。这主要是基于以下几个原因：

第一，问题性社会结合说作为一种覆盖不同类型、不同层次犯罪行为的通说归因理论是存在明显的缺陷的。比如，对于差异接触理论等代表性学习理论的一个重要质疑就是认为学习理论无法解释犯罪之源起。如果所有的犯罪行为倾向均是在社会化过程中通过从他人那里习得犯罪之动机而形成的，那么在逻辑上这一理论就无法解释这种犯罪动机的最初之产生。而控制理论等社会结合失败学说则不存在这一逻辑漏洞，因为犯罪动机乃是人之自然属性，本不需要习得。

第二,从理论的兼容性上讲,问题性社会结合说中的一些核心概念可以相对比较容易地整合到社会结合失败说诸理论中去,而反过来却不行。比如,差异接触理论提出习得的犯罪动机之核心内容乃是对规范禁令的某种态度(赞许或不赞许),而通过中和技巧理论的进一步具象化,这种赋予犯罪动机以合理化解释的不赞许的态度被定义为一种具有中和效果的话语技巧。而仔细考察中和技巧的语境,会发现马兹阿和塞克斯在其理论中认为中和技巧实际上是对行为人守法强迫的一种消解。换句话说,如果中和技巧的作用过程就是使行为人解除对违法的道德束缚从而可以无顾忌地实施犯罪行为的话,在这里作为行为发展之起点的守法状态实际上就是一种行为人受到约束的状态。也就是说,这里的行为学习是以行为控制为大前提的,既可以站在传统的学习理论角度,说习得的结果是犯罪的动机,也可以站在控制理论的角度,说习得的结果实际上是控制机制的消解。这样,作为问题性社会结合说核心概念的行为习得就被整合进控制理论的概念框架中去了。

第三,作为控制理论之哲学基础的性恶论在现代社会科学语境下日益获得更多的实证数据支持,已经不再是一种非主流的道德哲学思想,而成为思考人类社会化行为的重要先导性命题。

四、多原因理论与整合理论

犯罪学理论发展到今天,通过在多个不同学科领域的概念建构,所提出的各类归因理论数量繁多,差不多覆盖了所有与人类行为有关的研究视角。到20世纪70年代之后,理论体系实际上已经很难再出现颠覆性的创新,因此相关理论研究更多的是在原有理论基础上不断打磨归因逻辑和优化变量设定。如前所述,犯罪学本身所固有的多学科属性在相当一个时期内实际上限制了犯罪归因理论的发展,理论体系和概念框架相对成型固化的各学科一方面以本学科领域研究成果支撑和推动犯罪归因研究,但另一方面又倾向于将犯罪归因逻辑局限于本领域的原生概念与变量,人为地制造了不必要的学科壁垒甚至学科对抗。

而在20世纪下半叶以来,越来越多具有跨学科背景和开放性视野的犯罪学学者开始关注这一问题并努力加以改变。这种改变的关键就是放弃那种认为对于犯罪原因的解释必然排他地来自某一个学科领域的原生学说的观点,一方面意识到犯罪原因体系建构存在一种多元化的可能,即使是在区分"原因性因子"与"条件性因子"的基础上,仍然需要多个"原因性因子"的共同作用促成犯罪行为模式之形成,另一方面还要意识到很多不同学科领域的研究尽管是基于不同的话语体系,却很可能是在考察实质上的同一个问题或现象,只不过基于不同视角而产生出不同的定义及表述,即所谓"横看成岭侧成峰"式的学说差异。

在这种犯罪学研究范式改良意识的推动下,出现了两种有着类似的理论建构动机,但在具体的逻辑表达上存在实质性区别的理论倾向:多原因理论和整合理论。

所谓多原因理论,顾名思义,乃是尝试将多个被认为具有部分解释力,但无法独立承担犯罪一般性归因任务的致罪因子以某种方式组合在一起,从而至少在表面意义上实现对犯罪的一般性归因的理论建构思路的产物。这一思路在逻辑上具有天然的合理性基础:既然从多个不同学科视野均可以推导出对犯罪的部分归因,但是每个学科所能提供的罪因变量又各自存在解释力上的缺陷,那么这些已知的验证有效的罪因变量显然就应该是一个宏大的犯罪归因拼图上的一块块碎片,而将所有能找到的碎片拼凑到一起,应该就可以完成对犯罪之整体性归因了。

多原因理论建构模式在20世纪80年代以来中国犯罪学研究高速发展的一个时期为很多中国犯罪学学者所推崇,那一时代中国很多著名犯罪学家所提出的犯罪学理论都带有这一模式的显著特征,比如罗大华和何为民教授提出的"犯罪综合动因论",储槐植教授提出的"犯罪原因多维结构立体论",以及于真教授提出的"双因双化统一论"等。这类理论对于既有的犯罪归因理论的具体解释机制一般不会提出具有实质性的批判,但是倾向于认为其缺陷在于视野上的狭窄以及理论与理论之间缺乏逻辑联系,因此这些理论致力于建构一个体系性框架以便将所有被认为有一定解释力的致罪因素囊括其中,并认为犯罪归因的核心性任务乃是以一种系统性的眼光去梳理和解释现有的理论所提出的繁多的致罪因素之间联系与转化的复杂关系。

通过学术史考察会发现,中国犯罪学界在90年代的一段时期兴起一股多原因理论建构热潮之后迅速归于沉寂,到21世纪以来就没有再提出新的有实质影响力的多原因理论学说。究其原因,罗列式的多原因论本身受到既有理论数量和体量的限制,在几个不同理论尝试了各种可能的排列组合之后,由于没有更新的理论要素加入,自然陷入学术创新上的枯竭。同时,诸个已经提出的多原因理论也面临解释力方面的问题,其主要的缺陷在于其用于将多个理论要素捏合在一起的所谓"系统性"、"普遍联系"之逻辑结构过于空泛,而且对于源自各个理论的归因要素往往不过多考察其概念性内核,而仅仅将其外在表现作简单化列举。诚然,这种以外显性要素之间普遍联系，相互转化关系为基本主张的理论建构思路符合辩证唯物主义基本原则，可以说在形而上学的层面上确实是无懈可击的，但具体到变量之间的实证联系及其因果关系的证明上却缺乏具有可操作性的理论模型。如果直接将这种未加梳理的多变量归因结构用于实证数据分析，那么变量体系的庞杂与无序将导致对采样数据规模的要求远远高于社会科学实证研究所能支撑的体量，从而使这种宏大的理论框架无法得到有效的证伪或证真，最终只能流于一种纯思辨的理论假说，而无法对实证主义犯罪归因研究提供实质性的帮助。

相对来说，比多原因理论更为符合实证主义犯罪学发展规律的是整合理论，这是欧美犯罪学界在20世纪70年代末逐渐形成的一种犯罪归因理论建构模式。尽管也是尝试着将多个既有理论之要素融为一体，与多原因理论罗列众多表象化的致罪因素不同，整合理论一方面在理论要素的选择上不追求大而全，强调只考虑在归因逻辑上具有共同性和兼容性的理论要素，另一方面其整合也不仅仅是对既有理论提出的致罪因子的简单列举，而是致力于将所选取的理论加以解构，尝试从内在逻辑上发现其共通性，并以这一共通性为基础将多个理论加以合并与重新表述。一般来说，整合理论有两种主要的理论建构路径：概念整合与归因逻辑整合。前者致力于在不同理论中发现具有近似或相同意义的概念元素，通过概念的重整将其表述为一种更具有普遍意义的理论语言。而后者则是尝试通过对归因逻辑的整合来弥补单一理论在解释力上的结构性缺陷，通过将多个理论的归因假说以某种顺序加以衔接，从而形成一个描述犯罪行为产生的更为完整的因果链条。

总的来说，整合理论对犯罪归因理论建构的综合性要求更高，需要学者对多个不同学科领域的研究范式及其理论内核有深刻理解，并且能够将不同领域的理论要素令人信服地融为一个有机整体。同时整合理论建构模式所产出的犯罪归因理论也更加符合实证主义犯罪学研究对理论可证伪性和操作主义的要求，使得理论的迭代发展与完善成为可能，因此成为当代犯罪学比较受到认可的新兴理论发展模式。

本书所尝试的心理学视角犯罪归因理论模型建构在总体上是遵循整合理论的发展模式展开的。我们会将分析和思考的重点主要放在对前面几章已经充分讨论过的几个重要理论的核心概念之整合上面，在前面几章的理论述评中，我们已经将性格特质理论、学习理论、控制理论以及符号化互动理论的核心概念作了相对比较深入的剖析与解构，本章后面的讨论会着力分析这些概念之间的内在联系以及归因逻辑之兼容性，并尝试将多个核心概念统一到一个更具有普遍指导意义的整合性概念中来。在此基础上，本章的一个重要的尝试是从这一整合性概念中抽取一系列具有实证主义意义的操作性变量，并结合我国犯罪学近年来的最新研究成果对其加以本土化的定义。这一尝试的结果将是一套可以应用于中国社会现实的犯罪学归因理论假说及相应的变量体系，为下一阶段的实证主义验证性研究奠定基础。

五、心理学视角犯罪归因之焦点：行为控制的社会学习

如前所述，犯罪归因之社会学视角与心理学视角应是两个各自独立的话语逻辑结构，各自拥有与其考察对象相适应的变量体系及归因逻辑，不可混为一谈。具体来讲，社会学视角是在宏观层面展开的，其考察之焦点在于以族群或社区为最小单位的人类集合体的具有共性的集群行为学特征。而心理学视角则是在微观层面展开的，其考察之焦点在于以单个个体为单元的具体行为人的差异性的性格特质要素及行为发展轨迹。

因此犯罪之产生至少在宏观逻辑与微观逻辑两个层面必须通过不同的理论模型方能加以有效解释与分析。即使是一个高度整合性的犯罪归因理论，也必须尊重上述两个视角的基本差异。一种有效的关于犯罪归因的通说理论无必要，也无可能为了实现所谓理论的"普遍解释力"而将犯罪的所有归因逻辑强行地捏合到一个具有普遍意义的"万能变量"之中。但站在理论建构的一般性逻辑来说，本书倾向于认为一种具有整合性理论特点的，以数量相对有限的几个核心变量为基础的犯罪归因通说理论模型还是可行的和有说服力的。换句话说，关于整合犯罪归因理论的一个基本假设是即使最高度的要素整合也至少应有一个社会学视角上的整合性理论与一个心理学视角上的整合性理论构成犯罪归因理论的二元结构（当然，在此基础上的进一步细分也不是不可以的，如泰勒、沃顿与杨在其《新时代犯罪学》中提出的 5 层次研究视野就是比较著名的例子[①]）。

而如果专注考察犯罪归因之心理学视野，则最具有实际意义的整合归因概念应是社会学习。通过对社会学习概念的多元解读与应用，本书前面章节所讨论的诸个心理学视角犯罪归因理论的核心要素均可以被统一到一种聚焦社会学习机制对行为人性格要素及行为模式的形塑与促进作用的体系性表述中来。结合前文所主张的社会结合失败说，本书所支持的心理学视角犯罪归因理论模型的基本框架可以作如下表述：个体的犯罪倾向

---

① Ian Taylor, Paul Walton & Jock Young, *The New Criminology: For a Social Theory of Deviance,* New York: Harper & Row Publishers, 1974, p.271.

性作为一种性格特质及心理属性,在所有人身上是一种普遍存在的原始属性,而守法者与犯罪者之差异源自在正常的社会化过程中,个体化的控制意识与控制能力的社会学习之后果。

从以下两个方面分析,以控制理论基本逻辑结合社会学习概念作为心理学视角整合性犯罪归因理论的核心是具有合理性及较强解释力的。

第一,社会学习本身作为一个整合性概念可以将行为模式发展过程中的一系列心理学要素有机结合在一起,同时,社会学习理论在心理学领域的日渐发展完善为以社会学习概念为归因内核的犯罪学理论提供了成熟的、完整的和经过验证的分析框架。

第二,站在犯罪学之实践指导价值角度考虑,心理学视角基于个体差异性的行为归因理论最具吸引力的地方就是它可以为刑事司法实务部门运用刑罚及一系列社会化手段开展犯罪人改造的工作提供指导。而根据欧美犯罪改造理论与实务发展近半个世纪的摸索,已经形成一个共识,即犯罪行为产生的最重要机制就是社会学习,因此犯罪改造必须以社会学习机制为线索方能获得有意义的效果。理论要指导实践,就必须以实践需要为导向。所以,一个有意义的心理学视角犯罪归因理论即使可以以多个不同的概念框架为基础展开,但以社会学习概念为基础的归因理论无疑具有更高的实践价值。

第三节 犯罪性作为一种心理学要素的基本内容

一、犯罪性与犯罪人格

如前所述,赫希建构其控制理论的犯罪归因逻辑体系时,对预测模型的解释对象作出了重新定义。至少在微观的心理学视角层面,犯罪学归因理论的解释对象乃是一种实施犯罪行为(及类犯罪行为)的倾向(propensity to crime)。在心理学语境下,可以将这一倾向视为一种个体的性格特质(personality trait),具有这一特质的行为人并不必然地,在可预见的时间空间条件限定下实施犯罪行为,但是其行为发展轨迹从概率指向上讲向犯罪及类犯罪行为高度倾斜。赫希使用了"犯罪性"(criminality)这一术语来将其犯罪归因理论与以"犯罪"为解释对象的传统理论相区别。

但是,赫希对"犯罪性"这一概念的使用,尽管避免了其理论模型预测效力评价上的问题,却又面临一个新的,概念之操作性定义的问题。在赫希与戈特弗里德松的《犯罪的一般性理论》一书中,将"犯罪性"进一步定义为"低自我控制"。而很多学者在对其理论进行批判时都会指出这一定义有同义反复之嫌，导致其归因理论陷入循环论证的困境。具体来讲，有学者指出赫希用低自我控制来定义犯罪性，但是却没有就何为"低自我控制"作出进一步具有操作性的定义，于是对于个体是否存在低自我控制这一特质只能以该个体是否多次实施犯罪为标准加以判断。于是，就出现了"犯罪倾向源自低自我控制，低自我控制之判断以犯罪倾向为依据，而犯罪倾向又源自低自我控制"这样的理论表述。

有鉴于此，本书认为在控制理论逻辑基础上建构犯罪归因理论的一个重要工作乃是对理论解释之对象作出更具操作性的定义。这一定义显然是以犯罪性概念为基础的，但是其界定要素必须要超越简单的"多次犯罪，屡教不改"这样的直观表述。

与此同时，在心理学视角的犯罪学研究中，来自精神病学和临床心理学领域的研究一直在致力于对已知的具有犯罪性的个体之心理特质的现象性描述。从逻辑结构上讲，这是一种类似归纳法的询证分析路径，即通过搜集犯罪性的外显性证据，反向推导出其罪因要素之基本内容。在本书第四章中介绍的人格特质理论以及关于核心犯罪人群的临床观察研究就是这种努力的成果。

由于"犯罪人格"诸要素的总结完全来自对实际犯罪人群的临床观察，因此在效度上几乎是不证自明的。最初对犯罪人格的质疑在于主流犯罪学者站在社会学视角的典型立场，认为个体素质不可能成为区分犯罪人与非犯罪人的实质性因素，因此否定这种可以描述与限定的，为犯罪人所特有的"犯罪人格"之存在。比如，萨瑟兰就站在社会学的基本立场上主张犯罪是生理与心理上均正常的个体对异常与存在致罪要素的社会环境的正常反应。[①] 但是，在重重质疑声中，多个重要的心理学和精神病学研究却通过大量的数据证明了这样一个特殊的性格特质簇在犯罪人群体中普遍存在，而且越是犯罪行为倾向严重固化的个体其性格中这些特质就表现得越为明显。不过，性格特质方面的研究主要还是停留在现象论层次，对于犯罪归因的贡献有限。因此，就观察到的这种"犯罪人格"性格特质簇与犯罪行为之间的统计学相关性并未在因果律角度上充分展开，毕竟在很多临床心理学和精神病学研究中，这类性格特质本身的成因机制也是未决的问题。

正如本书前面章节在分析赫希自我控制理论时指出的，赫希通过"犯

[①] George B. Vold, Thomas J. Bernard and Jeffrey B. Snipes, *Theoretical Criminology.* (4th ed.), New York: Oxford University Press, 1998.

罪性"概念所建构的犯罪归因模型实质上是在向心理学人格特质理论传统的一种回归。因此，当"犯罪性"这个概念需要强化其操作性定义时，"犯罪人格"研究本身积累的大量描述性因子无疑为其提供了理想的素材。

当然，"犯罪人格"作为犯罪人之特有心理特质的表述与赫希在其理论中"犯罪性之核心就是低自我控制的"表述并不完全吻合。实际上，在不同研究者对典型犯罪人的基于各自概念体系的实证观察中，犯罪人格之核心内容大致呈现出一种二维结构，即这些被观察到的核心性格特质往往在两个概念化层级上沉淀和积聚：第一个层级就是其行为的道德指向之极度病态，罗伯特·黑尔在其《精神病态核查表》中将这一层级称为"侵略性的自恋狂"，主要表现为缺乏移情能力，缺乏责任感以及极度自我中心的行为认知与价值判断体系，可以说，犯罪人格在这一层级上不论是内涵还是外延均与自我控制的核心概念没有什么联系；而第二个层级则是其行为之表达上的极度缺乏节制，罗比特·黑尔将其称为"不良的社会生活方式"，而这一层级的性格特质方与赫希及其后来的自我控制理论支持者所定义的"低自我控制"高度吻合。从这个意义上讲，关于犯罪人格的研究所提供的证据一方面支持了自我控制理论的犯罪归因效度，但同时也揭示了一个在心理学层面上超出"低自我控制"概念的致罪因子体系的存在。

另外，对于自我控制理论的后续验证研究也指出了赫希尝试以"低自我控制"涵盖"犯罪性"存在缺陷，在一些实证研究中，发现即使具有较高自我控制的个体也会实施犯罪行为，认为即使以个体差异化属性为聚焦的心理学视角，单纯以"低自控能力"也难以做到对犯罪的全面归因。本书基本认同上述研究的论断，即仅有"自控能力"维度的心理学视角的犯罪归因逻辑是不完整的。而在人格特质现象论研究中识别和描述出来的那些核心犯罪人格特质中超出自我控制概念范畴的内容显然就是填补这一犯罪归因逻辑空缺的重要一环。只是，这些作为被实证观察所描述的性格特质现象总的来说还是一种无体系的存在，理论建构者使用这些要素来完成犯罪归因逻辑，就必须将这些现象纳入一个相对系统的体系性概念框架中来。

二、外在要素与内在要素

在中国犯罪学理论界的一般性归因机制语境中，一个非常普遍的做法就是将犯罪之原因按照所谓的"内因"与"外因"进行一种二元界定，按照一般观念，外因基本上等同于社会学视角所能提供的结构性罪因要素，如社会环境、文化背景、经济条件、社区资源等，而相对的，内因则一般涵盖心理学（包括生理学）视角所定义的个体性罪因要素，如教育程度、遗传变异、性格特点、心理疾患等等。但是，如果严格评判这种划分方式的准确性及解释力，就会发现这并不是一种足够严谨的划分方式。首先，所谓外因与内因，顾名思义，均应在归因机制考察中以自变量的形式存在，共同对犯罪性（及犯罪行为）这些因变量施加影响。但是，一个不可否认的事实是，在这些所谓外因和内因所列举的要素中，很多是互为因果的，比如，一个公认的事实就是，个体性格特质的形成与个体所处社会环境以及社区、家庭条件有非常密切的关系，在这个意义上，所谓"内因"其实乃是"外因"之后果，其本身并不具有独立的罪因效力。同时，那种认为"外因"就是社会性因素，"内因"就是个体性因素的看法也是经不起推敲的。在很多情况下，个体心理过程的发展直接受制于个体所处的社会化互动情景，在这一因果流程中，人为地去区分"外因"和"内因"其实是无必要，也无意义的。

本书认为，对于诸罪因要素在归因逻辑体系中的作用应以一种分层递进式的结构加以解读，即犯罪之因果过程乃是一个由结构性原因到个别化原因的递进结构，对前者的定义与表述来自社会学视角，而对后者的定义与表述属于心理学视角的范畴。另外，结构性原因乃是个别化原因的语境和基础，后者的作用只有在前者所给定的结构性语境下方能得到正确的认识。在这一递进式结构下，社会学视角与心理学视角对于犯罪归因整体逻辑的体系性作用及相互关系方能得到正确的解读。

而在本书所聚焦的心理学视角层面，如前所述，存在至少两个关键的罪因要素集合，第一个就是在赫希的自我控制理论中作为犯罪之一般性原因提出的"低自我控制"要素，本书在前面章节的相关分析中尝试对自我控制概念进行了因子分解，识别出一组具有操作性意义的构成变量。在控制理论的早期概念建构过程中，有学者将自我控制定性为"内在控制"，这一定性不无道理。可以看出，自我控制概念所涵盖的心理特质依然是以行为习得为其主要来源的，但是在对行为人之行为决策之影响机制上，其影响力主要源自一种内在驱动，及行为人既已成型的内在素质相对独立地左右行为决策。因此，如果要对心理学视角下的罪因要素做一个整体性的界分，那么可以将自我控制界定为犯罪归因之内在要素。

而在自我控制（内在要素）之外，心理学视角所能提供的犯罪归因要素可以被统合到"外在要素"这一集合性概念中来。正如本书之前章节中介绍的，赫希的自我控制理论是在其对其较早时候提出的社会控制理论的自我批判和扬弃的基础上发展起来的。社会控制这一概念作为一种犯罪归因概念确实存在不可忽视的问题，从宏观理论体系性角度讲，早期的社会控制概念中混杂了结构性要素与个体性要素，导致其不论是在社会学视野层面还是在心理学视野层面均难以自圆其说。赫希最终在其社会控制理论的表述中聚焦心理学视野，主要是从个体差异性上考察行为人具体的行为选择是如何受到其在社会化过程中发展起来的社会控制机制的影响的。这一理论提出后得到了理论界的广泛支持，但在后续验证研究中赫希认为其解释力存在不容忽视的缺陷，转而支持以自我控制概念统御整个个体行为选择之归因。但是实际上，赫希对社会控制概念的全盘否定还是过于草率。本书认为，一个得到充分表述的社会控制概念，是可以为前面所提到的犯罪人格超出低自我控制范畴的那一部分性格特质内容提供一个合理的逻辑支撑的。也就是说，在心理学视角展开的完整犯罪归因逻辑，应该是由自我控制能力支撑的心理特质要素与由社会控制因素转化而来的心理特质要素共同构成的。前者具有内在驱动之特点，因此称为内在要素，而后者则具有连结个体内在心理过程与外在环境影响的特点，因此可以被界定为外在要素。在这一点上，在早期控制理论的概念体系中，将与自我控制（内在控制）相对应的那部分控制机制称为"外部控制"，也是不无道理的。

当然，所谓的"内在要素"与"外在要素"仅仅是对两种犯罪归因要素集合在归因逻辑中的体系性地位的宏观描述。其内在机制尚需要在下文中作进一步的明晰。

三、社会化缺陷与自我控制缺陷

在整个控制理论体系的归因逻辑中，人类行为决策机制的本质就是在社会化行为规范与人类自然的欲求满足间的博弈选择。这一机制的内核是基于功利主义原则的行为选择模式，即社会化行为规范代表一种长期的、延迟的功利性满足，其代价是短期利益上的压制与牺牲，而自然欲求满足则带来当前的、即刻的功利性满足，在与社会化行为规范相冲突时，会导致中长期利益的贬损。传统人文主义哲学在理性人假设的基础之上，将这一功利选择理解为一种基于自由意志与理性思考的显意识社会过程，强调通过社会规范中禁止性命令的惩罚预期来改变行为人的功利主义判断，从而打消实施违反社会规范行为的意图，选择守法。随着现代行为科学研究的深入，对于人类行为决策的理性人假设已经被基本放弃，但是对于人类行为动机的功利主义假设却并未失去其解释力，只不过必须在不同的行为决策框架下理解其发挥作用的机制。

在控制理论所代表的"社会化联结失败"理论倾向中，人类的功利主义行为动机经历了一个社会化的形塑过程，从最初的，缺乏社会化的纯粹自然欲求之满足，最终向实现了充分社会化的，融入社会行为规范的限定之内的自我目的实现转化。而实施犯罪行为的个体由于没有经历这一社会化过程或者社会化过程出现偏差，于是维持了其追求原始欲求满足之行为动机体系，使得其行为无视社会规范的约束性要求，对违法毫无禁忌。以上就是对控制理论的犯罪归因逻辑的基本表述。

如果对上述归因逻辑作进一步深入考察，可以看到行为人为追求其原始欲求满足而无视社会规范的行为模式背后存在两种不同的因果关联模式：一个是其不能理解或不能接受社会规范所提出的约束性要求，从而缺乏抑制其追求自我欲求实现的意识（即社会控制理论提出的罪因逻辑）；而另一个则是行为人即使理解并接受了社会规范所提出的约束性要求，但是其自我行为控制机制上的缺陷导致其缺乏引导并约束自身行为的能力（即自我控制理论提出的罪因逻辑）。这两个原因各自有其相对独立的逻辑结构，且具有一定的递进性，但最终都会导致犯罪的现实性结果。

由此，我们认为在心理学视角的犯罪归因逻辑中有两个基本的解释性因子（集合）：第一个因子（集合）描述的是个体在与其社会化环境建立广泛联结过程中基于对社会行为规范之威慑效应之认知而产生的调节个人行为追求自我目的实现路径的动机之基本性状，其主要内容乃是个人对社会道德命令与自身利益实现之间复杂互动关系的认知要素，由这些认知要素的问题而引发的致罪机制可以被称为个体的"社会化缺陷"；第二个因子（集合）描述的则是个体在与其社会化环境建立广泛联结过程中同步发展的一种调节个人行为的能力，该能力在第一因子（集合）所产生的动机基础上发挥约束违规，促进守法的作用，其主要内容则是个人与其行为调节有关的一些内在心理特质要素，由这些心理特质要素的问题引发的致罪机制可以被称为个体的"自我控制缺陷"。

显然，本书所支持的犯罪归因理论框架是建立在延续控制理论之概念基础上的。而在犯罪学界对控制理论传统的评价中，有一种说法将其称为"道德理论"，因为在很大程度上，所谓行为控制，在其规范内涵上是以道德准则为基础的，在外在行为上则是以道德之彰显为表征。赫希在考察和选择其理论之核心概念之定义时，也曾一度尝试将自我控制的实质解读为"良心"（conscience）。

实际上，站在道德的社会学语境去解读控制理论对于人类越轨行为的归因并无不可。所谓道德，其实就是人类社会在长期的社会文化发展过程中提炼出来的关于个体社会化行为规范的价值判断，守法即道德，违法即失德，这种语义上的等同具有较广泛的常识性基础，反而容易理解。同时，以道德瑕疵决策来界定人类越轨行为机制也符合犯罪学不希望将其研究对象局限于法律定义上的"犯罪行为"，而是扩展至一般意义上的越轨行为的学术旨趣。

在道德判断的语境下，可以将前文所定义的"社会化缺陷"和"控制能力缺陷"两个概念表述为各自对应的"道德判断缺陷"和"道德能力缺陷"，这种表述方式的一个潜在好处是可以充分兼容当代行为学、心理学在人类越轨行为研究方面以道德哲学重新定义特定行为决策机制之后所取得的新成果。同时，道德概念本身所包含的符号化内质也利于认知心理学和社会心理学的一些重要概念的引入。

第四节 社会化缺陷概念之因子分析

一、犯罪性中"反社会"要素的实质

在关于犯罪人性格特质的描述以及犯罪矫治研究的有关论述中，会大量出现"反社会"这一术语。在精神病学研究识别出的几种与犯罪行为高度相关的人格障碍类心理疾病中，就有一个被称为"反社会人格障碍"的症状。对于这一人格障碍的定义是：从幼年或早期青少年时代就开始的，对他人的权益完全漠视与随意侵犯的行为模式延续至成年。由此可以看出，所谓反社会在定义上并非特指对社会（或社会成员）的敌对态度或攻击性倾向，尽管敌对态度和攻击性倾向在反社会人格支撑的行为模式中占据了重要位置。从犯罪行为之现象描述角度来讲，反社会乃是一种对于自身欲求与社会规范体系之间关系的漠视态度。社会化的个体并不必然是严格禁欲、完全否定自身欲求的。社会化的个体依然可以追求并实现自己的自然欲求，但是会充分认知到在一个社会化的环境下，个人目的之实现必须受到社会规范之限制。同理，社会规范之根本目的也并不是绝对压制人之自然欲望。从功利主义哲学角度来讲，规范之用意无非在于实现最大多数人的最大化利益（自然欲望之社会化解读），一方面每个人均需要从社会化互动中获得尽可能多的利益，另一方面，还需要实现个人利益之上，促进人类群体共同生存与发展的集体利益。

由此可见，对行为人社会化的要求并不在于刻板地遵守社会规范，而是在于充分理解社会规范背后所体现出的社会成员之间共存、共赢的功利主义价值。而当一个行为人无法理解自身欲求之满足与其社会化生存环

境之整体性要求之间的关系时，其行为就表现为对自身行为的放纵与对他人权利的漠视。这才是犯罪性中"反社会"要素的实质。

根据控制理论的基本观点，"反社会性"乃是人类的原初属性，行为人是没有理由也没有可能主动放弃其对自身欲望的满足而为了他人去节制自身的功利性追求的。所以对个体行为的社会控制机制的建立首先必须确保人之个体利益的实现可能，也就是说守法必须是具有收益的行为选择。这就是社会道德伦理语境中"延迟满足"的基本逻辑：对当前利益的节制和牺牲乃是因为可以在中远期带来更为可观的收益。否则，一味地要求行为人之"存天理，灭人欲"，是没有可能真正实现有效的社会控制的。这一点已为人类历史上许多个失败的强力社会控制尝试所反复证明。同时，基于人类认知的特点，以"延迟满足"为前提的中远期利益比起可以即刻兑现的当前利益有着天然的劣势，如果行为人面临等量的远期利益和当前利益，其决策会毫无悬念地倒向当前利益。因此，社会控制还必须通过规范的有意识建构，以惩罚的形式来削减当前利益之吸引力，这才能使远期利益更加有效地引导行为人之决策。

综上所述，控制理论认为，有效的社会控制机制是通过一方面不断地设定和兑现社会化行为决策所带来的中远期利益，另一方面对反社会行为施加能够带来实质性利益减损的惩罚，最终使行为人认识到守法之功利价值，从而产生对规范和道德的"忠诚"，抵御反社会行为的诱惑。达成上述社会控制目的后，行为人所表现出的行为模式就可以被称为"社会化"，反之则为"社会化缺陷"。

二、控制理论语境中社会化缺陷的基本含义

可以看出，社会控制理论的归因逻辑与社会学视角有着较高的兼容性。正是通过整体性社会制度设计，一个社会或社区得以向其成员兑现社会化服从的获益并惩罚非社会化行为，从而在整体上维持对行为的社会控制。但是，站在个体视角来说，社会结构性优化仅仅给予个人成功地完成社会化过程良好的条件，却并非对每一个体充分社会化的绝对保证。而如前所述，即使在出现严重结构性问题的社区，依然普遍存在具备不同程度社会化特征的人群。因此，社会控制理论也有必要对在社会化程度上的个体差异机制作出基于心理学视角的解释。

如前所述，所谓具有"社会化缺陷"的个体，就是那些不能/不愿通过符合社会化规范要求实现自我目的的个体，其外在表现形式是其行为所体现的道德水平低下，肆意侵犯他人权益并对自己行为之后果缺乏责任认知。但在控制理论看来，这乃是人之原初属性的表现，未经历社会化过程的少年儿童的行为特征大抵如此。而在成年人中出现上述特征则是社会控制机制失效的结果。

根据本书之前章节的分析，社会控制于特定人的影响作用是通过在个体意识中产生"守法的利害相关性"的认知来实现的。这其中应包含两个基本认知要素："服从的获利"以及"违法的焦虑"。首先，行为人对于自己当前的积极的社会心理体验之来源需要有一个社会化的认知，即自己之所以得以享受现有的社会身份、生活方式及心理满足，均是源自对守法的社会化过程的参与及投入。如果对此没有相应的认知，则会出现一种类似于"身在福中不知福"的认知状态，无从产生对"服从的获利"的认知。其次，行为人同时还必须对因违法行为而丧失这种"服从的获利"的可能性有所认知，在此基础上，方能产生"违法的焦虑"，从而引发抵御违法之即时收益诱惑的动机，这种动机就是控制理论语境中经常描述的"对传统道德规范的忠诚"。而如果由于某种原因缺少"违法的焦虑"，同样会导致控制机制的失效。

所以，在控制理论语境中，"社会化缺陷"描述的是一种守法动机的缺失，其本质是行为人未能在正常的社会化过程中发展出"服从的获利"与"违法的焦虑"这两个认知以及相应的行为动机。

三、社会化缺陷的社会学习因素

控制理论从罪因机制上讲应该被称为"失控理论"。失控有两种途径：社会化结合过程没有完成，因此未习得守法；社会化结合异常，因此习得对控制的中和技巧，因此放弃守法。毫无疑问，这两个过程均与社会学习密切相关。

根据萨瑟兰在其差异接触理论中的表述，犯罪行为是习得的，而习得的内容包括（1）犯罪之技能和（2）对犯罪行为的态度、动机与合理化解释。当然，萨瑟兰之理论是以性善论为出发点作出如下表述的。但是这一犯罪行为的社会学习过程在控制理论的大前提下同样具有解释力。

首先，犯罪行为可以被看作是社会学习过程消极作用之结果。即使如控制理论所言，犯罪之动机乃是普遍存在，无须习得的，但是正常人在社会化过程中逐渐使其行为接受社会控制之约束却是一个社会学习的过程，而学习的内容就是前述"守法的利害相关性"。对于"服从的获利"之认知，显然是需要通过社会学习的过程获取的，而萨瑟兰在其差异接触理论9大命题中所重点描述的行为习得机制均适用于这一过程：行为的习得是在亲密个人群体中发生的；行为的习得是通过社会化互动沟通实现的；以及行为习得的核心内容乃是对于社会禁令之评价。

而在本书看来，控制理论与社会学习概念更具意义的切合点则在于已经建立的控制机制同样可以通过社会学习而失效。差异接触理论中反复强调，犯罪行为之学习的核心是习得对社会禁令"不赞许"之认知。显然，社会禁令认知的缺省状态应是"赞许"，这其实就是控制理论中"守法的利害相关性"概念的同质表述。而当行为人在与反社会人群的差异接触中习得了对社会禁令之不赞许态度时，其直接后果就是认为对禁令之违反不会带来未来利益之减损，或者在特定领域的负面后果会由于在其他领域的收益的被抵消，于是这种认知就有效地阻断了"违法的焦虑"的产生。

而在作为社会学习理论体系重要学说的亚文化理论与中和技巧理论的表述中，这种由于社会学习而导致原本存在的社会控制机制失效的过程得到了更为具体的描述。无论是对全面否定主流文化的犯罪亚文化的社会学习，还是对不完全拒绝主流价值观，但是却允许行为人在特定话语条件下进行"道德漂移"的中和技巧的社会学习，其直接结果均是使行为人对"守法的利害相关性"之认知出现严重扭曲，认为其违法行为不至于带来实质的负面后果，从而阻断了"违法的焦虑"，使行为人脱离社会控制机制，可以无所顾忌地实施犯罪行为。

第五节　自我控制缺陷之因子分析

一、犯罪性中"低自我控制"要素的实质

如前所述，赫希在其自我控制理论中将犯罪性与低自我控制画上了等号。但是，这一定义面临循环论证的质疑，同时，在上文的分析中也指出，低自我控制仅仅是犯罪性的一个组成要素，即道德能力要素。

本书在之前章节尝试对犯罪学及临床心理学研究所观察到的被包含在低自我控制概念内的一系列性格特质进行了因子分析。这一分析的目的是将"低自我控制"概念解构为具有操作意义的性格特质变量，从而为刑事司法实务中针对低自我控制人群展开不良行为干预及心理矫治提供理论基础。这一分析所得到的多个性格特质变量可以被看作是"低自我控制"的实质内涵。

在本书之前的分析中，我们将一系列相关研究的描述性结论进行了总结，并从诸多描述性要素中识别出三个具有重要意义的性格特质维度：

（1）由于行为人认知能力与认知习惯缺陷而导致的冲动性倾向，其实质乃是行为人缺乏对自身满足即时欲求的行为之中长期后果作出具体想象与评价的认知能力或认知习惯，我们将其称为"认知能力维度"。（2）由于行为人在追求自身欲求满足时缺乏对过程中所经历挫折之耐受能力而倾向于逃避复杂的长期性任务，其实质是行为人耐受能力低下导致的行为选择偏好，我们将其称为"耐受能力维度"。（3）行为人对感官刺激、肉体愉悦感受的过度追求及回避智力与认知性活动的倾向，这实质上是行为人由于缺乏对大脑高级神经功能的开发而难以从智力型活动中获得愉悦感，转而寻求简单但是容易引发神经疲劳的低级神经性刺激以获得愉悦的感官体验，我们将其称为"功利性满足来源维度"。

上述三个维度共同构成了行为人低控制能力性格特质的功能性结构。在这三个基础维度上，由认知能力维度与功利性满足来源维度相结合，产生了行为人的风险偏好性格特质；由耐受能力维度与功利性满足来源维度相结合，产生了行为人缺乏移情能力，简单自我中心的性格特质；而由认知能力维度与耐受能力维度相结合，形成了行为人不善于处理冲突性人际关系，习惯以简单粗暴的对抗和暴力解决人际冲突，表达利益诉求的性格特质。

这一具有犯罪归因效力的性格特质结构的作用机制如下图4所示：[①]

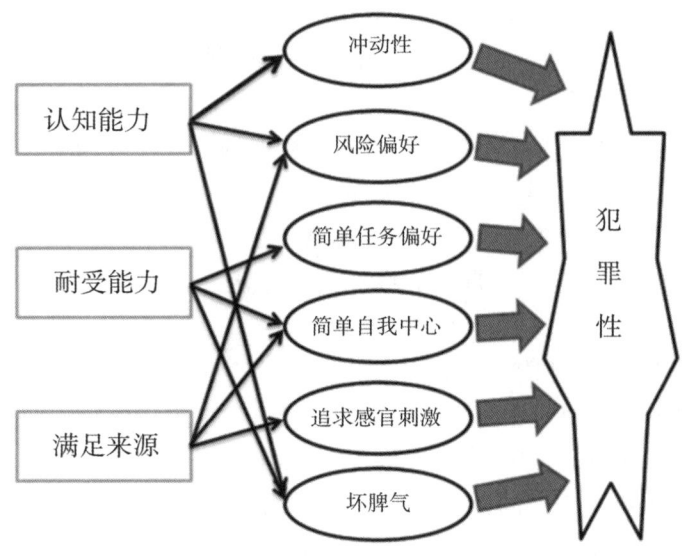

图4　低自我控制能力基本要素作用机制

---

① 周凌：《赫希自我控制理论之概念因子分析——以犯罪预防与行为矫正操作性要求为视角》，载《广西大学学报（哲学社会科学版）》2016年第5期。

如果将低自我控制概念与前文介绍的关于人类道德学习发展的道德心理学理论之语境相结合，可以认为当上述心理特质在行为人身上集中体现出来时，即使行为人所处之微观环境已经使其充分社会化，可以根据社会规范的基本原则作出相对正确的道德判断，但是这种正确的道德判断也不一定可以引发足够的"违法的焦虑"来促成守法与自律之动机。从这个角度来讲，低自我控制能力可以被认为是道德心理学意义上的道德能力缺陷。

这种道德能力缺陷的直接表现主要有两个方面：第一，即使行为人具有作出正确道德判断的社会化基础，当特定道德判断所指向的行为涉及对当前利益的较大牺牲时，行为人就难以节制放纵自我欲望的行为，最终实施了不符合道德判断指向的越轨行为。第二，行为人在进行道德判断时，会倾向于使用在逻辑上可能存在瑕疵，甚至明显不具有合理性，但是却能够支持行为人自我放纵之行为决策的那些价值判断话语体系，也就是上文所讨论的被称为中和技巧的价值判断话语体系。

二、自我控制缺陷的社会学习因素

根据自我控制理论，作为罪因要素的低自我控制能力的来源是社会学习机制的消极作用，或者说行为人之低自我控制（或者说自我控制的缺乏）是在儿童及幼年时的一种普遍存在的心理特质，而如果行为人在其成长过程中没有经历正确的社会学习去习得自我控制，那么这种低自我控制就得以维持，最终成为影响个体行为决策的重要因素。心理学对自我控制能力的研究认为，大约 1/3 的人先天具备一定程度的自我控制能力，这种自我控制能力得以保持到成年并有效地促进这部分行为人形成高度社会化的行为模式。而大约 2/3 的人在早年并不具备足够的自我控制能力，因此需要其父母和其他负有教育责任的社会成员在儿童幼年的特定心理发展阶段有意识地训练和培养其自我控制能力。

显然，这种训练和培养的基本机制就是社会学习。而正如本书在之前章节中所指出，这种训练和培养必须是针对自我控制概念的核心性要素展开的，即：（1）认知能力的培养，就是积极的智力能力开发，尤其是抽象思维能力与抽象思维习惯的开发，使儿童养成对自己行为之潜在后果进行预判的思维习惯及形成对后果之理性认知的思维能力；（2）挫折耐受能力的培养，即对其正确认识失败、理性面对挫折以及耐心等待成功之意识与能力的培养；以及（3）摆脱低级趣味的高雅文化品位之培养，因为以文化及智力活动为载体的能力培养可以通过养成从大脑高级神经功能那里获得功利性满足的能力与习惯，摆脱对单纯低级神经刺激的依赖。

　　如果儿童在适当年龄阶段没有经历对上述心理能力的社会学习或者其社会学习过程出现偏差，那么其进入青少年及成年阶段将会维持自我控制能力的缺乏状态，这就是导致这一罪因要素的消极社会学习机制。